JN175837

荒牧草平

Aramaki Sohei

学歴の階層差はなぜ生まれるか

勁草書房

まえがき

「子どもにはできるだけ高い学歴を手に入れて欲しい」

不景気が続く今日では、誰もがこうした想いを強く持っていると思われるかもしれない。この本を手に取った方の中にも、自分自身が「そう思う」という方もおられることだろう。あるいは周りの人々を思い浮かべても、もしかしたら口には出さないかもしれないが、そうした考えを持つ人が多いようだという場合もあるだろう。

しかしながら、もう少しだけ視野を広げて世の中を見渡してみると、そんなことは「あまり思わない」とか「まったく思わない」という人々も少なくないと想像することができる。「大学はいいから早く一人前になって欲しい」「早く経済的に自立して欲しい」などと考える親もいるようだ。あるいは、少し視点を変えて、「子どもに親の考えを押しつけるのはよくない」「子どもには好きな道を歩かせたい」といった考え方に賛成するかと問われれば、これはこれで、首をたてに振る人も多いのではないだろうか。結局のところ人々は、子どもの学歴に対して、どのような考えを持っているのだろうか。

「日本は学歴社会だ」

学生と話をしていると、時々、耳にする言葉である。そこで思い出されるのが、私の学生時代の経験である。大学のゼミに参加し始めたばかりの頃、「日本は学歴社会だから〜」「激しい受験競争が〜」というフレーズを枕詞のように使用したところ、「それは過去の話ではないのか」と先生に指摘されたのだった。そこで、当時話題になっていた竹内洋先生の『立志・苦学・出世――受験生の社会史』（講談社学術文庫）をゼミの皆で読んでみた。すると、受験雑誌の読者欄などを資料として、昭和中頃までの時代と私たちの頃とでは、学歴の社会的意味が大きく変わったことが描かれており、なるほど、そういうことか

と納得した。ところが、さらに20数年後の現代の大学生にとっても、「日本は学歴社会だ」というフレーズは違和感なく受け止められているようである。一体どういうことだろうか。

　このように、現代の日本社会においても学歴をめぐる興味は尽きない。ある人がどのような学歴を持つかということや、子どもがどこの学校に入ったかは、家庭や職場に限らず、ご近所のうわさ話でも、メディアでも、久しぶりに集まった親族の間でも、よく取り上げられる話題の1つだろう。それは、学歴が今日でも仕事や結婚といったライフチャンスに大きく関わり、人々の考え方やライフスタイルの選択にも強い影響を与えるからだと考えられる。また、日本では、学歴自体がその人の地位を表すとも言われる。もちろん、その一方で、学歴にこだわることへの批判も多くなされるし、採用の際に学歴を問わない企業が話題になることもしばしばある。しかし、そうした批判や話題が熱心に取り上げられるのも、日本社会の中で学歴が重要視されていることの裏返しだと言えるだろう。

　ところで、現代の日本社会では、生まれや家柄などに縛られずに、自由に行動することが認められている。一方、大学入試センター試験に代表される選抜試験では、公平性を保つために大変な努力が払われてきた。それにもかかわらず、親の職業や学歴、家庭の収入などによって、子どもの学歴に大きな違いのあることも、よく知られた事実である。果たして、学歴の階層差はなぜ生まれるのだろうか。

　この問いに対しては、これまでにもたくさんの回答が用意されてきた。一般的に、もっとも注目を集めてきたのは、家庭の経済的な豊かさの影響である。つまり、経済的に豊かな家庭の子どもほど、塾へ通ったり家庭教師に勉強を見てもらったりすることで高い学力を身につけ、あるいは私立学校に通うだけのゆとりがあるため、結果的に高い学歴を得やすい、と。あるいは、とりわけ子どもが小さい頃からの学力形成には、家庭の経済力ばかりでなく、親がどれだけ教育熱心であるかが重要だと指摘されることも多い。

　他方、上記の問いに関連して、社会学者の間でとりわけ注目されてきたのは、ピエール・ブルデューによる文化資本やハビトゥスに基づく説明である。すな

わち、上層の家庭では正統な文化資本が豊富であり、子ども達も小さい頃からそれに馴染んでいるが、学校教育で教えられるのも正統文化であるため、それらの家庭の子どもは結果的に高い学歴を得ることになる、と。また、最近の研究で取り上げられることが多いのは、合理的選択理論の立場から提唱された「相対的リスク回避仮説」と呼ばれる考え方である。この仮説の特徴は、親の地位からの転落回避傾向に着目している点にある。

　では、これらの回答のうち一体どれが正しいのだろうか。このことを明らかにするため、本書では様々な社会調査データを用いて詳しく検討を行った。とはいえ、単にデータに基づきさえすれば、正しい理解に到達できると考えているわけではない。近年では、エビデンス・ベースドという言葉もよく使われるが、適切な方法で分析を行い、それでも残る限界を十分に考慮した上で解釈を行わなければ、データから誤った結論に至ることもある。それを避けるため、本書では、日本社会の特徴を考慮し、使用する概念や分析方法を慎重に検討し、行為者にとってリアリティのある説明となるよう細心の注意を払ったつもりである。その意味では、実証的な社会学研究の一例としても読んでもらえればと考えている。

　ところで、先の問いに対しては、結局どのような回答が得られたのだろうか。一言で表すならば、実は、どれも「正解」ではないというのが本書の結論である。どうやってその結論に至ったのか。そこにはどんな意味があるのか。興味をもたれた方には、まず、目次と序章から目を通して頂ければ幸いである。

付記

　本書では、著者自身によるものに加えて複数の調査データを用いて分析を行っています。「社会階層と社会移動調査（SSM調査）」データの使用にあたっては2005年SSM調査研究会の、『第3回全国家族調査（NFRJ08）』データの使用にあたっては日本家族社会学会全国家族調査委員会の許可をそれぞれ得ました。また、『教育と社会に対する高校生の意識―第6次調査』については、貴重なデータの再分析をご快諾下さった東北大学教育文化研究会の皆様に心より感謝いたします。
　また、本書は以下の研究助成を得て行われた諸研究に基づいています。

・平成14〜16年度科学研究費補助金（若手研究(B)）（課題番号：14710212）「我が国の高等学校における今日的カリキュラム・トラッキングと教育機会の不平等」
・平成17年度群馬大学教育研究改革・改善プロジェクト経費【若手研究助成】「トランジッション・アプローチによる教育不平等生成過程の把握と選択理論による説明可能性の検討」
・平成18〜20年度科学研究費補助金（若手研究(B)）（課題番号：18730519）「教育不平等生成過程の実証的・理論的研究」
・平成21〜23年度科学研究費補助金（若手研究(B)）（課題番号：21730662）「教育達成過程における家庭背景の影響再考」
・平成24〜26年度科学研究費補助金（基盤研究(C)）（課題番号：24531069）「教育達成の階層化における『拡大家族効果』の検討」
・平成27〜30年度年度科学研究費補助金（基盤研究(C)）（課題番号：15K04367）「家族制度と社会関係の観点からみた階層効果の再検討」

学歴の階層差はなぜ生まれるか

目　次

まえがき

序章　本書のねらい …… 1
1. 目的と背景 …… 1
2. アプローチの方法 …… 5
3. 本書の構成 …… 8

第Ⅰ部　客観的な階層差の把握

第1章　「時代による変化」から「生成メカニズム」へ … 15
1. 学校制度の発達 …… 15
2. 学歴社会と教育熱 …… 17
3. 教育拡大と教育機会の趨勢 …… 27
4. 教育機会の趨勢から階層差の生成メカニズムへ …… 37

第2章　現代日本における階層差のとらえ方 …… 41
1. 日本の選抜システム …… 41
2. 実証研究における「階層」概念 …… 52
3. 社会的地位と合理的選択理論 …… 61
4. 文化資本の相続による再生産 …… 66
5. 経済的資源の効果 …… 70
6. 日本社会の特徴をふまえた分析課題 …… 71

第3章　どこにどのような階層差があるか　……… 79
　　　──学歴達成過程における階層差の把握──
　1. 分析方法 ……………………………………………………………… 79
　2. 初期の学力形成に対する効果 ……………………………………… 87
　3. 中学卒業後の進路選択に対する直接的制約 ……………………… 91
　4. 高校卒業後の進路選択に対する直接的制約 ……………………… 94
　5. 結果のまとめと考察 ………………………………………………… 98

第Ⅱ部　主観的な進路選択過程

第4章　個人の進路選択からとらえなおす ……………… 107
　1. 主観的進路選択と方法論的個人主義 ……………………………… 107
　2. 階層による制約 ……………………………………………………… 109
　3. 進路選択における主観的利益 ……………………………………… 111
　4. 学歴＝地位達成モデルの否定 ……………………………………… 117
　5. 親の教育期待とウィスコンシン・モデル ………………………… 121
　6. ブルデュー理論における利益とハビトゥス ……………………… 127
　7. 教育的地位志向モデル ……………………………………………… 132

第5章　高校生調査の分析 ……………………………………… 145
　　　──価値志向の伝達と進路選択の直接的制約──
　1. 価値志向の伝達による再生産 ……………………………………… 145
　2. 親の価値志向による直接的制約 …………………………………… 149
　3. データと変数の構成 ………………………………………………… 152
　4. 価値志向伝達説の検討 ……………………………………………… 159
　5. 直接的制約説の検討 ………………………………………………… 167

6. 結果のまとめと考察 …………………………………………………… 174

第6章　高校生と保護者調査の分析　181
　　　──親の教育期待による直接的制約──
　　1. 親の教育期待と教育的地位志向 ………………………………………… 181
　　2. データと変数の構成 ……………………………………………………… 184
　　3. 文化資本と価値志向の伝達 ……………………………………………… 187
　　4. 親の教育期待による直接的制約 ………………………………………… 190
　　5. 結果のまとめと考察 ……………………………………………………… 193

第Ⅲ部　展開と結論

第7章　祖父母とオジオバの影響　203
　　　──教育的地位志向モデルの展開例──
　　1. 階層効果の再考 …………………………………………………………… 203
　　2. 拡大家族効果の研究動向と分析課題 …………………………………… 207
　　3. データと変数の構成 ……………………………………………………… 209
　　4. 拡大家族の影響 …………………………………………………………… 212
　　5. 結果のまとめと考察 ……………………………………………………… 220

終　章　学歴の階層差を生むメカニズム　227
　　1. 学歴の階層差 ……………………………………………………………… 227
　　2. 教育的地位志向モデルの含意 …………………………………………… 230
　　3.「教育熱心論」と教育的地位志向モデル ………………………………… 238
　　4. 議論と補足 ………………………………………………………………… 241
　　5. 階層差のゆくえ …………………………………………………………… 248

引用文献	257
資料（調査票）	273
あとがき	281
人名索引	285
事項索引	288
初出一覧	291

序　章
本書のねらい

1. 目的と背景

1.1. 本書の目的

　現代の日本では、たいていの場合、自らの意志にしたがって自由に行為を選択することが認められている。すなわち、自分の選んだ土地に住み、職業や結婚相手を選び、好きなものを食べ、好みに合ったライフスタイルで生活することができる。言い換えるなら、身分制社会のように制度的な差別によって、居住地・職業・結婚・食物・生活様式などを制限されることはない。とはいえ、実際の選択には様々な制約があることも否定できない。つまり、ある行為を選択するには時間や資金などの資源が必要であり、そうした資源をどの程度保有するかは社会的地位に強く規定され、それぞれの地位への到達には学歴が強く関与している。一方、学歴を獲得する過程でどのような教育を経験してきたかは、いかなる価値観・社会意識・行動様式・趣味などを持つかにも大きく影響する。つまり、社会経済的地位の達成はもちろんのこと、様々な生活の質を問題とする場合にも、どのような学歴を得ているかが重要な意味を持つのである。しかも、日本社会においては、学歴自体が地位を表示する機能を強く持つことも指摘されている（天野 1983）。このように現代の日本社会は、行為選択の条件に関しても結果の社会的意味においても、学歴の及ぼす影響が非常に大きい社会だと言えるのである。

　ところで、地位や資源や生活の質などが学歴に強く規定されるとしても、学歴自体の獲得過程が公正ならば問題はないと考えることもできる。仮に機会の

平等が保たれ、本人の努力や能力が正当に評価されるなら、むしろ完全な平等主義よりも望ましいと言えるだろう。ところが、現実には、学歴の達成と家庭背景には少なからぬ関連のあることが知られている。しかも、日本社会の場合には、米国や英国と比較しても、学歴達成に至る出身階層の影響が強いという指摘もある（石田 1999)[1]。

　これは不思議なことである。理念的には自由と平等が指向され、身分制のような明示的な差別が存在しない現代の日本社会において、なぜ自由な行為選択の結果が学歴達成の階層差をもたらしてしまうのだろうか。もちろん、これには様々な理由が考えられるが、この難問を解く1つの鍵は、個々人の「自由な」選択に課せられる様々な「制約」を解明することにあるだろう。このような着想に基づき、学歴達成の階層差という現象を、個人の進路選択に対する制約という観点から解明することが本書の目的である。

　ここで注意しなければならないのは、個人の進路選択の観点から学歴達成の階層差を問題にする場合でも、単に人びとの意識に着目すれば事足りるというわけにはいかない点である。なぜなら、現代の日本社会に差別的な法律や制度が存在しないとしても、学歴達成の階層差は、主として、人々の埋め込まれている歴史的・社会的・構造的文脈の制約を受けて、行為の選択が制限されることによって生み出されると考えられるからである。にもかかわらず、主観的な意識だけに注目して研究を進めれば、行為者の誤認や認識範囲の制限などを把握できないため、実態とは合わない説明をしてしまう恐れがある。これを避けるには、まず、マクロなレベルから階層差の構造と趨勢を把握することが求められる。過去の研究がこれらの把握に多大な努力を払ってきたことも、その重要性を示しているだろう。

　とはいえ、逆に、そうしたマクロな知見だけに基づいて階層差の生成メカニズムを類推するやり方では、行為者の主観的な意図からは全く見当外れな理解となってしまう危険性もある。つまり、どちらの問題も避けながらリアリティのある把握を行うには、客観的な階層差と主観的な意識の両側面からアプローチすることが有効だと考えられるのである。本書の第Ⅰ部と第Ⅱ部は、それぞれ、これら2側面から研究を進めた結果に基づいている。

　以上の認識に基づきながら、まずは問題の背景と研究史の概要を振り返り、

本書の課題をより明確にしていくことにしよう。

1.2. 問題の背景

　日本の学校教育制度は過去数十年の間に大きく成長し、全体としての教育機会も大幅に拡大した。このように機会が拡大したのだから、それに伴って学歴達成の階層差も同時に縮小したのではないかと考えても不思議はない。実際、高度経済成長の余韻を残す1970年代の研究においては、社会調査データを用いた実証的な分析においてさえ、社会の近代化による平等化の趨勢が主張あるいは予測されたのであった（富永1979など）。ところが、少し時間をおいた1980年代後半以降の研究では、全体的な機会の拡大が機会の平等化をもたらすという素朴な期待は実現されず、階層差の構造は長期にわたって安定していたことが示されてきた（尾嶋1990; 荒牧2000; 鹿又2006; Ishida 2007など）。同様の知見は、一部の例外を除き、多くの国々で共通に確認されている（Blossfeld and Shavit 1993など）[2]。もっとも、より最近のデータを用いた分析には、少なくとも部分的には平等化が進んでいると主張するものもある（近藤・古田2009; Breen et al. 2009）[3]。つまり、教育機会の拡大と停滞という事実が誰の目にも明白な一方で、それが機会を平等化したかどうかについては、専門家の間でも相互に対立するような見解が存在してきたのである。

　他方、かつての学歴社会論や近年における教育格差論のように、学歴達成をめぐる競争が家庭背景に大きく依存する面に着目した日本の研究は、受験競争の拡大や激化によって階層差が拡大していると主張してきた。学校外教育や私立中学の利用には高額の費用がかかることも多いため、こうした指摘がなされるのはもっともである。経済的な側面から見れば階層差が拡大しているという実証的な知見（近藤2001; 尾嶋2002）は、これらの主張を傍証しているようにも思える。

　ただし、「大衆教育社会」——「教育が量的に拡大し、多くの人々が長期間にわたって教育を受けることを引き受け、またそう望んでいる社会」（苅谷1995: 12）——である日本社会においては、受験競争が国民全体を巻き込んで実施されてきたこと、学歴達成の成否を直接に左右する基準が明示的であり、試験内容と特定の階級文化との結びつきも弱いと考えられること、選抜方法にお

ける公平性が理念的にも実施方法の上でも非常に強く求められてきたことなどを考慮すれば、競争の激化（それ自体についても検証の必要がある）が階層差の拡大を導くという単純な関係ではないようにも思える。

　いずれにしても、この数十年の間に教育機会が大きく拡大し、それと連動して学歴達成をめぐる競争が社会全体に広がってきたという明白な事実がある一方で、学歴達成の階層差が拡大したのか縮小したのかという単純な事実でさえ解明されていないのが現状である。したがって、本書においても、まずは学歴達成における階層差の趨勢について改めて確認しておく必要があると言えるだろう。また、その際には、単に教育機会の変動と関連づけるだけではなく、日本の教育社会に特有の状況や、選抜システムの特徴とも関連づけて検討することが求められるだろう。

　ところで、非常に多くの研究が蓄積されてきたにもかかわらず、学歴達成の階層差が拡大したのか縮小したのかといった単純な事実についてさえ共通理解が得られていないのは、不思議なことに思えるかもしれない。もちろん、その一因は社会の進展に伴ってデータが常に更新されてきたことにある。しかしながら、問題の核心は、同じデータを用いた場合でさえ、分析手法の違いによって異なる結果が得られてしまう点にあると言えるだろう。つまり、学歴達成の階層差をどのように測定（推定）すべきかについて、誰もが認める「正しい」方法が存在してこなかったのである[4]。これは「よりよい測定方法」を巡る絶え間ない努力の結果でもあるのだが、用いる手法によって得られる結果が正反対になってしまう事さえあるという事態は深刻である。物理的な実体のない社会事象の測定では、「測定技術の向上」が必ずしも「測定精度の向上」にはつながらないもどかしさがある。

　この問題の解決は簡単ではない。しかし、測定技術の向上ばかりを目指すのではなく、適切な概念規定に関する議論を深め、理論面での共通理解に基づいて測定論を展開させることができれば、事態は多少なりとも改善するのではないだろうか。少なくとも、これまでの研究においては、「技術革新」への対応に比べると、こうした面での努力が不足していたことは否めない[5]。これをふまえれば、階層概念自体や階層差のとらえ方について理論的に整理し、それをふまえた有効な分析枠組を設定することにも意義があると主張できるだろう。

表序 – 1　最近の世代における父子の学歴の関連

(%)

		子学歴			
		義務教育	中等教育	高等教育	N
父学歴	義務教育	11.3	68.0	20.6	97
	中等教育	0.9	56.3	42.9	336
	高等教育	0.6	31.4	68.1	169

注）出典は荒牧（2011b）。2005年 SSM 日本調査データの集計。「最近の世代」とは調査時点で20代（1976～85年生まれ）の者。

　いずれにせよ、階層差の趨勢把握をめぐっては、専門的な議論の中でも決着がついていない一方で、現在の日本社会においても、学歴達成には大きな階層差が残されている。表序 – 1 は、2005年「社会階層と社会移動（Social Stratification and Social Mobility：以下 SSM）」日本調査データのうち、最も若い20代（1976～85年生まれ）の到達学歴と父学歴をクロス集計したものである[6]。ここから、父親の学歴によって、子どもの達成学歴に大きな差のあることが確認できる。これと同様の関連は、母学歴・父職・家庭の経済状況など、別の代表的な階層指標を用いても確認できる。その意味では、社会の構造変動に対応して階層差がどのように推移してきたかという観点とは別に、こうした階層差が一体どのように生み出されるか、すなわち階層差の生成メカニズムを知ることが重要だと考えられる。つまり、個々人が学歴達成を行う過程のどこにおいて、出身階層がいかなる制約として作用してきたかを把握することの必要性である。個人の進路選択に対する制約という側面から学歴達成の階層差をとらえるという本書の目的も、こうした認識に基づいている。

2. アプローチの方法

2.1. 行為選択過程における多様な制約

　学歴達成過程は、複合的な要因とそれらの影響を受けた諸行為の長期的・累積的な相互作用の結果によって決定する、極めて複雑な決定過程である。したがって、どういった関心や観点を持つかによって、取り得るアプローチも異なってくる。では、上述の研究課題に対しては、いかなるアプローチが有効だろ

うか。本書では、学歴達成の「過程」における「様々な階層要因」の「作用経路」に着目するという立場を取りたい。

　学歴達成の階層差に関する従来の研究で最も一般的であったのは、最終学歴や教育年数と出身階層との関連を問題にすることであった。学歴を媒介した社会的地位の再生産や学歴による社会意識の形成に主な関心があったため、学歴自体の達成過程を詳細に検討する必要性は感じられなかったのかもしれない。しかしながら、最終的な学歴達成の階層差がどのように生み出されたかを理解するには、「どの選択において」「いかなる階層差が」「どの程度」作用したのかという観点から、達成「過程」を把握することが有効だと言えるだろう。学歴達成過程をこのような枠組で把握することは、階層差の生成メカニズムに関する諸理論・仮説の特徴や前提を明確にしながら、それぞれの妥当性を検討することにもつながる。逆に、表序-1に示したような、スタート地点とゴール地点の関係を眺めているだけでは、様々な説明の妥当性を評価することは難しい。

　次に問題となるのは、学歴達成過程を個人の行為選択過程として認識するために、いかなる具体的な枠組を採用するかである。この点について考察を進めるにあたって、本書の検討範囲を明確にしておく方がよいだろう。ここでは、現代の日本社会において、どのような家庭背景の場合により高い学歴・学校歴を獲得しやすいかという意味での学歴達成の階層差に着目する。なぜなら、第2章で詳しく論じるように、現代日本における社会的地位の達成は、どの学校を卒業したかに依存しているのであって、そこで具体的にどんな資質（学力・能力）を獲得したかはあまり問われないからである。同様に、日常的な会話において説得力を持つのは、人々が発揮する能力という曖昧なものより、誰にも明確な学歴や学校歴であることからも、学歴自体の階層差に着目することに社会的な意味があると言えるだろう。

　上記のような意味での学歴達成は、各段階の進路選択場面における個人の行為選択の累積によって決定されるととらえられるため、本書では、各場面における選択がどのように制約されているのかに着目することが主な課題となる。ただし、そうした選択は、まさに進路を決定する時点における行為者の完全な自由意志のみによって決まるわけではなく、それまでに獲得した知識や学力お

よび事前の進路選択にも大きな制約を受ける。したがって、上述の課題を達成するためにも、学力や態度の形成に対する階層の影響や、選抜システムが与える制約についても考慮していく必要がある。

こうした制約としては、第1に、個々の行為者には制御できない側面を考えることができる。すなわち、ある学校への進学を希望して受験したとしても、合否の決定権は行為者の側にはない。もちろん本人の学力が重要なのは確かだが、選抜方法や選抜基準を設定して実際に選抜を行うのは教育機関の側である[7]。また、この選抜装置が個人のパフォーマンスに対していかなる結果を返すかは、他の行為者の行為やパフォーマンスにも大きく依存する。言い換えるならば、個人の側で制御できるのは、学力形成に向かう態度・行為の選択やいかなる受験行動を行うかの選択に限られる。

もちろん、それさえも何の制約も無く自由に決定できるわけではない。そこには、学力や家庭の経済力、地理的条件などの顕在的制約があるのはもちろんのこと、次のような潜在的制約も存在する。例えば、家庭の言語・価値志向・規範・文化資本などが、学力や学習態度などの形成に影響するというのは、文化的再生産論の代表的な主張である。また、近年では、いかなる進路を選択するかにおいて、親の社会的地位が意志決定の準拠点として直接的に関与するとの見方（後述の「相対的リスク回避仮説」）も支持を得ている。すなわち、顕在・潜在にかかわらず、こうした制約を生み出す背景に階層的要因がある。言い換えるなら、階層的要因は、個々人の学力形成と進路選択および関連する諸行為の選択に様々な制約を課すことで、学歴達成の階層差を生み出していると考えられる。

以上をふまえ、本書では、学歴達成「過程」における「様々な階層要因」による制約の「作用経路」を「学力形成」に対するものと「進路選択」に対するものの2側面に分けて把握するよう試みる。これにより、それぞれの側面に対する個人の行為選択や意味付与に対して、各階層要因が何をどのように制約するかという観点から、検討課題を整理することが可能となるからである。

2.2. 階層差を説明する理論の扱い

ところで、実証的なデータの観察によって何らかの階層差が見出されたとし

て、それらは具体的にどのようなメカニズムによって個人の行為に影響を及ぼしていると理解すればよいだろうか。こうした問題を解明するアプローチとして一般的に用いられるのは、1つの優勢な理論によって実証データの説明を試みることであろう。これを「単一優勢理論の検討」と呼ぶことにしよう。しかし、現代の日本社会の現状をうまく説明できるような、唯一の理論を挙げることは難しいようにも思える。しかも、かりに単一の優勢理論が見つかったとしても、こうした検討方法には、当該理論を擁護することや批判することに拘泥してしまい、本来の問に答える目的を見失いがちだという危険がある。また、かつてブードン（Boudon 1973 = 1983）が指摘したように、階層差の説明を特定の要因にのみ帰着させる「単一的要因理論」では、満足のいく説明は難しいだろう。なぜなら、学歴達成は多様な要因が複雑に絡み合った結果として生じるものであるにもかかわらず、単一の要因に固執すれば、結局は場当たり的に追加の説明要因を導入しなければならなくなるからである。

　したがって本書では、単一の優勢理論から出発するのではなく、実証研究から得た知見を上手く説明し得る有力な候補とされる複数の理論を参照するという立場をとる。その際、学歴達成の「過程」を個人の進路選択過程ととらえ、その過程における「様々な階層要因」の「作用経路」に着目するという本書のアプローチが力を発揮する。なぜなら、この枠組に沿って、たとえば初期の学力形成こそが重要であるのか、後の進路選択に至るまで階層差が大きく働くのか、また、それぞれの局面においては、経済的な資源が重要なのか文化的な差異が大きいのか、そうした差異は上位層と中位層の間で大きいのか、それとも下位層の達成が特に低いのかといった事実を明らかにすることを通じて、様々な説明の妥当性を明確に検討することが可能になると期待されるからである。

3. 本書の構成

第Ⅰ部　客観的な階層差の把握

　本書のようなテーマを扱うには、先にも述べたように、まず、学歴達成の階層差に関する長期的な趨勢を把握することが求められる。そこで、第1章では、長期にわたる日本の社会変動、とりわけ教育機会の拡大と学歴社会をめぐる

様々な現象について確認した後、教育機会の長期的な趨勢に関する諸研究のレビューを行い、教育機会の大幅な拡大や学歴獲得競争の過熱といった教育社会の様々な変動にもかかわらず、不平等の状況が長期にわたって安定していたことを確認する。また、この結果をふまえ、社会状況の変化に左右されずに階層的な序列を生み出すメカニズムに焦点をあてることが、重要な課題であることを指摘する。

続く第2章では、行為者にとってリアリティのある方法で、学歴達成過程における階層差を把握するための準備を行う。具体的には、まず、日本の選抜システムの特徴を整理しながら、その中で出身階層がどのように影響する可能性があるのかを検討する。次に、過去の実証研究を参照しながら「階層」概念の再検討を行い、必ずしも理論的な根拠は明確ではないものの、基本的には社会・文化・経済の3側面から検討が進められてきたことを確認する。また、これら3側面に沿って、階層差の生成に関する様々な理論・仮説の論点を整理し、日本の選抜システムの特徴をふまえて諸説明の妥当性を検討するための分析課題を示す。

これを受けて第3章は、学歴達成の階層差を把握する具体的な分析枠組を設定し、SSM調査データを用いて学歴達成過程に生じる階層差の把握を行う。分析の結果からは、「学力形成」に対する階層要因の影響が決定的だとは言えない一方、高校進学と大学進学どちらの「進路選択」においても、無視できない直接効果の働くことが示される。また、これらの結果を、階層差の発生に関する諸仮説・理論から予想される結果と照らし合わせて妥当性の評価を行い、既存の単一理論にしたがって説明することが不可能であることを明らかにする。

第Ⅱ部　主観的な進路選択過程

第Ⅱ部では、主観的な進路選択の側面から、階層差の生まれるメカニズムを解明することを目指す。まず、第4章では、分析ための準備として、ブードンのIEOモデルから発展したBreen and Goldthorpe (1997) のモデルをヒントに、出身階層の影響を多元的な階層の機能に着目してとらえる枠組について議論し、学歴達成の「利益」把握に対する階層の影響をどう仮定するかが1つの重要な論点になることを示す。また、この論点を中心にすえて、ウィスコンシン・モ

デルや文化資本論などの議論、および日本における高校生の進路選択に関する研究の成果も参照し、教育期待と職業希望を相対的に独立したものとして取り扱うのが有効であること、本人の教育期待形成における出身階層の影響としては、親の期待に着目することが重要であること、および親子を独立した行為主体として明確に設定すべきことなどを指摘する。また、以上の議論に基づいて、この問題をとらえるための新しい枠組として、多元的な階層の影響を、「志向性」「地位」「資源」の3側面からとらえ直した「教育的地位志向モデル」を提案する。

　続く2つの章では、学歴達成の過程に置かれている高校生の主観的な進路選択に働く制約を、「教育的地位志向モデル」に沿って実証的に解明して行く。まず、第5章では、文化資本の直接効果として観察された結果が、価値志向の伝達を通じた再生産を意味しているのか、それとも、そうした内面化のプロセスを経ない親の価値志向の直接的な効果をとらえたものと考えるべきなのかを検討し、後者の理解が妥当する可能性を指摘する。続く第6章では、高校生と保護者をともに対象とした調査のデータを用いて、第5章の結果をより直接に検討し、価値志向や文化資本の親子間伝達に基づく説明が適合しない一方で、「教育的地位志向モデル」に沿って、親の教育期待を中心とした直接的な制約という観点から解釈することが妥当であることを明らかにする。

第Ⅲ部　展開と結論

　上記を含めた従来の研究は、達成に対する出身階層の影響を親子2世代間（＝核家族内）の関連という枠組に留めて把握してきた。しかしながら、「教育的地位志向モデル」による理解の妥当性を検討するには、核家族枠組を超え、多世代にまで広げて地位継承の様相を観察することが有益だと考えられる。そこで第7章では、「全国家族調査（NFRJ）」のデータを用いて分析対象を祖父母やオジオバなどの拡大家族にまで広げた実証的な検討を行い、親の影響をコントロールしても拡大家族の直接効果が観察されることを示す。ただし、祖父母やオジオバの「直接効果」は、必ずしも彼らの直接的な関与を意味しているわけではなく、祖父母やオジオバの学歴が、親の「教育的地位志向」の形成に影響することを通じて、間接的に関与している可能性を述べる。

終章では、本書の主要な知見について改めて整理するとともに、学歴達成過程における階層差の生成を「教育的地位志向モデル」によってとらえることの可能性と限界を明確にする。また、本書の枠組や知見が従来の実証的・理論的研究に対して持つ意義や、新たな教育社会の変化によって、階層と学歴達成の関連がどのように影響を受ける可能性があるのかなどについて論じる。

注
1) なお、石田 (1999) は、日本の場合、職業や所得に対する学歴の相対的重要性が米英に比較して小さいという結果も同時に報告している点は指摘しておく必要があるだろう。ただし、学校歴という言葉があるように、日本では同じ学歴でも社会的評価に大きな差異があり、それも考慮すれば社会・経済的地位達成に対する学歴の相対的重要性も米英と同程度（あるいはそれ以上）に強い可能性もある。
2) Blossfeld and Shavit (1993) によれば、彼らが研究対象とした 13 カ国のうち、階層差の明確な縮小が観察されたのは、スウェーデンとオランダに限られる。その理由としては、両国における平等主義的な制度改革の影響が指摘されている。
3) Breen et al. (2009) は、Blossfeld and Shavit (1993) で示された格差の安定を批判的に検討することを目的として研究を行い、主として 20 世紀の中盤に農業層と労働者階級における中等教育進学の改善によって階層差が縮小したと報告している。ただし、彼らの用いた方法は、Blossfeld and Shavit (1993) のような移行過程（後述）の把握ではなく、対象もヨーロッパの国々に限られる。また、高等教育への移行機会に格差の縮小は認められていない。
4) ここでは「測定」という語に、階層概念やその指標の設定、それを用いた階層差の「測定」、および計量モデルによるその「推定」という行為全体の意味を含んで用いている。
5) もちろん、たとえば第 2 章で述べるように、「階級 vs 階層」「一元論 vs 多元論」といった論争もなされてきた。しかし、次々と新しい「測定技術」が開発され、データに適用されてきた事に比較すれば、その背景にあるはずの理論的な考察や議論が十分になされてこなかったと言ってよいだろう（この点については第 2 章および原・盛山 (1999) も参照のこと）。
6) 本書の執筆中に、より新しい 2015 年 SSM 調査が実施されている。まもなく、最新のデータを用いた分析結果が順次公表されるであろうが、こうした関連が弱まっているという予想は立てにくい。むしろ近年の「格差社会論」で指摘されたように、格差がさらに拡大したのかどうかが注目されると

ころであろう。
7)　文化的再生産論と呼ばれる一連の研究のように、選抜方法や選抜基準の設定自体に階層的な偏りを指摘することもできるが、第2章で見るように、日本の選抜方法の特徴を考慮するとそうした理解の妥当性が高いとは考えにくいため、本書ではそうしたアプローチは採用していない。

第Ⅰ部

客観的な階層差の把握

第1章
「時代による変化」から「生成メカニズム」へ

1. 学校制度の発達

1.1. はじめに

　学歴の階層差という現象は、主に、「教育機会の不平等は時代とともに縮小したか」という形で問題にされてきた。その背景には、社会の発展に伴って教育機会が拡大すれば、機会の平等化も同時に進むという期待があった。なぜなら、教育機会の拡大しはじめた頃に支配的だった「技術機能理論」(Collins 1971 = 1980)[1]の考え方によれば、産業や職業の高度化と高学歴化が進むほど、属性主義から業績主義への転換、すなわち身分や家柄でなく能力に応じて職業が決定される傾向が強まり、家庭背景の影響はしだいに弱まると予想されたからである。

　一方、日本の学歴社会に関する研究は、高学歴化が受験競争の激化を引き起こす点に着目した。受験競争の激化は、塾などの学校外教育の利用や私立中学への進学といった教育投資を増大させるが、それには一定の費用が必要なため、これらの研究はむしろ階層差の拡大を指摘した。

　果たして、どちらの認識が正しいのであろうか。残念ながら、この問いに対して、ここで即座に正解を示すことはできない。序章にも述べたように、過去の諸研究が用いた検討方法は一貫していないため、これまでのところ統一した見解が得られていないからである。したがって本章では、様々な研究に用いられた階層差の把握方法に特に注意しながら、知見の共通点と相違点を改めて整理し、時代とともに教育機会がどのように変化したと考えるべきかについて検

討してみたい。

1.2. 学校制度の発達とその背景

　図1-1は、義務教育の就学率がほぼ100%に達した1915年以降における中等教育と高等教育の進学率（1950年までの高等教育は在学率）を、他の関連する指標とともに表したものである。1915年当時、中等教育の進学率は男子が11%、女子が5%、高等教育の進学率は男子が2%、女子が0.1%に過ぎなかった。これが近年では、男女にかかわらず、中等教育（高校）進学率が95%を超え、高等教育（大学・短大）進学率も50%以上に達している。

　技術機能理論にしたがえば、こうした成長の背景としてまず指摘できるのは、経済の成長やそれに伴う産業・職業構造の変化である。図には産業構成の推移を縦の帯グラフで示しているが、戦前からの中等教育の普及と戦後の高等教育の成長が、第1次産業の縮小と第3次産業の拡大に呼応しているのがよくわかる。戦後のこの期間に産業側の需要が高学歴化を促した面があるのは間違いないだろう。

　一方、こうした社会の流れにあって、第2次世界大戦後に実施された学制改革、とりわけ義務教育年限の延長と男女平等を原則とした複線型から単線型学校制度への転換は、教育機会の拡大に大きく寄与したと考えられる。具体的には、旧制度下では、中学校、高等女学校、青年学校、実業学校等と制度的に分岐していた中等教育機関は、戦後の新制度において、前期中等教育を担う中学校と後期中等教育を担う高等学校に主として再編され、義務教育年限も6年から9年へと延長された。

　以上のような社会の変容は、人々の教育要求にも影響を与えたと考えることができる。現実の職業構造が要請する以上の高学歴化が進行したことは、その一面を表わしている。図1-1に「男・高等期待」「女・高等期待」とあるのは、子どもに「大学・短大以上」の学歴を期待する者の割合を子どもの性別に示したものだが[2]、1960年代以降、そうした期待が急激に高まってきたのがわかる。これに関連して、戦後の日本社会における教育水準の予測と実績を詳細に検討した菊池（1975）は、経済企画庁などの予測をはるかに上回って高校進学率が拡大してきたこと、入学志願率の上昇に推進されるかたちで進学率が上昇して

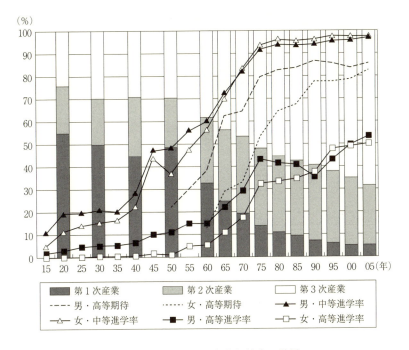

図1-1　産業構造の変化と教育の発展

きたと考えられることなどを明らかにしている[3]。こうした人々の教育熱は、図に観察されるような実際の進学率の動きを、内側から支える役割を演じてきたと言えるだろう。

2. 学歴社会と教育熱

2.1. 学歴社会における差異化と同一化

　ここで図1-1を改めて見直してみると、中等教育は1940年代以降、高等教育は1960年代以降、成長の速度が急激に加速していることに気づく。教育の発展段階と質的な変容について検討したTrow（1961＝1980）によれば、これはそれぞれの時期に2つの学校制度が大衆（マス）化したことと関係している。進学者がまだ少数のエリートに限られている場合、大半の者にとって、より上位の学校段階への進学は自分には関係のないこととみなされる。ところが、進

学者が増加してエリート段階からマス段階へと移ると、同じ学歴内でも質的な分化が進み、学科・コースの違いや、進学校と非進学校の別、あるいはいわゆる学校ランクが成立してくることになる。これは、それぞれの教育内容ごとに卒業後の進路が様々に異なることとも対応している。すると、以前なら自分には関係がないと思っていた者にとっても、進学は身近な問題となり、進学率が急激に上昇していくことになる。

　こうした働きを後押しするのが人々の間にある差異化の要求である。教育拡大の動因には、社会構造や教育制度の変化ばかりでなく、人々の教育熱もあると先に指摘したが、差異化要求は、そうした教育熱を構成する具体的な心理の1つである。つまり、教育の大衆化が進み同一学歴内の質的分化も明確化すると、人々は差異化要求にしたがって、それぞれの立場においてよりよい学校を目指して競争することとなり、その連鎖が受験競争に参加する人口を急速に拡大させていく。

　さらに、教育要求には差異化とは相反する面も含まれている。それは同一化の要求であり、これはさらに2つに分けることができる。1つは、積極的かつイデオロギー的な平等化要求である。戦後の学校制度は、義務教育年限の延長に始まり、男女平等の扱い、教育内容の標準化、地域差の解消などを通して教育の民主化を進め、教育機会の底上げに貢献してきた。全体の教育機会が拡大していけば機会の不平等が解消されるという期待感は、こうした制度的な整備にも影響されることで現実味をもったのだろう。もう1つの同一化要求は、自らが低学歴マイノリティーになることを回避しようとする消極的な社会心理である。ほとんどの者が高校に進学する現在、明確な目的がなくてもせめて高校まではと思うのは、こうした防衛的な心理が働いているからであろう。

　とはいえ、以上のような意識の持ち方には、当然ながら個人差がある。もしも、こうした教育要求における個人差が階層と結びついているなら、それは学歴達成の階層差を生み出す1つの重要な要因だと考えられる。したがって、次に、こうした教育要求から生じたと考えられる集合現象、とくに日本の学歴社会における受験競争への参加と出身階層との関連に焦点をあてて議論を整理してみたい。

2.2. 高校教育制度の発達と変容

「どの高校に入るかによってその後の進路はほとんど決まってしまう」というのは、現代の日本社会における1つの重要な事実である。ちなみに、「どのコース（学校）に入るかによってその後の進路選択の機会と範囲が限定される」（藤田 1980）ことを、陸上競技の走路（トラック）になぞらえて「トラッキング」と呼ぶが、この事実が、どの高校へ入るかの競争を激化させること、しかも競争における勝率が家庭背景と強く関与することが繰り返し指摘されてきたのであった。しかしながら、今日では当たり前となっているトラッキング現象も、高校教育制度の発達と密接に関連していたと考えられる。

先述したトロウ（Trow）の理論によれば、中等教育は1940年代にマス化を迎えたことになるが、実際にもすでに旧制度下において、旧制中学校・高等女学校・実業学校等の別だけでなく、同じ中学校でも卒業生のほとんどが上級学校に進学する歴史の古い学校から、進学者が5割に満たない学校まで多様な実態があったという（深谷 1974）。これに対し、新制高校は戦後教育の民主化と平等化の理念に支えられ、比較的同質の平等な学校として出発した。ただし、高校三原則として知られる総合制・小学区制・男女共学制は望ましい原則として示されたに過ぎず、総合制は全体の42％、男女共学制は63％での実施であり、1学区1校の小学区制をとる都道府県も約半数にとどまった（国立教育研究所 1974；菱村 1995）。また、高校進学率が4割台であった新制高校発足当初は、文部省（当時）も希望者全員入学（＝非選抜）を原則としていたが、進学率の上昇に伴って、しだいに入学試験を容認する方向へと転換し、1963年の学校教育法施行規則の一部改正において、入学試験に基づく選抜を原則化するとともに、「高等学校の教育課程を履修できる見込みのない者をも入学させることは適切でない」（＝適格者主義）とする通達を出した（「月刊高校教育」編集部 1997: 21）。こうした動きと平行して小学区制から中学区制・大学区制へと転換する地域が増加し、小学区制は1957（昭和32）年にすでに8県にまで減少した後、1967年には京都府だけとなっている（その後1983年に廃止）。

これら一連の動きにより、高等教育進学を希望する者は、戦前から評価の高かった旧制中学を母体とする伝統校などの「進学校」へ集中し、入試によって選抜された生徒が各学校の「進学実績（＝卒業生の進路）」を差異化し、その実

績が再び人々の高校選択に影響を及ぼすというメカニズムを通して、今日あるような高校間格差を維持・拡大してきたと考えられる。また、産業界や職業高校校長会による産業・職業教育振興の要請は、総合制高校から職業科を分離独立させたが、高等教育のマス化に伴って勢いを増した人々の普通教育志向は職業高校の地位を低下させ、普通科と職業科の間に威信序列を生み出す皮肉な結果となった（菱村 1995; 国立教育研究所 1974）。

およそ以上のようなプロセスを経て、今日みられるような「高校間格差」とトラッキング構造が成立したと考えることができる。こうした変容過程を実際の社会調査データによって確認してみよう。表1-1は、上述の変化が生じた前後の 1950 年代から 1980 年代にかけて、高等教育への進学者がどのタイプの高校から輩出されてきたかを 1995 年 SSM 調査（A 票）のデータを用いて算出した結果である[4]。

調査では、高校進学者に対し、「同じ学年のうちどのくらいの割合の人が短大や大学に進学しましたか」という質問を用意し、「ほぼ全員」「半数以上」「半数以下」「ほとんどいない」の中からあてはまるものを回答してもらっているので、これを用いて高校のタイプを区分している。具体的には、この質問に対して「ほぼ全員」と回答した者が在籍していた高校を、高等教育進学率が相対的に高いという意味で「高進学率校」、同様に「半数以上」を「中進学率校」、「半数以下」と「ほとんどいない」を合わせて「低進学率校」と分類している。表は、それぞれのタイプから高等教育機関に進学した者の割合を、回答者が高校進学を迎えた時期毎に算出したものである。「1950 年代」「1960 年代」「1970 年代」「1980 年代」とあるのは、それぞれの年代に高校進学（15 歳）をむかえたコーホートを意味している。

ここから、1950 年代に高校へ進学したコーホートと、1960 年代に進学したコーホートとの間で大きな違いの認められることがわかる。とりわけ興味深いのは、「低進学率校」出身者の比率である。1960 年コーホート以降ではその比率は 3 割に満たないが、1950 年コーホートでは 53% に達している。つまり、高等教育がエリート段階に留まっていた 1950 年代には、高等教育進学者の大半が「低進学率校」出身者によって占められていたのである。今日の常識からすると奇妙に思える結果だが、当時はまだ全面的な「高校間格差」の構造が成

表1-1　高等教育進学者の出身高校タイプ

(%)

	1950年代	1960年代	1970年代	1980年代
高進学率校	22.1	35.1	49.0	37.8
中進学率校	25.0	37.8	31.3	32.4
低進学率校	52.9	27.0	19.7	29.7
N	68	148	198	148

注) 荒牧 (1998) より作成。

立していなかったために、「低進学率校」の意味が今日とは異なるのである。すなわち、個々の「低進学率校」からの進学率は分類の定義通りに低いのだが、全体の8割以上の者がこれらの学校へ所属していたため、そこから進学する者が多数派を占めていたというわけである。

裏を返せば、当時はまだ、過去の実績を目安に進学希望者がいわゆる「進学校」に集中し、「どの高校に入学するかによって高校卒業後の進路が大幅に制限される」状況にはなかったと言える。そうした状況が生じたのは、高校がトロウのいう「マス進学準備教育機関」へと移行した1960年代になってからなのである[5]。もちろん、先に指摘したように、戦前期から学校間格差自体は存在していた (深谷 1974) が、この時代には、中等教育へ進学すること自体がエリート性を保持していたため、学校間格差は後期中等教育全体をおおう特徴ではなかったことになる。ちなみに、1985年SSM調査データを用いて同様の検討を行った中西・中村・大内 (1997) も、やはり、戦後の第1次ベビーブーマーが高校進学を迎えた時期 (したがって1960年代) に高校格差構造が精緻化されたと報告している。

2.3. 受験競争の激化と学校外教育投資の拡大

高校間格差の拡大とトラッキングの成立は、人々の差異化要求を刺激して受験競争を激しくさせていったが、それと関連して注目されるようになったのが塾や中高一貫制私立学校の存在であった。その一因は、受験競争の激化が子どもの人格形成などに好ましくない影響を及ぼすという危惧にあったが、こうした受験行動には家庭背景による違いがあると考えられるため、階層差を拡大さ

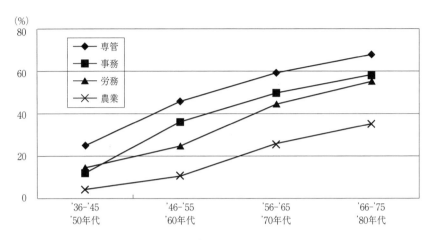

注)横軸の目盛は、上段が出生コーホート、下段が義務教育卒業の年代。

図1-2　出身階層別にみた学校外教育経験率

せるのではないかとも考えられた。すなわち、子どもの教育に熱心な経済的に豊かな家庭の子どもほど学校外教育を利用し、「いい高校」へ進学させ、その結果として学歴達成の階層差が生み出されるというわけである。

そこでまず、塾に代表される学校外の教育投資と進学機会の格差に着目してみよう。家庭の階層的背景と学校外教育の利用に着目した研究には多くの蓄積がある（直井・藤田 1978; 盛山・野口 1984; 樋田 1987; 尾嶋 1997; 近藤 1998b; 荒牧 2000; 神林 2001; 都村・西丸・織田 2011 など）。ただし、使用されたデータは、SSM調査のような成人を対象とした全国調査もあれば特定地域の高校生を対象としたものもあり、分析に用いられた階層指標も、親の学歴や職業であったり、何らかの経済的資源の指標であったりと様々である。したがって、報告された知見にも相違や矛盾があり、個別の分析結果自体に対する信頼性にも一定の留保がつくのは否めないものの、いずれの研究も出身階層と学校外教育の利用や支出額に相関を認める点は一致している。

ここでは荒牧（2000）の分析結果から概要を見ておこう。1995年SSM調査

のデータから、小・中学生時代に学習塾・家庭教師・通信添削のいずれかを半年以上経験した者の比率を調べると、全体の平均としては、1950年代の前半に義務教育を終えた世代ですでに8％の経験者が存在し、1980年代後半に義務教育を卒業した世代の61％まで、ほぼ直線的に割合が増えている。

　しかしながら、その普及過程を父親の職業分類別に調べると図1-2に示したように大きな差異が認められる。しかも、高校間格差の成立する以前の1950年代と、成立後の1960年代とを比較すると、階層差は拡大しているようにさえ見える。これが事実なら、通塾現象の拡大はその階層差を拡大させたことになる。ただし、それ以降の年代では、そうした拡大傾向が継続してはいない。また、1950年代から1960年代にかけての階層差の拡大も、もともとの比率が低かったことによる見せかけの拡大に過ぎない可能性もある。果たして、受験競争の激化の象徴とも見なされた通塾現象の拡大は、学歴達成における階層差の拡大を伴っていたのだろうか。これが日本の学歴社会を考慮した際に生まれる第1の疑問である。

2.4. 私立中学ブームと有名大学進学機会

　次に、私立中学ブームとの関連を検討しよう。高校間格差の成立と平行して、1960年代の後半になると受験競争の激化が社会問題となり、いくつかの自治体が公立高校の入試制度改革に取り組んでいる。最も注目されたのは、合格者をプールした後に一定範囲の学校に割り当てる総合選抜制およびそれと類似した方式の採用である。こうした是正策は、特定校に人気が集中して学校間格差が拡大することを防ぐために導入され、確かに公立高校間の格差を薄める効果をもった。ところが、進学実績の高い学校への入学を希望する受験生と保護者にとって、この制度は自分の行きたい高校に入れないという問題を持つ。そこで、彼らの多くが大学進学対策に力を入れる私立の進学校へ流出するという事態が拡大した。そのため、高校間格差の縮小と受験競争の緩和を狙った政策の意図とは異なり、私立中学の人気を高めることで受験競争をさらに低年齢化させるという皮肉な結果をもたらした[6]。

　これと関連するのが、東京大学などの「有名大学」には国立や私立の中高一貫校出身者が多く、その割合が年々増えているという指摘である。第14期中

表1-2 「有力校」の学校数と全合格者に占めるシェア

	学校数 (全体に占める%)		シェア (%)	
	1980	1990	1980	1990
東京大学	11 (2.6)	15 (3.2)	32.9	34.4
京都大学	7 (1.5)	9 (1.8)	16.9	22.6

注) 西尾 (1992) をもとに作成。学校数の欄の下段 ( ) 内の数値はそれぞれの大学に入学者を輩出した高校数に対する百分率を示す。「有力校」とは、各大学に50人以上の合格者を輩出した高校のこと。

教審中間報告 (1990年12月公表) においても、東京大学と京都大学の入学者に占める中高一貫校出身者の増加が注目され、「教育機会の観点から言っても問題がある」との指摘がなされた。とりわけ、中教審委員のひとりであった西尾は、表1-2のデータをもとに、特定の高校による寡占的状況はしだいに進行しており、しかも50人以上の入学者を輩出する高校の多くが、国立や私立の6年制一貫校であることに最大の問題があるという問題提起をしている (西尾1992)。

確かに、私立中学への進学は、そのための準備教育においても就学に必要な費用の点からいっても、家庭の経済状況に大きく依存していると考えられる。実際、「有名進学校」には裕福な家庭の子どもが多く、その卒業生を多く受け入れている「有名大学」では学生の出身階層が高いとの指摘がある (天野1990)。ここからは、受験競争の低年齢化や私立中学ブームが教育機会の階層差を広げたとの予測が導かれる。

ただし、こうした見方には少なくとも2つの点から批判が可能である。1つは、私立校の台頭がそれほど一般的ではないという指摘である。西尾の提示した資料に倣って、国立旧七帝大に50人以上の合格者を輩出した高校のシェアを調査した荒牧 (1996) によると、表1-3に示したように、国立や私立の学校によるシェアが一貫して増加しているのは東京大学に限られる。1984年以降については、京都大学も東京大学と同様の傾向を示しているが、他の5大学には国私立校による寡占化が進行しているとは言えない。

表1-3 国立旧帝大合格者に占める「有力校」出身者のシェア

(%)

		北大	東北大	東大	名大	京大	阪大	九大
1974	有力校全体	22.2	15.2	29.4	36.8	23.6	20.8	37.2
	うち国私	0.0	0.0	21.7	4.3	8.1	2.4	3.2
1984	有力校全体	26.9	14.4	29.6	22.8	14.9	18.6	28.8
	うち国私	0.0	0.0	27.8	0.0	7.6	0.0	0.0
1994	有力校全体	22.3	15.7	34.0	28.0	20.3	14.4	28.8
	うち国私	0.0	0.0	32.4	3.1	18.0	1.7	0.0

注）荒牧（1996）より作成。

　さらに、出身高校が国立や私立の中高一貫校であるか公立校であるかは、出身階層と大学進学との関連において、本質的な問題ではない可能性もある。つまり、以前であれば公立進学校を経由して合格していたであろう者が、単に国私立校を経由するようになっただけのことかもしれないからである。実際、SSM調査のデータを用いて、上層ノンマニュアルの「有力大学」輩出率[7]を検討した苅谷（1995）は、上層ノンマニュアル層の輩出率は、1940年代に高校進学を迎えたコーホートで既に3.580という高い値を示しており、以後、1950年代に進学した世代が3.167、1960年代に進学した世代が3.099であるという分析結果を受けて、以下のように指摘している。

　「特権階層」の形成に寄与していると見なされていた「有力大学」は、私立の六年制一貫校の普及とはかかわりなく、戦後教育のスタートのかなり早い時期から、特定の階層出身者の寡占状態にあったのである。しかも、そうした傾向はこの半世紀間、つづいてきたのであり、輩出率で見るかぎり、むしろ、私立中高一貫校の優勢がいわれるようになった八〇年代の大学進学者のほうが、若干数値が減少している傾向さえ見られるのである。いずれにしても、中教審の中間報告が前提とした、私立六年制一貫校の優勢によって有力大学への入学機会が特定の階層にますます独占されるようになったという事実は、ここでの分析で見るかぎり、根拠の薄いものといわざるを得ない。（中略）進学に際し「財力」がある部分ものをいう私立の中高一貫校を経由

しようがしまいが、この構造は、ほとんど変わらずにつづいてきたのである（苅谷 1995: 70-72）。

ただし、苅谷（1995）の用いた輩出率は、上層ノンマニュアル層にのみ着目した値であり、大学側の定員構造が時代によって変化した点も考慮されていない。したがって、この点についても、改めて検討してみる余地があると言えるだろう。これを解明するのが日本の学歴社会に関する第2の課題である。

2.5. 高等教育の停滞と経済格差

ところで、改めて図1-1を見ていて気づくのは、高度成長期に急上昇した高等教育進学率が、それ以降は1990年代初頭まで微減あるいは停滞が続いたという事実である。これについては、1973年のオイルショックとその後の不景気の他に、つぎのような理由が挙げられている。

1つは、人々の志向性が変化し「大学離れ」が進んだとするものである。確かにオイルショック後の不景気は進学よりも就職を魅力的にしたかもしれない。急激な高学歴化が大学卒の経済的価値を低下させ、やみくもに進学するのをためらわせたことも考えられる。実際、1976年に制度化された専修学校の進学者には、「学歴よりも資格」という意識や「実学志向」が強いと指摘されている。しかし、それまで急成長していた進学率が突然停滞してしまった理由を、個人の価値観の急激な変化に求めるのはあまり説得力がない。図1-1にも示したように、子どもに対する親の教育期待が必ずしも停滞していないことは、そうした説明の限界を示していよう。

これとは別の要因として、高等教育抑制政策の影響も指摘された。1975年以降の高等教育政策は、やはりオイルショックの影響から、それまでの拡大路線を見直している。それらのうち大学の地方分散政策は、大都市圏での大学の新増設を禁じることによって、大都市部に偏在している高等教育機関を地方に分散させ、地域間格差を解消しようとする狙いであった。また「私立学校振興助成法」は、私学に対して経常費を助成する代わりに定員超過率を低下させようとするもので、当時マスプロ教育と批判されていた私立大学の教育状況を改善することを目的としていた。これらの政策によって、確かに進学率の地域間

格差は縮まり、私学の水増し率は下がったが、どちらの政策も大都市部の高等教育収容力を縮小させる効果が大きく、全体の進学率を押し下げることとなったのである（黒羽 1993; 牟田 1994）。この点について、1995 年 SSM 調査データから確認すると、義務教育の終了が 1970 年代となる世代と 1980 年代となる世代の比較から、大都市部出身者では高等教育の進学率が低下し（54.8% → 49.5%）、逆に郡部出身者では進学率が上昇する（30.5% → 40.0%）という傾向が確かに観察できる[8]。

　1970 年代半ば以降の高等教育進学率の停滞に関するもう 1 つの説明は、大学進学にかかる費用の高騰に注目するものである。確かに大学の初年度納付金は 1975 年から 1995 年の 20 年間に、私立が名目 3.2（実質 1.8）倍、国立が名目 8.2（実質 4.6）倍にまで増加している（浦田 1998）。また、菊池（1982）によれば、私立大学授業料の所得弾力性（所得の % 増に対する授業料の % 増）は、1957 年〜1966 年にかけては 1.34、1966 年〜1974 年にかけては 0.57、1974 年〜1979 年にかけては 1.92 となっている。これに進学率の変化を重ねると、家計負担の増大した時期に進学率が停滞し、逆に負担の軽減した時期に上昇するというように、両者の動きが見事に対応していることがわかる。高度成長期における高等教育の量的拡大がおもに私立大学の収容力の増大に依存していた（菊池 1975）ことを考えれば、そこでの学納金の高騰が進学率を停滞させたというのも大いにありそうなことと言える。この説明からは、近年になるほど経済的格差の影響が大きくなっているとの予想が導かれる。これを検討することが第 3 の課題となる。

3. 教育拡大と教育機会の趨勢

　以上に確認した教育社会の変動は、教育機会の構造をどのように変化させたであろうか。第 1 節で確認した教育機会の拡大については、社会の近代化による合理化と効率化という理論的な予測からも、平等主義的な戦後の学制改革の特徴や国民に広く共有された教育熱によって支えられていたという事実からも、機会の平等化をもたらしと予測される。他方、第 2 節で確認した日本の学歴社会を巡る変化、特に 1960 年代以降における受験競争の激化に伴う学校外教育

の利用や 1980 年代以降における国立や私立の中高一貫校の台頭、あるいは不況期における高等教育の抑制といった事実は、教育熱の階層差を背景に学歴達成の階層差を拡大させたのではないかと予想させる。果たして、一体、どちらの認識が正しいのであろうか。

3.1. 平等化をめぐる見解の相違

前者の平等化命題に積極的に取り組んできたのは、SSM 調査データを用いた研究群である。このうち 1955 年の第 1 回調査から 1975 年の第 3 回調査までのデータを用いて社会移動の趨勢を詳細に検討した富永（1979）は、強制移動率ばかりでなく純粋移動率でみても社会移動は一貫して増大していることを明らかにし、産業の高度化による構造変動が機会の平等化を推進してきたと主張した。ちなみに、強制移動とは図 1-1 にも表されたような社会構造自体の変動によって強制的に引き起こされた世代間社会移動のことであり、この増加自体は社会の開放化や平等化を必ずしも意味しない。たとえば農家の出身者がサラリーマンになったという変化は上昇移動とみなされるが、こうした移動が増えた主因は産業構造の変化、つまり社会全体で農家が減り企業労働者が増えたことに関係しているのであって、職業達成に対する出身階層の影響が弱まったことを必ずしも意味しない。これに対し、純粋移動とは観察される社会移動のうち上記の強制移動を差し引いた結果に対応しており、純粋移動率の増大は階層構造の純粋な開放化を意味するものとみなされる。富永（1979）の結論は、高度経済成長を背景とした社会構造の変動は、社会の近代化や合理化の証であるとともに促進要因でもあり、社会の開放化が確実に進行しているという理解に合致するものとみなされた。

同様に 3 時点のデータを用いて教育機会の趨勢分析を扱った今田（1979）は、学歴移動の開放性の維持や学歴達成に及ぼす階層要因の規定力（不平等形成力係数）の漸減傾向などから、教育機会の均等化を認めている。また、1985 年データも加えて今田の「不平等形成力係数」を検討した鹿又（1988）も、学歴達成と初職達成における平等化と民主化の趨勢が保持されていると報告した。

一方、これらの主張とは異なり、1985 年調査以降のデータを用いた分析では、機会の平等化に否定的な研究が増えてくる。たとえば盛山ほか（1988）は、確

かに教育年数における階層差の縮小という趨勢は観察されるものの、そうした「格差縮小」は、高校進学率の上昇による「総中等学歴化」によって、可能な変動幅が縮小したために生じた結果に過ぎないことを明らかにし、実質的な平等化には否定的である。また、仮に「平等化」という理解が正しいとしても、それは学歴と職業との関連を弱める方向に働くため、社会の業績主義化という近代化理論の理解にはあたらないことも指摘している。

　このように同じデータを用いながら異なる理解が示されている状況をふまえて尾嶋 (1990) は、教育機会の問題を従来のように教育年数や学歴水準からのみとらえることの限界を指摘し、1955 年から 1985 年までの SSM 調査データを統合して包括的に検討を行った。尾嶋はまず、最終学歴 (教育年数) の重回帰分析を行い、戦後の学制改革による「平等化」を認めるが、これは制度改革によって教育年数の値の範囲と値の数が減少したことに起因する見かけ上の平等化にすぎないと指摘する。また、対数相違比という指標を用いて、中等教育への進学機会と中等教育から高等教育への進学機会を区別して検討した結果、中等教育への格差はほぼ消滅するが、対数相違比のとらえる格差は高学歴化という社会構造の変動によって自動的に縮小してしまう性質を持っていること、同一学歴内の質的格差は温存されていること、特に男子の場合は中等から高等への移行機会が不変であることなどを指摘する。以上を総合的に判断した結果、機会の拡大による平等化には否定的な見方を下すとともに、「大多数が中等教育へ進学するようになった段階では、学歴取得 (中略) の問題は高等教育段階に集約的にあらわれる」(1990: 51) と述べ、不平等の重点は戦後の高学歴化期に中等教育から高等教育に移ったと結論づけている。こうした認識を仮に「不平等の先送り」と呼んでおこう。

　なお、尾嶋の分析で用いられた対数相違比は、上述の通り、高学歴化という社会全体の構造変動の影響を受けるため、階層差の趨勢を上手く測定できないという分析技術上の問題があった。これに対処する 1 つの方法として考案されたのが、ログリニア・モデルによって相対的格差の変動を測定しようという発想であった。尾嶋のデータに、さらに 1995 年 SSM 調査の結果を加えてログリニア・モデルを適用した荒牧 (2000) は、中等教育の場合も高等教育の場合も、到達機会の格差には変化が認められないと報告している。

これに対し近藤（1988）は、ログリニア・モデルとは異なる方法から、この問題に挑戦している。近藤は、教育機会が社会的諸階層の間にどの程度平等に配分されているかを「機会の配分」、個々人の学歴達成が出身階層の制約からどれだけ解放されているかを「教育達成」として区分し、出身階層と学歴の関連をとらえたクロス集計表から両者を推算した。分析の結果、従来の研究とは異なり、戦前期の中等教育において階層差の拡大が認められることを指摘するとともに、戦後の教育拡大期に、中等教育における格差の縮小と高等教育における格差の拡大によって両者の格差に逆転が生じることを明らかにした。ここから近藤は、上位層が常に先行し中下位層が序列を保ったまま追従する関係の安定性、これと平行して格差の表れる段階が後方にずれて行く傾向（不平等の先送り）を読み取っている。これらは非常に興味深い指摘だが、コーホート区分が粗いため変化の生じた時点や社会変動との対応関係が必ずしも明確にはとらえられていない。

　なお、最新の2005年SSM調査のデータを用いた分析では、さらなる「技術革新」がみられる[9]。もっとも洗練された研究の1つと言える近藤・古田（2009）では、主として経済的な側面での大局的平等化が進行していること、親の学歴と職業から見れば格差の縮小と拡大が認められることなどを指摘し、学歴達成の社会経済的格差が長期にわたって変わらないという従来の見方を批判するとともに、現実の格差を動的に理解していく必要性を指摘している。なお、親の学歴と職業から見た格差の縮小と拡大という結果は、教育機会の拡大期における格差の拡大を意味することになる。機会の拡大期における階層差の拡大と停滞期における階層差の縮小を指摘する研究は他にもある（近藤 2001, 2002; 尾嶋 2002）。

　このように、教育機会の長期的な趨勢自体をどうとらえるかという点でも、機会の拡大と機会の平等化との関連をどのように理解するかという意味でも、共通の見解を持つに至っていないのが現状である。1980年代末以降における大半の研究に共通するのは、社会の近代化による平等化の否定、すなわち、「教育機会の拡大は社会の近代化を現しており、それに伴って社会の合理化や効率化が進行し、業績主義的な選抜が行われ、機会の平等化が着実にもたらされる」といった理解の否定に留まる。このように、同じSSMデータを用いた

研究でも教育機会の趨勢をどう評価するかに違いが見られるのだが、その主因は、「教育機会」を理論的および実証的にどうとらえるかが異なっていることにあると考えられる。

3.2. 平等化の検討方法を見直す

　上記と同様の問題は海外の研究でも指摘されている。メア（Mare 1980, 1981）によれば、過去の研究において互いに矛盾する分析結果が得られてきたのは、教育制度や社会構造の変動と、階層差を生み出すメカニズムの両者を上手く切り分けられていない点にある。そこでメアは、長期にわたる階層効果の変動を把握可能であり、結果の意味も理論的に解釈可能な分析方法と言える移行（transition）モデル、通称 Mare モデルを考案した。

　Mare モデルの重要な特徴は、教育階層の「分布（distribution）」と「割当（allocation）」を、理論的にも測定（推定）方法の上でも明確に区分したことである。ここで、「分布」とは階層ごとに得た学歴の分布であり、「割当」とは異なる階層の出身者に異なる学歴を割り当てる原理を意味している。日本を含めた戦後の多くの産業社会が経験したように、高学歴化が社会全体で進行し、時代とともに教育水準が上昇すれば、「割当原理」に何の変化がなかったとしても、階層別の学歴分布は平等化することになる。つまり、階層別の高校進学率や大学進学率といった絶対的な格差の変動を観察しているだけでは、割当原理が平等化したか否かを知り得ないという主張になる。これは社会移動研究における強制移動と純粋移動の区分と同様の理屈と言える。社会変動に伴う必然的な変化に惑わされずに、階層と教育の「純粋な」関連をとらえる必要があるというわけである。

　Mare（1981）が具体的に提案したのは、学歴達成過程に存在する進級や進学といった移行毎に、前段階の移行の成功者のみを対象として、次の移行の成否に関する条件付ロジスティック回帰分析を繰り返し適用するというアイディアであった[10]。この場合、階層の効果を表す係数は周辺分布すなわち社会構造の変動と独立しているため、先に問題とされたような高学歴化や職業構造の変動に依存しない、出身階層と移行の間の「純粋な」関連を抽出することが可能となる。

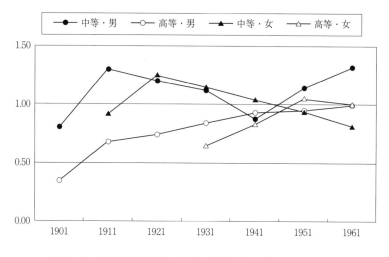

図1-3 学歴達成過程における階層要因の効果とその変動

　ところで、教育機会の「変動」を把握するには、変化の時間軸をどのように設定するかが1つの重要なポイントになる。第1節でも見たように、日本における学校教育の成長には、高学歴化や戦後の平等主義的な教育制度改革が大きく関与していると考えられるので、前者の影響を把握するには高学歴化の発展段階に対応した時期区分、後者に対しては旧制期／移行期／新制期といった教育制度の違いに対応した時期区分を用いることが有効だという主張があり得る。しかしながら特定の分析課題に合わせた区分は戦略的ではあるが恣意的でもある（鹿又 2006）。加えて、別の区分によって明らかになったはずの変動を、意図せずして隠蔽してしまう危険性もある。したがって、ここでは出生コーホートを機械的に10年単位に区切る方法を採用したい[11]。

　図1-3はMareモデルをSSMデータに適用した荒牧（2007）から主な分析結果を抜き出したものである。この結果から各移行機会の変動を確認しよう。まず、男性の中等教育進学に対する出身階層の効果を見ると、1911年コーホートを転換点として増大から減少に転ずることがわかる。統計的な検定の結果からは、1901年コーホートから1911年コーホートにかけての増加、および1911年コーホートと比較した1941年コーホートの減少がともに有意であることがわかる。女性の場合も1921年コーホートをピークに同様の変動を示して

いる。ただし統計的な有意性は認められない。なお男性の場合1951年以降は再び増大に転じたように見えるが、1951年コーホート以降における階層効果の増大は統計的に有意とはならない[12]。次に高等教育に対する効果を見ると、男性が1941年コーホート、女性が1951年コーホートあたりを転換点として増大から停滞へ転じた後、同程度の効果が続いている。

　以上に関して先に引用した先行研究との異同をまとめておこう。①近藤（1988）で指摘された戦前期における中等教育機会の不平等化がここでも確認できる。また、コーホート区分が細かくなった分だけ、階層差が拡大した時期（1911コーホートが進学した時期に該当）もより詳細に特定可能となった。②中等から高等への移行機会は、「変化していない」（尾嶋1990）のではなく、男子は1941年コーホートまで、女子は1951年コーホートまで階層差が広がっている。③中等教育機会の格差は、尾嶋（1990）の言うように確かに縮小しているが、解消したとまでは言えず、無視できない格差が残されている。つまり、機会の不平等は中等教育から高等教育に先送りされた（近藤1988；尾嶋1990）というよりも、前者の格差が大きく後者の格差が小さい状況から、両者に同程度の格差が存在する状況へと変化したと言える。結局、高等教育までの到達を考えれば、長期にわたって学歴の階層差は安定していたという結論になる。

　では、こうした動きは社会の高学歴化とどう対応してきたのだろうか。改めて冒頭の図1-1を確認すると、中等教育は進学率が2割を超える1926年コーホートと8割を超える1956年頃を境界に、高等教育の場合は1946年コーホートと1956年のあたりでカーブの傾斜が変わっている。これらを図1-3の動きと関連づけると、男女によって時期にズレはあるものの、同様の対応関係が認められる。それをTrow（1976）によるエリート／マス／ユニバーサル[13]の用語を借用して要約してみよう。
1) 中等教育か高等教育かによらず認められた階層差の拡大は、それらがエリート段階にある期間に生じている。
2) その段階を超えマス化が進行した場合
　　2a) より上位の教育機関がある中等教育では、マス化の進展にともない階層差は縮小するが、ユニバーサル段階（進学率50%）に到達するあたりで停滞する。それ以上に進学率が拡大しても変動はない。

3. 教育拡大と教育機会の趨勢　　33

2b）より上位の教育機関がない高等教育の場合、エリート期に拡大した階層差はマス段階に入り停滞する。

なお出身階層別の進学率を調べると、エリート期とは上位層の間でのみ当該教育が急激に普及する時期であり、マス化とは上位層の進学率が天井近くに達するとともに下位層の進学率が急激に上昇することに対応している。つまり、中等教育であれ高等教育であれ、常に上位層が先に進学率を上昇させ、下位層は遅れて上昇を見せるという序列性が維持されてきたのである。ここから、階層差の拡大とは上位層による希少財の先取り（preemption of rare goods）に関わって生じるとの解釈が成り立ちうる。これを仮に PRG 仮説と呼んでおこう。

ところで男性の中等教育機会に限れば、統計的に有意な階層差の縮小が認められたが、これについては戦後の学制改革の影響を指摘する声がある（尾嶋 1990; Treiman and Yamaguchi 1993）。しかしながら、図1-3からも明らかなように、中等教育に対する出身階層の効果は制度改革によって急激に低下したわけではなく、旧制世代からの漸減を示している。したがって、戦後の教育制度改革による平等化を主張することは誤りだと考えられる。何らかの理論的な想定に基づく時期区分にはメリットもあると考えられるが、そうした恣意的な時期区分（鹿又 2006）が、こうした誤認をもたらす危険性については十分に注意する必要があると言えるだろう。

いずれにしても、これらの分析結果からは、社会の近代化による平等化という予測とは異なった、長期にわたる教育機会の安定性という結論が導かれることになる。

3.3. 学歴社会における階層差の検討

以上の結論からは、第2節で指摘したような、学歴社会の進展に対応した階層差の拡大も生じなかったと結論づけてもよいように思われる。しかしながら、受験競争の激化に対応した様々な側面における不平等化を直接に検討したわけではないので、そうした局所的な変化もなかったと結論づけるのははばかられる面もある。なぜなら、そうした不平等化を相殺するような平等化のメカニズムが同時に生じていたため、全体としての変化が観察されなかった、という可能性も否定できないからである。したがって、次に、第2節で紹介したような

個別の懸念についても、検討することとしよう。

具体的に指摘されたのは、次のような疑問であった。
① 1960年代の教育拡大期における受験競争の激化に連動した学校外教育の普及は、学歴達成の階層差を拡大したか。
② 国立や私立の中高一貫校を利用した有名大学進学というルートが特定の階層に広がったことで、有名大学入学における階層差は拡大したか。
③ 高等教育抑制期における学費の高騰によって大学進学の経済的格差は拡大したか。

これらの点については、荒牧（2000）がSSMデータによる分析を行っているので、その結果を参照しながら検討してみよう。

まず、第1の疑問について答えてみよう。改めて図1-2を確認すると、義務教育段階における学校外教育の利用には常に階層差があり、しかも1960年代に格差が拡大しているようにみえる。ところで、こうした経験率の差が問題となるのは、それが高校への進学、特にいわゆる「進学校」への進学と関連するのではないかと予想されるからである。したがって、ここでは出身階層と学校外教育経験の関連が強まり、その結果として出身階層が高いほど進学校への進学を有利に進めたという関連が認められるか否かに着目してみよう。分析方法はいくつか考えられるが、ログリニア・モデルを用いれば、こうした複雑な関連の有無を同時に検討することが可能となる。

図1-4は上で危惧されたような階層差の拡大が生じていないという仮定——「学校外教育の経験率」「出身階層の構成」「進学校の構成」のそれぞれは時代によって変化するものの、相互の関連はどの時点でも安定しているという仮定——を、データに適用した結果である。検定結果は図の下段に示されている通りで、この仮定がデータに非常によく適合することがわかる。つまり、出身階層は学校外教育の経験率にも「進学校」への進学にも関連するが、そうした関連は長期にわたって安定しており、時代による変化は生じていないと考えられるのである。なお、この結果は、学校外教育経験と進学との関連が、どのコーホートでもどの出身階層でも同じであることも同時に表わしている。つまり、通塾の効果に出身階層による違いはなく、誰もが通塾から同等の利益を得ているとみなせるのである。

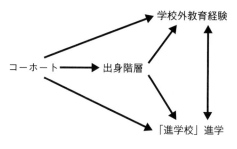

$L^2 = 32.33$　df = 33　P = 0.500

図1-4　学校外教育経験の効果

　次に、有名大学進学における階層差の拡大について検討しよう。第2節で引用したように、この点は苅谷 (1995) が既に否定しているが、特定階層だけに着目し、大学の定員構造の変化も考慮していないなどの限界があった。ここでは、いわゆる「有名大学 (比較的歴史が古く社会的評価も高い国公私立の大学群)」[14]への進学と出身階層の結びつきが近年になってさらに偏ってきたのかどうかを検討してみよう。なお、苅谷が検討した時代は戦後に限られていたが、ここでは範囲を広げ20世紀初頭からの長期に渡る動向を検討している[15]。なお、女子の有名大学進学者は非常に少なく分析に耐えないため、ここでは男子の分析結果のみを示す[16]。

　図1-5は、先ほどと同様、時間的な変化を仮定しない場合の結果であるが、図の下段に示したように、この仮定もデータによく適合している。出身階層と有名大学進学には確かに関連があるが、戦前の生まれでも最近のコーホートでも関連のパターンに大差はなく、近年になるほど専門・管理職層が「有名大学」の進学機会を独占するようになってきたとは言えないのである。

　最後に、大学進学における経済的格差についても検討しよう。なお、すでに学歴達成を終えた成人を対象としたSSM調査では、彼らが育った家庭の収入を直接に知ることはできない。こうした場合、子ども時代の家庭に存在した財産の保有状況に関する質問への回答を用いて、定位家族の経済状況に関する指標を作成するのが一般的である。ここではテレビから別荘に至るまで14種類の財の保有状況から、「低」「中低」「中高」「高」という4つの階層に分けたも

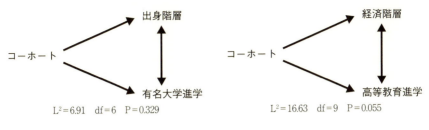

図1-5　有名大学進学機会の変動
　　　（男子のみ）

図1-6　経済階層と高等教育進学
　　　との関連

のを用いている[17]。

　図1-6は経済階層と高等教育進学には関連があるものの、そうした関連は時間的に安定していると仮定した場合の結果である。モデルの適合度が示す通り、そのように考えても現実のデータと矛盾はしないが、適合度が高いとも言えない。そこで両者の関連のどこに変化があったかを詳しく検討すると、進学率の拡大した1960年代に「低」層の伸びが悪い代わりに「中高」層で期待以上に伸びていたことがわかった。一方、経済的に豊かな「高」層は一貫して優位性を保ち続けており、近年になってその傾向が強まっているという兆候は認められない。したがって、大学進学費用の高騰や私立学校の台頭が、すでに優位にある層の優位性をさらに高めたという証拠も確認できないことになる。

4. 教育機会の趨勢から階層差の生成メカニズムへ

　教育機会の大幅な拡大は、特に戦後の復興と高度経済成長という時代背景、社会の近代化に対する期待のこもった社会観も作用し、機会の平等化をもたらすと期待された。他方、学歴社会の成立と受験競争をめぐる人々の行動の変化からは、階層差の拡大が予想された。こうした様々な側面における日本社会の急激な変動は、学歴達成の階層差をどのように変化させたのか。これを解明するのが本章の課題であった。

　これらの疑問に答えるため、階層差の把握方法にも注意しながら、教育機会や社会移動に関する過去の研究を参照した結果、次のようなことが明らかとな

った。1) まず長期的な趨勢を確認したところ、社会の近代化による教育機会の平等化という期待は明確に否定された。2) さらに、高等教育のマス化が進行して以降の世代においては、中等教育への移行と中等教育から高等教育への移行のそれぞれにおいて、同程度の階層差が認められる状況が維持されていることも明らかとなった。3) 他方、学歴社会の展開からは階層差の拡大が危惧されたが、受験競争をめぐる具体的な指摘に基づいて詳細に検討しても、出身階層と学歴達成の関連はほとんど変化しなかったことが改めて確認された。世間でも注目を集めたような、学校外教育の利用や私立中学受験などといった行動には確かに階層差があるものの、そうした関連は特定層の有利さを拡大し不平等をさらに広げる方向に働いたわけではなかった。ここから、「大衆教育社会」(苅谷 1995) における受験競争は、格差を維持しつつ、どの階層も巻き込んでいったと考えることができる。

社会的な注目によって、あるいは表面上に現れる人々の行為によって、日常的に観察される階層差の「見えやすさ」には違いがある。しかしながら、進学率の拡大や学歴社会の展開に伴って階層差は拡大したわけでも縮小したわけでもなかった。急激な社会変動は、時として、ある側面に隠されていた階層差を白日の下にさらすけれども、それは必ずしも階層差の拡大を意味するわけではないのである。

以上の結果は、階層差の生成メカニズムに対する正しい理解に基づかないまま、学校教育制度の改革などによって格差の縮小を試みても、それが見かけ上はどれだけドラスティックなものであっても、あるいは実際にも階層差を大きく変動させたように「見えた」としても、必ずしも期待した効果をもたらすとは限らないことを暗示する。その意味でも、学歴達成の階層差が、いかなるメカニズムによって生み出されるかについて理解を深めることが強く求められると言ってよいだろう。

ここで「割当」を支配する要因として、「出身階層で保有量が異なり、かつ数十年の期間ほとんど変わらないもの」(近藤 1999: 192-193) を想定することが難しいとすると、かつて Boudon (1973 = 1983) が指摘したように、特定資源の保有状況が階層差を生み出していると考えるのは現実的ではない。これに関連して、近藤 (1988: 142) は、「全体の関連はその序列性を基本としながら

内部格差の布置状況に左右されて増大したり減少したりする」と述べている。これを参考にするなら、社会状況の変化に対応して表面的に現れる平等化や不平等化ばかりを検討するのは得策ではない。むしろ、そうした時代の変化に左右されずに、背後で階層差を生み出すメカニズムに焦点をあてることが1つの重要な課題として浮かび上がってくる[18]。

以上の知見をふまえ、次章以降、社会状況の変化によっても容易に影響を受けないような、序列性を生み出すメカニズムの解明に向けて、検討を進めていくこととしよう。

注

1) 技術機能理論を批判的に検討したCollins（1971 = 1980: 100）によれば、この理論の基本的仮説は以下に要約できる。(1)技術的変化による職業技能の必要条件が常に上昇する（技能水準の高い職業の割合の増加および同一職業に求められる技能水準の上昇）。(2)学校教育による職業技能（特定技能および一般的能力）の訓練。(3)結果としての学歴水準の上昇。
2) 出典は以下の通り。1951年総理府『受胎調節調査』。1960、1964、1968年総理府『国民生活に関する世論調査』。1973、1978、1983、1988、1993、1998、2003年NHK『日本人の意識』。したがって図中の年度表示とは若干ずれる。
3) ただし、菊池（1975）によれば、公表された目標進学率の数値は、アナウンスメント効果を避けるため、意図的に低く定められた面もあったという。とはいえ、菊池が指摘しているように、現実の入学志願率と進学率の推移は、経済社会によるプル要因ばかりでなく、人々の教育要求に押されて現実の教育拡大が達成されたことを示唆している。
4) 詳しくは荒牧（1998）を参照されたい。
5) 表1-1は、1980年代に進学したコーホートにおいて、再び「低進学率校」出身者の比率が高くなっていることを示している。しかしながら、2005年SSM調査で同様の集計を行ったところ、そうした傾向は認められなかった。最も新しい傾向は、若年層の回答から得られるが、若年層の回収率は低いため、歪んだ結果が得られたと解釈できる。
6) 岩木（1977）は、総合選抜制度の支持者が期待していた「学校間格差の解消による全体的な学力水準の向上」も認められなかったことを実証的に明らかにしている。
7) 苅谷（1995）の用いた輩出率とは、ある階層が「有力大学」入学者に占める比率を、日本全体の職業構成における当該階層の比率で除した値である。
8) 地方分散政策は大都市部での高等教育のキャパシティを相対的に縮小させ

るものであるから、対象者を「大都市部出身者」「その他の市部出身者」「郡部出身者」の3グループに分けて比較した。詳しくは荒牧(2000)を参照のこと。
9) ちなみに、より新しい2015年SSM調査が本書の執筆と平行して実施されているため、近いうちに、最新の分析結果が報告されるであろう。
10) Mareモデルの詳細については、荒牧(2007)を参照されたい。
11) 変化の過程を詳細に検討するには、コーホート区分は、より細かい方が望ましい。荒牧(2007)では、コーホートを5年ごとに区切った分析も行われているが、ケース数が少なくなることもあり結果が安定しないため、ここでは10年毎に区切った場合の結果のみを引用している。なお、1971年コーホートはケース数が少ないため1961年コーホートにまとめられている。その他、分析方法の詳細は荒牧(2007)を参照されたい。
12) 1961年コーホートで非常に大きな値が得られているのに有意な結果とならないのは奇妙に思われるかもしれないが、彼らが高校進学を経験した1970年代後半以降は進学率が90%以上に達し、調査データに占める非進学者数が非常に少ないため、推定が上手くできなかったと考えられる。
13) 在学率15%と50%を目安に「エリート→マス→ユニバーサル」の発展段階論を論じた。
14) SSM調査では大学名も答えてもらっているので、その情報をもとに構成した。具体的な大学名などは荒牧(2000)を参照のこと。
15) ここでは4時点(1965年から95年調査)の男子データを合併している。これにより1896年から1975年の間に生まれた者(6,432人)が分析対象となる。
16) 女子の場合には、いわゆる「有名大学」への進学とは異なる学歴達成の階層差について検討する必要があるだろう。これに関連して、第3章では、男女で異なる学歴分類を用いた分析を試みている。
17) 14項目の主成分分析の結果から各グループが均等になるように4つに区分している。詳しくは荒牧(2000)を参照のこと。
18) 念のため付け加えておくと、観察される絶対的格差に着目する意義が失われたと主張しているわけではない。背後にあるメカニズムが社会調査データの集計によって初めて知覚可能であるのに対し、絶対的な階層差は多くの人々にとって比較的容易に観察できるものである。したがって、人々の意識や行為への影響を考える際には、この点に着目することがむしろ不可欠と言えるかもしれない。現代日本社会で地位達成や意識形成における学歴の機能を問題とするなら、大学進学における階層差がとりわけ注目されるであろう。

# 第2章

現代日本における階層差のとらえ方

　第1章で見たように、学歴の階層差に関する研究の多くは、時代とともに教育機会が平等化したか否かに注目してきた。しかしながら、学歴の階層差がなぜ生まれるかを解明するには、こうした時代による変化をとらえるアプローチではなく、個人のライフコースに沿って、最終的な階層差がどのような「過程」を経て生まれたかを把握することが有効だと考えられる。したがって本章では、先行研究を参照しながら概念の整理と分析枠組の検討を行った上で、個人の進路選択過程に沿って階層差を把握するための準備を行うことにしたい。

1. 日本の選抜システム

1.1. 選抜システムに着目する意義

　序章でも指摘したように、最終学歴までの達成過程を学歴段階間の移行過程ととらえれば、その過程に沿って階層差の「発生過程」を把握することができる。つまり、それぞれの移行段階で発生する階層差を別々に調べることで、たとえば初期の格差が大きいのか、むしろ後の段階の方が重要なのかといった事実も明らかとなる。階層差の発生メカニズムに関する様々な理論的説明も、こうした事実に照らすことによってはじめて、その妥当性を検討できるだろう。
　第1章でMareモデルに着目した理由は、既に述べた通り、社会構造の変化による影響を取り除いた「割当原理」の変化を把握できる点にあった。しかしメリットはこれに限られるわけではない。特に重要なのは、それぞれの移行段階に生じる階層差を別々に把握できる点にある。この特長により、上述した観点から各理論の妥当性を検討できるからである。ただし、アメリカ社会の現実

を反映したMareモデルの想定が、そのまま日本に通用するとは限らない。とりわけ考慮すべきなのが、研究対象とする社会における選抜システムの相違である。

　Mareモデルによる分析から明らかになった重要な発見の1つに、「階層効果逓減現象」——後の段階における移行ほど、その成否に対する出身階層の効果が弱まること——をあげることができる（Blossfeld and Shavit 1993; Raftery and Hout 1993など）。これは学歴の階層差が、主に初期の移行において生成されることを示唆する。この知見は、子どもが小さい段階での学力における階層差を重要視する理論と整合的である。たとえば、Blossfeld and Shavit（1993）に紹介されているミュラー（Müller）の「ライフコース仮説」——成長にともなって親（階層）から自立していくので、特に初期の影響が重要だとする仮説——は、その代表例と言えるだろう[1]。

　ところで、こうした議論をふりかえって疑問に思うのは、階層効果逓減現象がどこまで普遍的なものかという点である。現代の日本のように、ほとんどの者が高校へ進学する社会を考えた時、後の移行におけるほど出身階層の効果が小さいという主張に違和感を持つのは筆者だけではないだろう。また、出身階層の影響が「基礎財」から「上級財」へ転換したという指摘（原・盛山 1999）がなされ、大学進学における経済格差の拡大（近藤 2001, 2002; 尾嶋 2002）が懸念されることを考慮するなら、むしろ階層差は高等教育段階でこそ大きいのではないかとも思える。ちなみに、日本の社会調査データを用いた実証研究では、逓減現象を認める結果も報告されている（Treiman and Yamaguchi 1993; Ishida 2003; 鹿又 2006）が、それがあてはまるのは戦前の一時期に限られるという指摘もある（荒牧 2007）。

　いずれにしても、メアの分析結果がそのまま日本に適用可能だという前提に立つことはできない。第1に、メアの分析ではアメリカ社会の選抜過程を反映して6段階の移行が検討されているが、日本社会で問題とされるのは、一般に、中学-高校-大学という3つの学歴段階間に存在する2段階の移行に過ぎない。また、メアは上位の段階へ進学するか否か（2肢選択）だけを検討しているが、日本ではどのタイプの学校を選択するか（多肢選択）も重要である。この問題については、後述の通り、いわゆるトラッキング研究が詳細に検討してきたと

ころでもある。

　これらの議論をふまえるならば、現代の産業社会における選抜システムの一般的特徴と、そこでの出身階層の影響について理解することに加え、特に日本の選抜システムがいかなる特徴を持つのかを明確にする必要があると言えるだろう。

1.2. 学歴メリトクラシー

　社会の近代化によって、選抜システムは属性主義から業績主義へ移行するというのが、技術機能主義理論に沿った趨勢理解の基本であった。職業に必要とされる知識・技術が高度化していくと、属性主義——つまり身分や家柄によって人材配分を行うシステム——では、社会が立ちゆかなくなるという説明は確かに納得がいく。また、それと同時に進行した高学歴化の影響もあって、人材の養成と選抜は主に学校教育において行われるため、人材配分における学歴の重要性が増していくという見立ても、現実社会の一面を基本的には正しくとらえていたと言ってよいだろう。しかし、実際には、社会（職業構造）が必要とする以上の高学歴化が進んだため、労働市場における学歴の価値が下がり、たとえば、これまで高卒の人がついていた職業に大卒の人がつき、中卒の人がついていた職業に高卒の人がつくというように、いわゆる「学歴インフレ」現象が生じたというのも歴史的な事実であった。これは技術機能理論や人的資本論のような素朴なメリトクラシー論では説明できない現象である。ちなみに、素朴なメリトクラシー論とは本人の能力に応じて職業配分が行われるとする理解であり、そこからは機会の平等化という趨勢が予測されたが、現実の社会がそのように進まなかったことは第1章で確認した通りである。

　その意味で注目されるのが、人々の受ける教育と出身階層との関連に着目した葛藤理論の考え方である。葛藤理論と呼ばれる立場の中には、選抜方法（能力の定義や選抜基準の設定）に階級的な偏りや陰謀までを想定するものがあり、そうした理解の妥当性については大いに議論のあるところであろう。しかし、個人の「能力」に基づく選抜という手続きの「公正性」や「メリトクラシー」への信頼が教育選抜システム自体への信頼として社会全体に普及することで、結果的に、学歴達成過程に存在する階層の影響を隠蔽（正当化）してしまう側

面があるという指摘は妥当だと思われる。

　以上のような議論の要点を整理するには、出身階層（Origin）、学歴達成（Education）、到達階層（Destination）という3要素の関連に着目したOEDの三角形を用いるのが有効である。このOEDの三角形を用いた、近藤（1990）による整理を図2-1に示した。タイプAの「階層支配」は到達階層が出身階層に完全に規定されている状態、タイプBの「結合支配」はメリトクラシーが地位配分の原則として浸透し、教育が主要な移動手段になるものの、その機能が出身階層によって歪められている状態、タイプCの「過渡的拮抗」は出身階層と学歴とが相互に独立した影響力を発揮している状態、タイプDの「学歴支配」はメリトクラティックな地位配分が完全に優勢となり直接的な地位相続はなくなるが、教育機会には階層間の不平等を残している状態、タイプEの「完全な機会均等」は文字通り教育機会が完全に平等化された状態をそれぞれ表している。近藤は1985年のSSM調査データにログリニア・モデルを適用した結果、日本社会の現実がタイプCの「過渡的拮抗」状態に近いことを明らかにするとともに、そうした関連のなかでは、ED関連がとりわけ強く、OE関連も無視できない一方で、OD関連は弱いことを見いだしている[2]。

　こうした近藤（1990）の分析結果も示している通り、職業的な地位配分という観点から見れば、学歴の重要性は疑いようもない（強いED関連）。この事実を重視した技術機能主義者たちは、現在は過渡期であり、将来はタイプEの完全な機会均等へ向かうのだと考えた。しかしながら、OD関連やOE関連が残されていることは、葛藤理論家の指摘にも耳を傾けるべきことを示している。ただし、世代間移動表に認められるような出身階層と到達階層の関連が、ODの直接的な関連ではなく、教育を媒介した間接的な関連によって主に形成されていることも強調しておくべきだろう。ここから、学歴達成の階層差（OE関連）に着目する意義が改めて確認される。

　では、少なくとも制度的には公正に行われているはずの選抜において、なぜメリトクラシーの理想とは異なり、出身階層の影響が残存しているのだろうか。この問題を解明するには、選抜システムの特徴を理解しておく必要がある。次にこの点に着目してみよう。

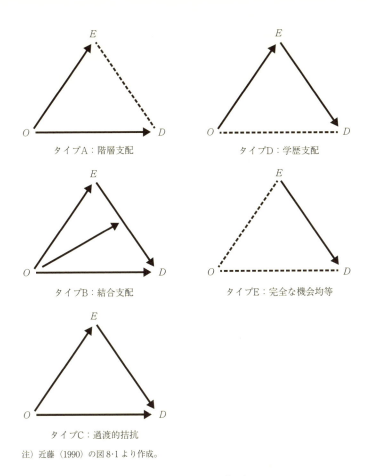

注) 近藤（1990）の図8·1より作成。

図2-1　OEDの三角形

1.3. トラッキングの効果

　社会による選抜システムの相違について論じる上では、本章の冒頭で言及した学歴達成過程における多肢選択が1つのポイントになる。すなわち、たとえば同じように高校へ進学する場合でも、単に進学するか否かではなく、どの学科・ランク・コースを選ぶかが、きわめて重要だということである。これに関連してトラッキングや能力別グループ分けの効果に関する研究が数多く蓄積されている。Pallas et al.（1994）のレビューによれば、能力別グループ分けの効

果は以下の3点に整理できる。すなわち、①グループによる教育指導の量・質・速度の違いに起因する「教育指導効果」、②生徒が自己のパフォーマンスに対する期待や学業に対する規範の内面化を行う「社会的効果」、③生徒のパフォーマンスとは独立に、重要な他者による期待や社会的な認識などがもたらす「制度的効果」である。

このうち、研究蓄積が多いのは教育指導効果と社会的効果であり、多くの場合は、教育指導や期待などの違いが結果の違いと関連するだろうと推測するにとどまった（Hallinan 1987; Oakes 1985 など）。これに対し Gamoran (1986) や Dreeben and Barr (1988) は、各グループにおける教育の内容・速度・量の違いが達成に及ぼす効果を量的に測定し、明確な教育指導効果を見出している。一方、Gamoran (1986) は、各クラスに付与された象徴的な制度的カテゴリーの違いが予期的社会化（Merton 1949 = 1961）のメカニズムを通じて生徒のモチベーションの違いを生み出すという制度的効果にも言及している。

ただし、マイヤー（Meyer）ら新制度主義者によれば、ガモラン（Gamoran）のように制度的効果をとらえることには問題がある。制度の効果と社会化効果が混同され、制度効果論の主張が不分明になっているからである。マイヤーらによれば、社会制度とは個人が当然とみなすようになる社会的行為の永続的パターンであり、制度はその起源と目的を正統化する認知的構成物である。つまり、社会的行為を個人の動機や行動からとらえるのではなく、人々に共有された認識と意味づけの作用を強調するのが制度論の特徴と言える。Meyer (1977) によれば、ある属性の人間を作り出してよいという免許（チャーター）を社会から与えられたカリキュラムは、そのカリキュラムによる直接的な社会化によってではなく、学校とそのカリキュラムの制度的権威によって正統化されるがゆえに効果を持つのである。つまり、能力別グループ分けやトラッキングが制度的効果を生むのは、生徒が実際に多くを学ぶ（社会化効果）からではなく、多くを学んだと人々に扱われるからである。能力別グループ分けは、たとえ何の教育効果を与えなかったとしても、その割り振りが生徒の性質の違いを意味していると人々に信じられる限り、生徒を差異化するのである。つまり、制度論が注目するのは実質的な社会化ではなく象徴的効果になる。このように、制度的効果に着目した主張がこうした「非社会化論」であるのに対し、教育指導

効果は主に学力面での、社会的効果は主にアスピレーション形成面での社会化論と見ることができる。

　以上の議論をふまえると、能力別グループ分けやトラッキングは、学歴達成の階層差に対していかなる効果を持つと考えられるだろうか。1つの可能性は、トラックへの配分にこそ大きな階層差があり、配分後は階層にかかわらずトラック自体の効果により、それらの差が維持拡大されるという理解である。もう1つの立場は、トラックへの配分にとどまらず、配分後の作用も階層によって異なることを想定するものである。ここで、制度効果論は振り分けられたトラックに対する社会的な意味づけに着目した議論であり、生徒個々人の資質には関わらないと考えると、トラックへの配分メカニズムこそが階層差の生成において重要だとする前者の主張につながる。他方、教育指導効果と社会的効果は、どちらもトラック配分後の社会化を問題にしたものであるが、着目する社会化の対象や階層の影響に関する想定は異なっている。すなわち、教育指導効果で問題にされるのは、主として学力形成の側面であり、その社会化作用に必ずしも階層差を想定しないのに対し、社会的効果が着目するのは主にアスピレーション形成の側面であり、そこに階層差が生じることをむしろ強調する見方である。なお、繰り返しになるが、教育指導効果も社会的効果も基本的にはトラックへの配分後に生じる影響を問題にした議論であり、トラックへの配分自体にどのような階層差が生じるかを積極的に論じたものではない。しかしながら、それぞれのトラックにおいてどのような社会化がなされるかは、各トラック内での階層構成に大きく依存すると想定されるため、どちらの効果に着目する場合でも、トラックへの配分における階層の影響は重要なポイントとなっている。

　ところで、トラッキングの効果に関する上記の研究は、基本的にはアメリカの高等学校における現実をふまえて蓄積されたものである。その現実とは、自由な科目選択という理念にもかかわらず、実際には、ある一人の生徒が選択する科目は、どの科目についても同じ区分（「大学進学者向け」か「就職者向けか」などの区分）となる傾向があり、しかも学年による移動も少ない（Rosenbaum 1976）ため[3]、あたかも陸上競技におけるトラック（走路）のように、初めに選択したトラックによって卒業後の進路も水路づけられるというものである。なお、Lucas（1999）によれば、アメリカでは、1960年代の後半から70年代

の初めにかけて、少なくともいくつかの地域で、公式には明確なトラッキングは存在しなくなった。ところが、それぞれのコース（科目）に水準の違いを設けていたため、その後も実質的にはローゼンバウム（Rosenbaum）の指摘したようなトラッキングが存在してきたのであった。

このようなアメリカ社会のトラッキングにおいて、社会階級は次の2つの意味で重要であるという（Lucas 1999: 70）。①個人としての中産階級の親は、学校内の層化システムにおいて、自分の子どもの有利さを維持しようとする。②社会経済的多様性の高い学校ほどカリキュラムが明確に分化している。このことは、トラッキングが脱トラッキング計画によって脅かされている学校では、中産階級の親による集合的な政治的アジテーションによってトラッキングが維持されるというOakes（1985）の主張と合致する。

なお、最近では、トラッキングと社会階層の関連について、PISA調査などのデータを用いた国際比較研究も盛んに行われている。そこでは、選抜の時期に着目し、早い段階で選抜するほど階層差が大きいとする研究、選抜時期ではなく教育制度の体系的な違いに着目した研究、教育制度が生徒を分離する度合いに着目した研究などがあり、これらの知見に基づく分類枠組を用いた国際比較研究もあるが、日本は例外として扱われているという（多喜 2010）。

1.4. 日本の選抜システムの特徴

以上、アメリカを中心としたトラッキング研究の成果を紹介したが、これをふまえて、日本の選抜システムの特徴と研究成果を振り返ってみよう。

第1に、トラッキングの実態に関する両国の基本的な違いは、日本におけるトラッキングが、アメリカのような学校内トラッキングではなく、学校間トラッキングだという点である[4]。この違いは、日米におけるトラック間の移動に大きな差異をもたらしている。先述のローゼンバウムが指摘したように、アメリカにおいてもトラックを移動する割合は決して多いわけではない。しかし、それはあくまで「自由な科目選択」という理念と比較した場合のことであり、トラック間の移動自体は必ずしも少ないとは言えないこともローゼンバウムの研究結果から読み取れる。加えて、そうしたトラック間の移動に階層差があることも実証的に明らかにされており、それが学歴達成の階層差を生み出す1つ

の理由であることが指摘されている（Oakes et al. 1992; Lucas 1999 など）。

ところが、学校間トラッキングとなっている日本社会では、トラック間の移動とは、たとえば中学から高校への進学のように異なる学歴段階間の移動に限られている。しかも基本的には一度入学した学校を変わることがない。このように考えると、学校内トラッキングを前提として階層とトラックの関連を論じた上記のルーカス（Lucas）の2つの指摘は、いずれも日本社会には適合しないと判断できる。ただし、こうした関連が生まれる理由としてルーカスの指摘した点、すなわち中産階級の親の方が、教育選抜システムに関する幅広い情報に接しているという点は、日本社会において学歴の階層差が生まれる1つの理由としても考慮に値するだろう。

第2に、アメリカに限らず他の国ではトラッキングの効果を表す指標として学業成績を用いることも多いが（特に上記の「教育指導効果」に関する研究）、先に見たように、日本で問題となるのは学歴段階間の移行、とりわけ社会的威信の高い学校への進学である[5]。これは、学校教育と職業の関連（ED関連）を規定する主な要因が、具体的にいかなる能力や学業成績を示すかではなく、どういう学歴（あるいは学校歴）を得ているかにあり、一旦学歴を得てしまえば職業選択の際には学力が問題とされないという現実を反映している。ただし、学歴獲得の過程においては、試験成績による選抜が非常に重視されているのも事実である。別の見方をすれば、それによって学歴が一定の学力を反映していると信じられているからこそ、学歴取得後に改めて学力を問題にする必要がないのかもしれない[6]。このように、学歴獲得までの選抜と学歴取得後の選抜では、基本的な選抜原理が異なるというのも、日本社会の大きな特徴と言えるだろう。

第3の特徴として、竹内（1995）による日本のメリトクラシーに関する研究が明らかにしたように、日本社会における選抜が、「傾斜的選抜」構造における「層別競争移動」だという点も忘れてはならない。ここで傾斜的選抜とは、単なる進学／非進学の選抜ではなく、高校も大学も偏差値という一元的かつ明示的な基準によって細かく序列化された中での選抜であることを指す。この場合、成績上位の生徒達ばかりでなく、相対的に成績の低い生徒達も受験競争から簡単には逃れられない。これに加え、次の段階への移行においても、それぞ

1. 日本の選抜システム　　49

れの学校ランクにおいて層別に競争が行われるために、相対的に下位ランクの学校へ進学した者にも、(場合によると次は挽回ができるかもしれないと思わせて)手の届く範囲内でのできるだけ高い達成を目指させて競争から容易には降りさせないというわけである。これら2つの特徴によって、成績の高い者も低い者も、どの段階の移行においても、受験競争に巻き込まれているのである。

第4に、選抜基準の相対的な脱階層性が挙げられる。日本の学歴達成過程においては、何よりペーパーテストによる客観的かつ明確な基準に基づく学力評価が重視されており、測定される学力自体も断片的な知識の記憶に依存する部分が大きい。つまり日本の教育選抜では、階級的な偏りの想定しがたい客観的な学力評価が重視されている。こうした特徴は、ブルデューが研究対象としたフランス社会のように、階級文化が相対的に明確な社会で、口頭試問などの対面的な審査や論述試験が重視される状況と比較すれば、選抜基準の設定には階層的背景が介入し難いと言ってよいだろう[7]。

もちろん、日本社会においても比較的古くから面接試験も実施されてきたが、日本における面接で重視されたのは、階級文化に基づく能力やふるまいではなく、礼儀や従順さを含んだ性格や行動であるところの「人物」であり、「階級遍在的な日本人らしさ」あるいは「超階級的国民文化」である(竹内 1995: 233-234)[8]。こうした特徴が、日本社会に「メリトクラシーの大衆化状況」——「メリットによる選抜が、社会のすみずみにまで浸透し、しかも、メリット＝業績をどのように定義づけるかという点で、標準化と画一化が進んだ、『公平』な手続きの徹底した状態」(苅谷 1995: 16)——をもたらした。したがって、選抜方法(能力の定義や選抜基準の設定)に階級的な偏りまでを想定する類いの主張は、日本の現実にはなじみにくいと判断できる。

このように、評価基準や合否判定自体に対して出身階層が直接的には関与せず、その後の達成が制度上の位置づけ(選択されたトラック)に大きく依存し、その位置づけが基本的には変更できないという特徴を考慮するなら、日本社会においてOE関連を生み出す主なメカニズムは、トラックへの配分を迎える時期、具体的には中学卒業段階までの学力形成に関与するのではないかという仮説が設定できる。

ところで、大多数の者は義務教育を公立の小中学校で受けているが、これま

でのところ、全国共通の学習指導要領、国による検定を受けた教科書、差別感を嫌う教育現場（苅谷 1995）による指導などによって、公立の小中学校は非常に平等な教育を行っているとみなされてきた。近年の教育改革は、義務教育段階から教育の内容や方法に多様性・選択性を持たせる方向にあるが、戦後の長い期間において平等性と画一性が保たれてきたと言えるだろう。しかも、国際教育到達度評価学会（IEA）による国際数学・理科教育動向調査（Trends in International Mathematics and Science Study、以下 TIMSS）データを用いて、義務教育段階における学校差を分析した多喜（2011）を参照すると、近年においても、義務教育段階における学力差（学力分散）は、基本的には学校間でなく学校内に存在しているという[9]。したがって、この段階までにおける学力の階層差に対しては、学校教育制度自体の直接的な影響はあまり考える必要がないように思われる。これらから総合的に判断するなら、高校入学までに形成される大きな学力差に対して、階層がどの程度関与しているかが重要な課題だということになる。

　ただし、第1章におけるMareモデルの分析結果を思い出してみても、学力形成の階層差だけが重要だとは言えないことがわかる。いくら選抜の仕組みが脱階層的だとしても、中学時代の学力の高低が入学する高校を自動的に決定するわけではないからである。つまり、仮に学力が同じであったとしても、どのような選択を行うかの判断には階層が関与している可能性が指摘できるのである。

　もう1つの課題は、トラックによる社会化のところで指摘した、アスピレーション形成の階層差の問題である。学歴達成過程における階層差の形成という関心からは、学力ばかりでなくアスピレーション形成の階層差が重要な課題となる。もちろん、上記のような選抜が行われる日本社会では、「よい成績をあげることは、どの階層の出身者でも、努力すれば手の届く範囲のゴールといえる」（苅谷 1995: 20）。つまり、「いい成績を取り、いい学校を出て、いい会社に入る」という目標の設定には階級文化的な障壁はない。しかし、だからといって、アスピレーション形成の階層差がないと断言できるわけでもない。第1章におけるMareモデルの分析で高校から大学への移行に階層差が見出されたのも、実はアスピレーション形成の階層差をとらえているということかもしれな

い。これについては、主観的な進路選択の観点から第4章以降で改めて検討したい。

2. 実証研究における「階層」概念

　以上、日本の選抜システムの特徴を考慮した場合、どのような局面における階層の影響に着目すべきかを検討した。では、ここで言う「階層」の効果とは何を意味するのだろうか。学歴達成過程に生じる階層差を把握するといった場合、一体いかなる「階層差」を明らかにすればよいのだろうか。ここでは、日本社会を対象としたこれまでの実証研究において、出身階層や出身階級という概念がどのように扱われてきたのか、理論的な背景と測定論に触れながら振り返っておきたい。

2.1. 身分階層から階層の多様な把握へ
　第1章でも述べたように、戦後の日本社会において長年にわたって階層研究をリードしてきたのが、SSM調査とそのデータを用いた研究群であった。その第1回全国調査が実施されたのは、敗戦から10年後の1955年という早い時期であるが、これに先立つ1952年にも、国際社会学会（International Sociological Association）の国際共同研究事業「社会的成層と社会的移動の国際比較研究計画」に参加することを目標として、東京・横浜・名古屋・京都・大阪・神戸の6大都市を対象とした調査が実施されている。いずれも、日本社会学会の公式事業として実施されたものであり、1952年調査は第2回世界社会学会議で、1955年調査は第3回会議でそれぞれ報告するという熱の入れようであった（日本社会学会調査委員会 1958）。なお、当時の日本社会では、前近代的な身分制社会に関する経験的な記憶が残っていたこともあり、未だ「身分階層的秩序」が問題にされる状況であった。ところが、SSM調査のデータは日本社会の高い世代間職業移動率を示したのであった（富永 1979）。

　ところで、「社会的成層（Social Stratification）」という概念については、当時から様々な理解が存在したが、第1回調査の委員会は、「われわれはこれらのどれか1つにとらわれることなしに、各種の概念にもとづく社会的成層を調べ

る」(日本社会学会調査委員会 1958: 36) という立場をとり、統計数理研究所の統計学者の助力も得ながら、「主観的方法」と「客観的方法」および両者の組み合わせによって9種類もの様々な方法で階層を測定している(日本社会学会調査委員会 1958; 尾高 1958)。ちなみに、「主観的方法」としては階級帰属意識(「上中下帰属」とマルクス主義をふまえた3つの階級帰属の2種類[10])の測定を、「客観的方法」としては「職業の格付け(威信スコア)」「職業と従業上の地位を組み合わせた大分類」「相互評価法[11]」「専門家による格付け[12]」による測定を行っている。また得られたデータをもとに回帰分析によって推定する「回帰推定法[13]」という方法も用いられた。

　このように様々な方法を用いたのは、第1回調査の最大の特徴と言えるが、上述した「どれか1つにとらわれることなしに」という立場からもわかる通り、階層概念についての理論的な検討は十分に行われなかった。他方、実際の分析に多用されたのは標準職業分類と従業上の地位から作成された職業大分類(後のSSM職業8分類)やそれをさらに少ないカテゴリーに再編したものであった。また、上述した「専門家による格付け」や「回帰推定法」に現れているように、職業・学歴・収入の3基準からとらえる多元的把握もなされている。しかしながら、こうした扱いはあえて説明する必要のない当然のこととして行われたようで、理論的根拠が明示されているわけではない。

2.2. 実体としての階級と多元的な階層の機能

　これに対し、第2回の1965年SSM調査のデータなどを駆使して詳細な研究を行った安田(1971)は、社会階級と社会階層に関する概念論争を、「実在説 vs 仮説的構造物説」「集団説 vs 非集団説」「連続体説 vs 非連続体説」「一次元説 vs 多次元説」「主観説 vs 客観説」「階層基準の問題」という6つの論点に整理して理論的な検討を行っている。その結果、上記の論争は概念を「実体的」に把握するか「機能的」に把握するかの1点に帰着するが、「実体としての階級」が現実に妥当しないことは明らかであり、機能論的立場からとらえるべきこと、階層の機能は1次元でなく多次元ととらえるべきことなどを指摘した。安田が「産業」「(狭義の)職業」「従業上の地位」「企業規模」から構成される総合職業分類(後のSSM総合職業分類)[14]を提唱した(安田 1960; 安田

1969; 安田・原 1982) のも、こうした認識を反映していると言えるだろう。なお、安田 (1971) は、階層的地位の不一致性（後述する「地位の非一貫性」と同様の概念）からもわかる通り、階層の多元的な機能は必ずしも有機的に関連して同時的に存在する（実体的多次元説）のではなく、複数の成層システムが併存する（分析的多次元説）と考えるべきことも主張した。

なお、安田の否定した「実体としての階級論」は主としてマルクスの階級理論に依拠したものだが、第2次世界大戦後の経済成長と職業構造の変動によって中間層が拡大していく現実の中にあって、生産手段の所有と非所有という2項対立は、マルクス主義の立場に立つ研究者の間でも受け入れないものとなっていった。そのため、こうした現実の変化も説明できるようマルクス主義的な階級論においても様々な修正が加えられていく（橋本 1999）。なかでも、ライト (Wright) の階級論（後期）は、実証的な研究にも適用可能な枠組として考案された、現代における最も有効な階級理論とされている。しかしながら、盛山 (1992) によれば、その実質は階層論との違いが不明確である[15]。

ところで、安田 (1971) の研究における1つの独自性は、「階層」という概念も「実体論」の遺物であるため、分析概念としては無用の長物だと主張し、階層概念自体の使用を放棄してしまった点にある。代わりに彼が選んだのは、個人の「社会的地位」の移動に着目して、社会移動の研究を展開することであった。国際的にも認知された安田の開放性係数などの研究成果も、こうした研究スタンスから生み出されたものである。なお、階層概念の放棄という選択自体はその後受け継がれなかったが、実体的な階層論（階級論）を否定し、多元的な階層の「機能」に着目すべきだとした主張は傾聴に値する。なぜなら、観察された「階層差」の根源が、測定に用いた「階層（変数）」自体にあるとは限らないからである。

階層概念の検討における安田 (1971) の重要性は他にもある。それは、祖父－父－息子という三世代社会移動についても言及している点である。また、世代間移動における家族の問題として、キョウダイの出生順位や親の死亡時期を考慮すべきだと指摘したり、分析単位として家族と個人のどちらを用いるべきかを論じたり、地域間移動に着目するなど、人口統計学的な観点にも着目していたことは注目に値する。その後の階層研究が、主として核家族、なかでも調

査対象者（つまり1人の子ども）とその親という2者関係の枠内にとどまって展開されたことからも、その先見性は評価されてよい。なお、近年になって、Mare（2011）などをきっかけに、"Multigenerational Inequality（多世代にわたる不平等）"や人口統計学を考慮した階層研究への関心が高まっている。この問題については、第7章で取り上げる。

なお、以上をふまえて、本書では、自ら「階級論」を明示的に主張した研究を紹介する場合を除き、基本的には「階層」の用語を用いることとする。

2.3. 1次元的連続量と地位の非一貫性

1975年に実施された第3回SSM調査では、分析方法の上で、飛躍的な発展があった。中でも注目されたのは、Blau and Duncun（1967）が地位達成研究に用いたパス解析を日本のデータにも適用したことである。これは「階層」を理論的にどのようにとらえるかという観点からも重要であった。なぜなら、この手法は、階層を1次元的かつ連続的なものとして扱う必要があるため、階層指標として職業威信スコアが用いられたからである。しかし、当然のことながら、これは多元的階層論とは全く相容れないものである。また、安田（1971: 54-55）がBlau and Duncan（1967）に対する批判の中で指摘したように、職業移動の重要な経路は必ずしも1つではなく、仮に職業階梯に序列を設定しても「人々はこの階梯を1つずつ順に登ってゆくわけではない」。それに加えて、職業に与えられる価値的方向性は多次元である[16]。にもかかわらず、職業威信スコアを用いた分析が行われたのは、これによって分析の幅が広がるメリットがあり、特にパス解析による因果分析に大きな魅力が感じられたからであろう。あるいは、階級論争に対する感情的な忌避感もあり、理論的な検討が避けられてきた面もあったのかもしれない。

パス解析による分析には、世代間移動と世代内移動の2段階に分断されていた従来の分析手法とは異なり、両者を含んだ一連の地位達成過程として個人の地位形成をとらえられるというメリットもあった。これはまた、その一連の地位達成過程の中に、学歴達成を位置づけることを可能にした点でも大きな意味を持つ。Blau and Duncan（1967）の研究が大きな社会的インパクトを持ったのも、親の社会的地位が直接に関与する属性主義的な影響ではなく、学校教育

が職業的地位達成に直接的な強い影響を持つ業績主義的な側面をデータによって強調した点にあったのだった。これに関連して、日本のSSM調査データの分析結果をふまえて、富永は「教育が学生・生徒の採用および評価に関して機会均等と能力主義を貫徹するなら、人員配分は生得的地位から有効に切離されうるであろう。そして日本における高い世代間移動は、教育がこのような役割を果たした結果であると考えられる」（富永 1979: 8）と述べている[17]。なお、第4章で詳しく取り上げるウィスコンシン・モデルの研究成果もふまえ、教育・職業アスピレーションの分析が行われたことも1975年調査の革新的な点だと言えるだろう。

　ところで、念のため付け加えておくと、職業威信スコアに批判的な見方があることは富永自身も自覚しており、「威信と称せられているものは結局何を測定しているのか」について論争があることを紹介している（富永 1979: 11）。富永は、また、職業的地位自体が複合的な要因であり、関係的資源（勢力・威信）・物的資源（所得）・文化的資源（教育）がすべて、この概念の中に含まれるという認識も示している（富永 1979: 21）。「職業」の測定において、「仕事（の内容）」「従業上の地位」「役職」「従業先規模」「産業」といった多次元からとらえる質問を用い、複合的な要因としての職業的地位全体をとらえる試みが継承されたのも、威信スコアだけでは職業をとらえきれないという認識があってのことだろう。しかしながら、国際的な研究動向もふまえ、威信地位に中心的な位置づけを与えたことが1975年調査の重要な特徴であったことは間違いない。

　なお、1975年調査のデータを用いた分析としては、地位の非一貫性に関する研究も注目を集めた（今田・原 1979）。これは、階層を多元的に測定した結果、各階層次元において個人の占める地位が必ずしも一致しないことを指摘したものである。なお、その多次元性をどうとらえるかについては、必ずしも厳密な理論的・実証的考察に基づく明示的なコンセンサスが示されてきたわけではないが、社会・文化・経済の3次元、あるいは職業・学歴・所得の3変数に基づくと考えるのが一般的であった（今田・原 1979）[18]。こうした扱いは、先に見たようにSSM調査においても第1回から行われていたが、その後の研究でも踏襲されてきたと言える。

2.4. 階層研究の脱理論的展開

続く第4回の1985年調査では、初めて女性が調査対象に加えられるとともに、分析方法の面でも新たな革新があった。それはログリニア・モデルという分析手法を用いて、再び世代間移動表を分析するというものである。階層概念との関連で、ログリニア・モデルによる分析が持つ意味は、この方法がそもそもクロス集計表の構造を詳細に分析するために開発されたものであるため、階層をカテゴリカルにとらえることが可能であるという点にある。言い換えるなら、パス解析を用いる場合と異なり、階層変数を1次元的な連続量として構成しなければならないといった制約がないため、職業を多元的な基準からカテゴリカルに構成したSSM総合職業分類のような変数を用いて分析することが可能であった。こうして実施されたログリニア・モデルによる移動表分析の結果は、第1章でも述べたように、社会の近代化による平等化を主張した1975年調査の結果を全面的に否定し、不平等の長期的な安定性を主張するものであった。

ところで、第5回の1995年SSM調査データの分析を行った原・盛山（1999）は、以上のような分析結果によって、階層研究は理論を喪失してしまったと指摘した。先にも見たように、富永（1979）の研究の背景には、社会の近代化に伴って人材配分の合理化・効率化が進み、社会移動が増大するという明快な理論的主張（産業化命題）が存在していた。ところが、1985年調査で明らかになった、循環移動（純粋移動）は時間的に安定しているという事実には、それを説明する明確な理論が存在しない。もちろん、こうした事実に対して何も解釈がなされなかったわけではなく、「産業化が一定の段階に達した社会での循環移動パターンは時間的に変動しない」（Featherman, Jones, and Hauser 1975）とするFJH仮説の理解が正しいとみなされた。しかし、この仮説は実証研究によって観察された結果を整理した命題に過ぎず、その理由を説明する理論ではなかった。以上をふまえて原・盛山（1999: 38-39）は、今日の階層研究が直面する困難を以下の5点にまとめている。

①マルクス主義や近代化理論という、これまで階層研究を主導してきた巨大理論が有効性を失ってしまった。

②階層論が主として取り組んできた『貧困』という問題が、先進諸国では実質的に解決されてしまった。
③女性の社会進出にともなって、これまでの世帯単位の階層概念に問題があることが明らかとなった。
④そもそも階層ないし階級とは何かという基本問題に対して、有効に答えている理論が存在しなくなってしまった。
⑤実証データが大量に蓄積されてきた社会移動について、データを適切に説明する理論が現れていない。

このうち①④⑤が上述した階層理論の喪失問題に対応する。また、②の指摘は、近年、貧困研究が改めて活発化している現状にそぐわないが、③の指摘は今日でも解決されていない[19]。いずれにせよ、その後の階層研究も、基本的には脱理論的に展開していったと言うことができるだろう。

なお、原・盛山（1999）は、階層概念の隠された前提について次のように述べている。すなわち、従来の階層概念には、「階層区分の全域的一元性」「階層所属の唯一性」という隠された前提があったが、これらは「主体としての階級」論の名残であり、階層理論が勝手に作り上げたフィクションあるいはモデルに過ぎない。「女性の階層問題」が指摘されたのも、実はこうした暗黙の前提が女性の現状を理解する上で妥当性がないからである。これに対し、個人が達成を志向し主観的に構築する階層スケールには、原理的に、①多元的で、②局域的で、③主観的に個別的である、という３つの特徴があり、人びとにとっての階層のリアリティは、こうした原理にしたがって主観的に構成されている。

こうした現実を無視して、階層について唯一絶対の客観的な正解を前提とするのは確かにフィクションと言えるだろう。しかし、原・盛山（1999）は「モデル」を設定することの意義も同時に認めている。こうした主張をふまえれば、研究者の側は、「唯一絶対の客観的な事実」としてではなく、「研究目的にあったモデル」として階層理論を設定する必要があると言えよう。ところで、本書の場合は、学歴達成という客観的な結果における階層差を問題にしており、人びとが階層についてどのようなリアリティを持っているか自体の解明を主題にしているわけではない。ただ、客観的な階層差が主観的な階層イメージとどの

ように関連しているかを理解する必要があり、その意味で上記の指摘は重要である。とりわけ、主観的な階層スケールにおいても階層の多次元性が特徴とされている点は重要と言える。なお、その多次元性について、原・盛山は、階層が多元化したといっても、結局のところ「所得」と「学歴」という2つの強固な社会的共通価値尺度が存在し続けていると主張する[20]。

脱理論的な測定論として展開してきたその後の研究においては、用いられる統計的分析手法がさらに高度化しており、それぞれの研究で用いられる手法も多岐にわたっている。しかしながら、階層概念の扱いという意味では、階層をカテゴリカルにとらえる場合が多いという共通点がある。具体的には、企業規模や従業上の地位も考慮したSSM総合職業分類およびそれと類似の分類を用いるものが多く、国際比較研究ではEGP分類（Erikson, Goldthorpe and Portocarero 1979; Erikson and Goldthorpe 1992）を使用することが標準化している。なお、いずれの指標も職業階層自体の多次元性を反映したものだが、明確な理論的根拠があるというよりも、それぞれの社会の経験的知識に合わせた分類という側面が強い（原・盛山 1999）。

なお、2005年SSM調査のデータを用いた分析では、経済的階層や学歴など、職業以外の階層を用いた分析も増えているが、やはり理論的な根拠が明確に示されているわけではない。序章の冒頭にも述べたように、分析方法が時代とともに高度になってきた一方で、明確な理論的検討がないままに、社会・文化・経済の3次元に基づいて、また職業を多次元から構成されたカテゴリカルな変数として用いて、調査データに基づく分析が行われ続けている。

2.5. 階級論からの補足

ただし、以上の結論は主としてSSMデータを用いた階層研究の展開に基づくものであり、「階級」研究においては理論的検討も活発に行われていたと言えるかもしれない。1つは、上にも示したマルクスの階級論に基づく研究である[21]。ただし、中間層の増大という、マルクスの予想とは異なる現実の経済社会の変動によって、理論自体の妥当性が失われてしまっている。また、現代の最も有力な階級論とされるライトの理論は、先に指摘した通り、階層論との違いが認められなくなっている。

もう1つの代表的な潮流は、ブルデューによる一連の研究であるが、これらは多方面にわたって大きな影響を及ぼしてきたと言えるだろう。特に、文化資本概念を用いた再生産論（Bourdieu et Passeron 1964 = 1997, 1970 = 1991; Bourdieu 1979a = 1990, 1979b = 1986, 1986 = 1987, 1989 = 2012）は、学歴達成の分野に大きな影響を与えるものであり、日本でも、これに触発された実証研究が多数ある。したがって、これについては第4節で詳しく扱っていくことにしよう。

　なお、ブルデューによる研究の影響は、このように重要なものであったが、特に日本では「理論研究」として読まれることが多く、その背後にあった実証的な階層研究の側面（実証的なデータ分析に基づく社会空間論）は十分に理解されてこなかった。最近になって、近藤（2008; 2012）は、日本のSSMデータやPISAデータを用いて、Bourdieu（1979a = 1990）が社会空間論を展開する際に行ったのと同様の多重対応分析（MCA）を行い、資本の総量と資本構成（経済資本と文化資本）の2次元からなる社会空間論が日本社会にも妥当することを明らかにしている[22]。

　ところで、近藤（2008; 2012）の分析結果は、人びとの志向する価値における、学歴と所得という2大価値の重要性を指摘した原・盛山（1999）の理解と整合的だと言えるだろう。人々の主観的に求める価値がこれらの2次元によって構成され、それぞれの価値を求める強さによって意識や行動が方向付けられ、その結果として客観的な構造が生み出されるとすると、社会空間論の主張にも適合的だとみなせるからである。なお、誤解のないように付け加えておくと、ブルデューの言う文化資本は学歴と同義ではない。したがって、後述するように、学歴を文化資本の指標としたブルデュー理論の「実証研究」が批判される（菊池 1990）のも道理である。しかしながら、学歴が文化資本の形成・継承に関わる重要な要因であると考えること自体はブルデューの理解から逸脱しているわけではない。また、後述の通り、日本における文化資本が学校教育を通じた文化の獲得を中核とする獲得的文化資本（宮島 1994）あるいはキャッチアップ文化資本（大前 2002）であるとすれば、日本社会における文化資本の作用を考察する際にも、学歴の重要性は明らかと言えるだろう。

　以上、「階層」という概念を理論的および実証的にどのようにとらえるべき

なのか、日本社会を対象とした実証研究の成果を中心にふりかえってきた。次節以降では、学歴達成の階層差を説明する代表的な理論・仮説を紹介しながら、本書が着目すべき具体的な分析課題を明確にしていこう。

3. 社会的地位と合理的選択理論

　出身階層の指標には上記の通り様々な試みがあったが、何よりも職業に着目するのが社会階層論の基本的な立場であり、学歴達成の階層差に関する実証研究の多くも、そのスタイルを踏襲してきた（近藤 1988; 尾嶋 1990; 原・盛山 1999; 荒牧 2000 など）[23]。ただし、親の職業がなぜ学歴達成に影響するのかについては、従来、必ずしも明確に理論化されてこなかったと言える。こうした中にあって、Breen and Goldthorpe（1997）の示した合理的選択モデル（以下、BG モデル）と、そこから導き出された相対的リスク回避（Relative Risk Aversion: 以下 RRA）仮説は、1つの理論的枠組を提示し、これを検証する数多くの実証研究を生み出した[24]。したがって、ここでも BG モデルを取り上げたいが、その特徴を理解するには、合理的選択理論の一般的な立場と彼らが依拠したブードンの IEO モデルについて簡単に触れておく必要がある。

3.1. 合理的選択理論

　盛山（1997）によれば、合理的選択理論とは「人々の行為を合理的に選択されたものとして説明することを通じて、人々の行為の結果として生じている社会現象を説明する、という形式を持つ理論的試み一般のこと」（盛山 1997: 137）である。なお、人々の行為が「合理的」選択の結果によって生み出されるという見方に対して、人はそれほど合理的でないといった批判がなされることがある[25]。しかしながら、ここでいう合理的行為とは、「可能な他の選択肢としての諸行為との比較において、行為者にとって最も良い主観的な効用を持つ社会状態を帰結すると主観的に思われるがゆえに選択される」行為（盛山 1997: 144）である。また、「効用」は、経済的な側面に限定されるわけではなく、集合的価値や感情も含まれうるなど無限定である。したがって、ここでの合理性とは、「あらかじめ特定の内容に限定されたもの」ではなく、「ありとあ

らゆる内容を入れることのできる一般的な『形式』、すなわち行為が『効用』と名づけられるある内的に一貫した基準に従った選択であるという性質のみを意味する」(盛山 1997: 142)。つまり、合理的選択理論とは、たとえ客観的には非合理的に見えても、人々が主観的な効用を最大化させる行為を選択した結果として社会現象を説明する試みだと言えよう。

こうした性質を持つ合理的選択理論には、主として「経験的真理性」の面でさまざまな困難があるが、この理論の意義はむしろ「説明形式の論理的明晰さ」にある(盛山 1997: 152)。つまり、経験的には疑わしい部分があるにせよ、合理的行為モデルを構成することによって現象の中に論理性を見いだすこと(それによって行為を理解すること)に価値があるというわけである。

3.2. ブードンの IEO モデル

序章でも指摘したように、ブードン (Boudon 1973 = 1883) は「単一的要因理論」に基づく説明を否定したが、それに代わるシステム論的な説明モデルとして提示されたのが IEO モデルであった。このモデルの1つの特徴は、教育における不平等が第1の「文化的遺産のメカニズム」(以下、1次効果) と第2の「社会的位置に応じた決定のメカニズム」(以下、2次効果) という2段階のメカニズムによって生じると主張した点にある。後述の通り、1次効果とは階層ごとに学業成績などの分布が異なることを指し、2次効果とは成績などが同じでも階層によって残存率(=進級・進学率)が異なることに対応している。

図2-2は、ブードンが上記の説明のために用いたものである。上段の図は、成績(横軸)と学業年齢(縦軸)[26]を座標とする空間における生徒の分布が、その社会的位置によって異なること(1次効果)を表す。左端の社会的位置が低い生徒集団には学力の低い者が多く(分布が左下に偏っている)、逆に、右端の上位層には学力の高い者が多い(右上に偏っている)傾向が認められる。一方、下段の図は、たとえこの座標空間に占める位置が同じでも、社会的位置 (Keller and Zavalloni 1964) によって無差別曲線(斜線)に示された残存率(=進級・進学率)が異なること(2次効果)が表現されている。下段の図において、たとえば各社会的位置において最も学力の低い左下隅の層に着目すると、低い社会的位置の場合の残存率が20%にとどまるのに対し、中間的な位置では40%、

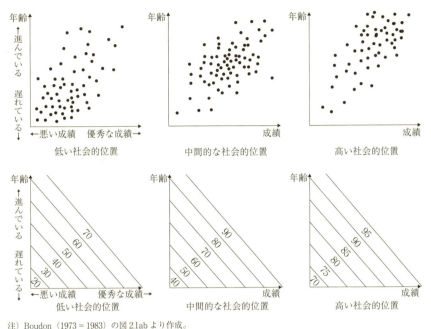

注）Boudon（1973 = 1983）の図 2.1ab より作成。

図 2-2　IEO モデルにおける決定空間

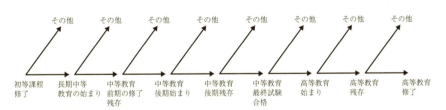

注）Boudon（1973 = 1983）の図 4.1 より作成。

図 2-3　Boudon（1973 = 1983）の IEO モデルにおける移行のとらえ方

高い位置では 70% にまで達することが示されている。

ちなみにブードンは、図 2-3 に示したように、進級・進学（残存）するか否かの選択が、学校教育制度における進級や進学の度に繰り返される（多段階選抜）ことによって、教育不平等が形成されていくととらえており、Mare モデルにとっても 1 つの理論的な起源となったものである。

こうした基本的な枠組みをベースとして、IEO モデルでは、各段階の移行において階層差が生まれるメカニズムを、次のような合理的選択理論の枠組に沿って設定している（Boudon 1973 = 1983：92-95）。すなわち、「個人は費用－危険－利益の組み合わせのうちでもっとも《効用》のある組み合わせを選択するように行動する」が、この費用・危険・利益に対する評価は、個人あるいは家族の社会的位置によって異なる。つまり、「教育制度の分岐点において高尚な課程をとる確率」を例に取ると、その確率は、誰にとっても学業成績や学業年齢といった変数を座標とする決定空間から定義される決定関数によって決められるが、図 2-2 の下段に示した通り、パラメータが社会的位置によって異なるため、結果的に階層別の残存率も異なるというわけである。

ブードンは、以上のモデルを用いてシミュレーションを行い、その結果が過去の教育統計に表れる諸傾向と一致することを示した。また、こうしたシミュレーション分析において、1 次効果を完全に除去しても、2 次効果の作用のみによって大きな不平等が生み出され得ることも示し、従来の研究が「文化的遺産の現象に過度な重要性を与える傾向にある」と批判した。この点は、「第 1 の要因（＝文化的不平等）の効果が時間的に霧消するのに対して、第 2 の要因の効果は指数的に強くなる」という観察をもとにさらに補強されている[27]。

3.3. 相対的リスク回避仮説

Breen and Goldthorpe（1997）の相対的リスク回避仮説は、Boudon（1974）の IEO モデルや Erikson and Jonsson（1996）による IEO モデルの修正などを参考に、教育不平等の生成メカニズムを、個人の合理的な意志決定の観点から説明する試みである。また、ブードンと同様、階層による学力分布の差（1 次効果）は想定するものの、文化や規範の違いは引き合いに出さず、社会的位置に応じた費用と利益と成功確率の評価に基づく合理的行為（2 次効果）によっ

て教育選択の階層差が生み出される点に着目している。

　BGモデルの最大の特徴は、2次効果が生まれる理由を次のように想定している点にある。すなわち、人々は自分の子どもが自分より下の階級（職業）に下降移動する確率を最小化するような教育選択（educational choice）を行う（RRA仮説）、と。つまり、親の職業は人々の「社会的地位」を表すが故に、転落回避の心理を背景にして、学歴達成（期待）水準の決定においても準拠点になると理解されているのである。また、次節で扱う階級文化論的な説明とは異なり、地位の下降移動を回避しようとする心理傾向は、どの階層でも同じ様に持つと想定されている点も重要である。このように、いわば価値観のレベルでは、どの階層も違いはないのだが、下降移動を回避しようとする地位（すなわち出身階層）が異なるため、結果的に観察されるアスピレーション水準も異なるというわけである。

　この仮説の妥当性を実証的なデータによって検証する試みは、諸外国において、近年さかんになされている。とはいえ、Breen and Goldthorpe（1997）では、仮説を実証的に検証するための具体的な方法が明示されているわけではない。したがって、それらの試みの内容や方法は必ずしも一貫していないが、研究の重点が、親の社会的地位を参照した下降回避心理に焦点化されている点は共通している。分析の結果、何らかの限定をおくものも含めると、この仮説が適合すると結論づけるものも少なくない（Need and De Jong 2000; Davies, Heinesen and Holm 2002; Breen and Yaish 2006 など）。ところが、日本のデータを用いた研究では、一部の例外はあるものの[28]、概ね否定的な結論が得られている（荒牧 2008; 近藤・古田 2009; 古田 2010; 中澤 2010; 荒牧 2011a など）。さらに、階層指標と学歴達成との間に仮説に適合的な関連が認められたとしても、それ自体は、仮説の正しさを何ら保証するものではない。なぜなら、RRA仮説とは全く別のメカニズムによって、その結果が得られた可能性を否定できないからである。こうした問題意識から下降回避心理を直接に測定した試みもあるが、結論は一貫していない（Becker 2003; Van de Werfhorst and Hofstede 2007; Stocké 2007 など）。

　なお、RRA仮説と類似した考え方として、吉川（2006）の「学歴下降回避」仮説にも触れておいた方がよいだろう。これは、人々が自分の親の学歴を基準

として、そこからの下降移動とならないような学歴を希望することによって、階層差が発生するとみなす考え方である。学歴達成水準を決定する準拠点として親の地位を参照する点は、RRA 仮説とほぼ同様である。しかしながら、人々が下降移動を回避しようとする地位は、「職業」でなく「学歴」だと主張する点が大きく異なる。

ところで、親の職業は、規範や価値観の形成に影響すると考えることもできるが、これについては文化的再生産論と呼ばれる理論・仮説によって包括的に理論化されているので、本書でも次節で扱っていくことにしよう。

4. 文化資本の相続による再生産

4.1. ブルデューの文化資本論

文化的背景の影響については、いわゆる文化的再生産論の立場から、様々に論じられてきた（Bernstein 1971 = 1981; Willis 1974 = 1996; Bowles and Gintis 1976 = 1986 など）。そうした中でも、ブルデュー（Bourdieu et Passeron 1964= 1997, 1970 = 1991; Bourdieu 1979a = 1990, 1979b = 1986, 1986 = 1987, 1989 = 2012）の文化資本論は、特に重要であるとみなされており、日本における過去の社会調査データに基づく実証研究も、これに依拠したものが大半を占めている（藤田ほか 1987; 宮島・藤田 1991; 片岡 2001 など）。

ブルデューの文化資本論の特徴は、第 1 に文化も経済的な資本と同様に蓄積や転換が可能な資本であるととらえた点にある。また、文化資本は「身体化された様態（立ち居振る舞いや言葉遣いなど心身の傾向）」「客体化された様態（絵画、書物、道具などのように物理的な実体のある物）」「制度化された様態（学歴や資格など）」に区分されるが（Bourdieu 1979b = 1986）、上層階級ほど学校文化に親和的な正統的文化資本を持つと想定されている。文化資本は経済資本のように親から子へ直接的に即時に手渡すことはできないが[29]、学力や言葉遣いなどの個人的資質やハビトゥスとして身体化された様態で長い時間をかけて半ば無意識のうちに伝達される。それによって子どもは制度化された文化資本である学歴を獲得し、それをさらに社会経済的な地位へ転換させることで文化を経由した社会的な再生産が生じるというわけである。

なお、選抜システムの側では、高い文化資本やハビトゥスに基づくパフォーマンスを本人の卓越した能力や素質とみなし、それらが家庭において相続されたものとは考えない。つまり、文化を経由した再生産は隠蔽されており、社会的な批判を受けることなく繰り返されるのである。

　社会調査データを用いた計量分析によってこの理論を検証しようとする試みとして、かつては制度化された文化資本の指標である学歴に着目するものも多かった。しかし、単に親子の学歴相関を指摘するだけでは、ブルデューの意図したメカニズムを何も実証したことにはならない（菊池 1990）。一方、客体化された文化資本については「文化財」として、美術品・百科事典や勉強部屋の有無および本の数などに着目する研究が多い。たとえば武井・木村（1992）は、本の数が高校生の教育アスピレーションを高めるとする分析結果を報告している。

　他方、身体化された文化資本は、ハビトゥスとともにブルデュー理論の核と考えられるが、そもそも特定の変数として観察され難いものと想定されているため、これを質問紙調査によって把握することは非常に困難である。ただし、言語資本（言語能力）やその伝達を測定したり（藤田ほか 1987；宮島・藤田 1991；吉川 1996 など）、芸術・読書文化資本への（とりわけ幼少時における）接触や慣習行動などから、それらの伝達を類推しようとする意欲的試みがある（片岡 2001；片瀬 2004 など）。片岡（2001）は、こうした意欲的なアプローチの代表例と言えるが、SSM調査データを用いた計量分析に基づき、高学歴家庭では幼少時から豊かな西洋文化的経験を与え、文化資本を早期から身体化させる文化相続戦略、すなわち、子どもの文化資本を高めて家庭文化と学校文化を結びつけるハビトゥス的文化的再生産プロセスを取っていると報告している[30]。なお、ブルデューの理論に依拠するか否かは別として、親の知識・価値志向・規範などの文化的背景やそれに基づく養育態度が、子どもの学力形成に関わると推測するのは常識的な見方とも言え、親の日常的働きかけ（卯月 2004）や子育て方針（本田 2008）などに着目した実証研究がある。

　いずれにせよ、これらの研究では親の文化資本が日常的な相互作用を通じて半ば自動的に子どもに伝達されてハビトゥスや学力の差異として現れる側面に着目している点は指摘してよいだろう。もちろん、社会化プロセスをそのまま

観察することは困難であるから、そうした仮定に頼らざるを得ないのは理解できる。言い換えるなら、単なる解釈に留まらず包括的な理論化を試みた点にブルデューの研究が注目を集めた理由も求められるだろう。なお、Lareau and Weininger（2003）のレビューによれば、英語圏における文化資本の実証的検討では、成績の差異が生まれる理由として、文化資本自体による認知能力の形成ばかりでなく、教師による評価の偏りに着目するものが多い。このように、文化資本が成績と関連するメカニズムの理解は様々だが、いずれにせよ、成績の階層差を生み出す主要因とされる生徒の文化資本は、家庭内で伝達されることが前提となっている。

4.2. 日本社会への適用可能性

ただし、日本社会における親子をセットにした調査データの分析は、両者の意識・価値志向・学力などが意外にも低い相関しか認めないと報告している。たとえば青少年（中学・高校生）と両親の言語能力からブルデューの主張を検討した吉川（1996）は、言語能力の親子間相関は弱く[31]、しかも親の階層と子どもの言語能力には統計的に有意な関連が認められないと報告している。同様のデータセットを用いて様々な社会意識の相関関係を検討した研究（尾嶋ほか1996；片瀬2002）も、総じて親子間の相関は夫婦間の相関より弱いことを確認している。また、片瀬（2004）は、親から相続される「相続的文化資本」と学校教育で形成される「獲得的文化資本」という宮島（1994）の提唱した区分[32]を用い、教育アスピレーションに対する「芸術文化資本」と「読書文化資本」の効果を検討している。その結果、読書文化資本は教育アスピレーションに強く関与するが、それは主として学校教育において獲得されるという分析結果に基づいて、文化的再生産のメカニズムが日本社会で作動しているとは言い難いと結論づけている。先述の通り、大学生や成人を対象とした調査データに基づく検討（藤田ほか1987；片岡2001など）には、理論に肯定的な結果を報告するものもある。しかし、これらの分析は、親子データに基づく分析と比較すれば間接的であり、示された分析結果も部分的な相関の指摘に留まる。これらのことを考慮するなら、この理論を強く支持する実証的結果は得られていないと言ってよいだろう[33]。

ところで、以上は学歴達成という一種の「ゲーム」における、主に「ゲームへの参加」に関して議論したものだが、「ゲームのルール」に関してはどうだろうか。ブルデューが研究を行ったフランスでは、階級文化が相対的に明確であり、教育選抜においても、口頭試問などの対面的な審査や論述式の試験が重視される。このような状況であれば、言葉遣いや仕草、臨機応変で気の利いた対応、学校教育の枠を超えた教養（これらは家庭において形成される）などのように、身体化された文化資本やハビトゥスが直接に関与する実践が、選抜での優位性に関わるという説明も納得できる。しかし、日本の教育選抜システムにおいては、第1節で述べた通り、客観的かつ基準の明確なペーパーテストによる学力評価が重視されており、測定される学力自体も断片的な知識の記憶に依存する部分が大きい。面接試験や論述試験で身振りや言葉遣いが問題にされる状況と比較すれば、必ずしも長期にわたる文化資本の蓄積が必要ではなく、努力をすれば相対的に短期間で向上しうる可能性も高い[34]。

　また、日本社会の場合には、学校の文化自体も支配階級の文化だとは言い切れない。大前（2002）の指摘したように、近代化後の日本で社会の上位層に到達したのは、相続された伝統的な文化を持つ支配階級ではなく、輸入西欧文化を学校教育の中で獲得した学歴エリートであった。したがって、日本における文化資本をめぐるメインストーリーは、ブルデューの問題にしたような文化資本の相続を前提としたプロセスではなく、高学歴層が各時代の先進的な文化事象を取り入れることによって成立する「キャッチアップ文化資本」（大前 2002）の獲得過程としてとらえられるだろう。

　ただし、ブルデューの議論を適用する際に注意が必要なのは、彼の議論が主として支配階級の再生産に注目している点である。初期の教育社会学的研究である『遺産相続者たち』（Bourdieu et Passeron 1964 = 1997）以来、主に調査対象となったのは高等教育進学率が高くなかった当時のフランス社会における大学生やその準備段階にあるリセの生徒であった。言い換えるなら、ハビトゥス論は主に不変の部分、言い換えるなら、まさに再生産が生じている部分に着目し、そのメカニズムを説明することに焦点化したものだと言えるだろう。支配階級の地位が再生産されている現実を前提にすれば、ゲームを有利に進める資本——それは従来から着目された経済資本ではなく文化資本である——を多く

持つ階級が、文化資本やハビトゥスの継承を経由して、首尾良く自らの正統性を得ているという説明にも説得力がある。先述の通り、日本の実証研究でも、大学生を対象とした研究（藤田ほか 1987；宮島・藤田 1991 など）では、理論に適合的な結果が得られ、中高生を対象とした研究（吉川 1996；片瀬 2004 など）で否定的な結果が得られているのも、そうした理由による可能性はある。全体としては言語資本の相続に否定的な結果を報告している吉川（1996）の分析結果でも、学力の特に高い層に限っては、言語能力の親子間相関が確認できる[35]。しかしながら、もう一度繰り返すなら、社会全体の階層差を生み出す主なメカニズムとしてブルデューの理論が妥当するという結果は得られていない。

以上をふまえると、まずは社会全体のレベルで、文化資本の相続が行われているという仮定に合致したような結果が認められるかどうかを確認する必要があるだろう。もちろん、肝心の身体化された文化資本の測定は容易でない。しかし、文化資本の各様態は、そもそも独立に存在するわけではなく、相互に関連しながら蓄積されていくと想定されているので、まずは、親世代の制度化された文化資本である学歴と家庭における客体化された文化資本の指標を測定し、それらが子どもの学力とどの程度相関するかを検討することが、第1の分析課題だと言ってよいだろう[36]。

5. 経済的資源の効果

経済的資源の影響については、従来、学費などの支払いを可能にする条件として進路選択時に「直接的に」作用する側面（費用負担説）[37]と、塾通いなどの学校外教育投資による学力形成を通じて「迂回的に」作用する側面（学力形成説）の2つが指摘されてきた[38]。確かに、経済的に豊かであるほど費用の負担能力は高いと言えるから、経済的資源を学歴達成における階層差が生み出される一因とみなすことに異論はないだろう。ただし、社会調査におけるデータ上の制約により、出身家庭の経済的資源に関する情報も、それぞれの進路や学校外教育などの費用に関する情報も入手することが難しいため、実証的根拠は限定的なものに留まっている。

とはいえ、後者の迂回的効果に関心を持つ者は多く、家庭の階層的背景と学

校外教育の利用に関連を認める研究は多い（直井・藤田 1978; 盛山・野口 1984; 樋田 1987; 尾嶋 1997; 近藤 1998b; 荒牧 2000; 神林 2001; 都村・西丸・織田 2011 など）。ただし、分析に用いられた階層指標は必ずしも経済的資源の指標ではない。これらのうちには、親の学歴や職業が家庭の経済的資源と相関関係を持つことを前提として、上記の関連を経済的資源の効果と解釈しているものもある（直井・藤田 1978; 近藤 1998b; 神林 2001）。しかしながら、先述した「地位の非一貫性」に関する議論からすると、こうした解釈は問題を含んでいると言えるだろう。他方、経済的資源の多寡自体に着目した研究もあり、そうした資源が学校外教育の利用の有無や学校外教育費の支出額に効果を持つことが報告されている（盛山・野口 1984; 尾嶋 1997; 都村・西丸・織田 2011 など）。

なお、塾通いによって学力が向上するか否かには様々な結果と解釈が報告されており、学力の高い者ほど通塾するという逆の因果関係を含んでいる可能性も否定できない。とはいえ、第1節でも述べたような特徴を持つ日本の選抜試験は、訓練による得点向上が比較的見込める内容だと判断できるので、通塾による学力向上にも一定の効果があると考えてよいだろう。

6. 日本社会の特徴をふまえた分析課題

学歴達成過程における階層差の発生を的確にとらえるには、選抜システムの特徴を明確に把握する必要があるという認識に基づき、本章では、日本における選抜システムの特徴を理解するよう努めた。そこから、第1に、日本社会における地位達成を直接的に強く規定するのは本人の学歴であること（強い ED 関連）が指摘された。また、学歴達成までの過程においては、客観的な学力試験の結果が重視されており、そこで問われるのも断片的な知識の記憶による部分が大きいこと、言い換えるなら、選抜基準や選抜方法は相対的に脱階層性を持つことも明らかにされた。これらの点にのみ着目すれば、メリトクラシーの理想が実現しているようにも見える。しかし、出身階層と学歴達成に強い関連（OE 関連）が認められる点は、そうした理解が妥当しないことを意味する。公的な選抜制度自体は非常に平等性が高いにもかかわらず、なぜ学歴達成の階層差が認められるのだろうか。上記のような日本の選抜システムの特徴を理解し

たとき、この問題はより一層重要なものとして浮かび上がってくる。

　ここで注目すべきなのが、学歴達成の過程と、そこに働く階層の影響に、日本的な特徴を見いだすことであろう。1つの重要な特徴は、ブードンのフランス社会やメアのアメリカ社会と比較すれば、日本社会では移行の段階が少ないこと、別の言い方をすれば、日本における移行とは基本的には学歴段階間での移行（進学）であり、所与の学歴段階内での移行（進級）が問題とはならないという点である。

　また、学歴達成過程における個々の進路決定は選抜側による合否判定に依存しており、その判断に最も大きく関与するのは本人の学力である。したがって個人の進路選択過程における制約という観点から階層差の発生メカニズムを考察する場合であっても、学力形成の階層差に着目することが不可欠と言える。なお、学力形成過程は、生まれてすぐの親の働きかけや養育環境から始まり、少なくとも十数年に及ぶ長期に渡るプロセスである。したがって、その全過程を観察することは不可能と言える。ただし、日本社会では高校におけるトラッキングが重要な役割を果たしていることを考慮すれば、まずは、中学卒業時点での学力に認められる階層差を把握することが1つの重要な課題となる[39]。また、ブードンの指摘した2次効果を考えると、高校入学および卒業時の進路選択に際して、階層的な要因が直接的に関与する可能性も指摘できる。

　では、それぞれのポイントにおいて、階層はどのような影響を及ぼすのだろうか。第2節における「階層」の効果に関する実証研究のレビューからは、ひとまず社会・文化・経済の3次元から階層をとらえることが求められる。ただし、それぞれがどういう理論的根拠に基づいているのかに関して包括的に検討する試みは十分に行われてきたとは言えない。そこで本書では、それぞれの階層次元に対応した複数の理論的仮説を整理した。それを上記の選抜システムの特徴と対応させると、以下のような具体的な分析課題が浮かび上がってくる。

　まず、中学卒業までの学力形成に対して、文化資本の差異による影響、および経済的資源による学校外教育投資を経由した影響が考えられる。また、進路選択時における直接効果としては、親の社会的地位（職業あるいは学歴）を参照した下降移動回避の傾向が認められるか否か、および経済的資源による直接的な影響があるかどうかが注目される。以上の整理をもとに、次の第3章では、

実証的な調査データを用いた分析を行うこととしよう。

注
1) ちなみに、メア自身は、階層効果逓減現象が認められた理由について、ミュラーのような実質論（社会化論）ではなく、測定方法の限界から説明している。すなわち、各段階における選抜度は階層によって異なる（上位層ほど残存しやすい）ため、後の移行ほど、学力や意欲等の測定されなかった媒介変数と出身階層との関連が低下することになり、結果的に観察される階層差が小さくなるというわけである。
2) 近藤（1990）の分析結果を要約すると、全分散の64％がED関連によって、28％がOE関連によって、6％がOD関連によって、それぞれ説明されるという。
3) ただし、ローゼンバウムによれば、確かに上昇移動は少ないものの、下降移動（大学進学トラックから非進学トラックへの移動など）は少なからず存在する。そこからローゼンバウムはアメリカ社会における選抜がトーナメント移動型であるという主張を行った。
4) 学校内トラッキングがないという日本の制度的な特徴の背景には、「平等感」を好む日本の風土が関与している可能性も考えられる。能力の差異を明示するトラッキングを学校外に追い出すことによって学内での平等感を保ちつつ、学校間トラッキングによって人材配分という社会的要請に応えているというわけである。ただし、私立の学校や最近では公立の学校でも、同じ学校内でコース分け（「進学コース」と「就職コース」など）をすることが増えているので、この点をあまり強調することは控えるべきであろう。
5) 学業成績への効果が問題にされなかった背景には、日本の研究環境においては、客観的な学業成績に関する情報を収集することが困難であるという事情も関係しているかもしれない。他方、海外の研究においては、研究者（グループ）が独自に学力調査を行う例ばかりでなく、学校で実施された試験成績や公的な試験機関の保持している成績データ等の提供を受けて、社会調査データと統合した分析を行っている例も多い（第4章で紹介するWisconsin Longitudinal Studyなど）。近年になってPISAやTIMSSのデータが利用可能となったことにより、ようやく日本でも全国規模での客観的な学力情報の分析が可能になったと言える。ただし、裏を返せば、そうした日本の研究環境が続いてきた理由は、日本では学歴主義的選抜が徹底している点にあると言えるかもしれない。
6) もちろん、その反動として、「学歴だけでは人の能力を判断できない」といった、学歴に対する一種の不信感が声高に叫ばれる事も多い。ただし、基本的には学歴による能力評価が不十分だという主張であり、試験成績に代表されるような学力の指標としての学歴に全く妥当性がないと主張しているわ

けではない。だからこそ、学歴による選抜が正統なものと信じられてきたのであろう。
7) 後に見るように、ブルデュー（とくに Bourdieu et Passeron 1970 = 1991; Bourdieu 1989 = 2012）は、エリートの選抜において重視される面接や論述試験が、エリート文化やハビトゥスに基づく選抜となっていることを強調したのであった。
8) このように主張しながらも、竹内（1995）が、日本でも再生産メカニズムは作動していると指摘していることを忘れてはならないだろう。竹内は、また、日本人らしさが文化資本となるため、階級文化の資本化メカニズムが隠蔽されているのだとも述べている。
9) 学力の全分散に占める学校間分散の割合は、小学4年生が5%、中学2年生が16.5%に留まり、残りの分散は学校内に存在している。
10) それぞれ「上流」「中流の上」「中流の下」「下流の上」「下流の下」の5段階および「労働者階級」「中産階級」「資本家階級」の3区分から各自の所属を回答させるもの。
11) 互いによく知り合っている小地域社会の住民に相互の所属階層を評価させるもの。
12) 職業8大分類・学歴4分類・収入3分類を組み合わせた96種を調査委員会のメンバーおよびその知人である社会学者約50名に判定させたもの。
13) 職業・学歴・収入の3要因から主観的所属階層を予測させる回帰式を解く方法。
14) 安田（1960）では、「産業」「職業（狭義の）」「従業上の地位」の3次元から職業を総合的にとらえるべきことが述べられているが、実際に安田の用いた分類には「企業規模」も考慮されている。また、その新版にあたる安田（1969）では、「SSM 総合職業分類」として、「産業」「従業先の規模」「狭義の職業」「従業上の地位」の4次元を総合した分類を、さらに第3版にあたる安田・原（1982）では、やはり「SSM 総合職業分類」として「狭義の職業」「従業上の地位」「企業規模」の3次元を組み合わせた分類を提唱している。
15) この点について盛山（1992）は以下のように断じている。「ライトの議論で行なわれていることは、すでにあらかじめ類別され、階級らしきものとして識別されている諸カテゴリーの間の関係を、搾取の概念を用いて記述することであって、説明することではまったくない。」（同：28）。「ライトにとっては、富める者と貧しき者とがすべてありうべき搾取—被搾取の対立カテゴリーとしてあらかじめ論証ぬきで存在しており、それは『搾取関係』のラベルを貼ればいいのであって、搾取の概念の中味はどうでもよかったのである。」（同：29）。
16) これに関連して安田（1971: 54-55）は「職業が移動との関連で価値づけ

られるばあい、職業は第1にはその個人の適性と関係があり、家業との関係があり、自分の前歴と関係があって、収入やプレスティージュによって客観的に決定される順序と、ある特定の個人の職業希望の順序とは必ずしも一致しない」と述べている。
17) 富永（1979: 9）はまた、所得に対する学歴年数の偏回帰係数が小さいという分析結果をふまえ、「第2次大戦後の中等および高等教育の爆発的な普及は、文化的資源の分配における民主化として位置づけることができるが、このように分配規則の民主化がすすめば、当然のこととして教育の社会的地位獲得手段としての有効性は低下してくる」との見解を示した。
18) ちなみに、今田・原（1979）は、財産・生活様式・勢力を加えた6変数を用いて、地位の一貫性・非一貫性に関する分析を行っている。
19) なお、本書の第7章は、③の問題を別の角度から考える1つの試みとも言える。
20) さらに、原・盛山（1999）は、①学歴と所得が分離傾向を強め上級財が多元化することで所得の階層的価値がかつてよりも低下している一方で、②学歴競争が普遍化することで学歴自体の価値が高まってきたとも述べている。
21) これについては橋本（1999）が詳細なレビューを行っている。
22) 具体的には、日本の場合2次元に分離される度合いが弱く、フランスなどと比較すると1次元性の高い特徴があること、ただし、日本でも親世代より本人世代で2次元化が進行すること（近藤 2008）、日本に限らず、経済発展の進むほど階層の多次元化が進むこと（近藤 2012）などが明らかにされている。
23) ただし、同時に親の学歴に着目するものも多い。また、先にも指摘した通り、2005年SSM調査データを用いた教育機会の分析（米澤編 2008）を参照すると、経済的次元も含めた複数の階層次元に着目する研究が増加しており、階層指標として職業を用いない研究さえ現れている。
24) 詳しくは、RRA仮説を検証する試みに関するレビュー（荒牧 2010）を参照されたい。
25) 盛山（1997）によれば、主として「客観的合理性」「首尾一貫性」「非・合理主義的人間観」という3つの観点から「人間はそれほど合理的でない」という主旨の批判がなされる。詳しくは盛山（1997: 140）を参照のこと。
26) ブードンが対象としたフランス社会では、落第や飛び級が一般的に認められるため、同じ年齢であっても所属する学年が異なる場合が生じる。したがって、学業年齢の遅速は一種の学力指標と考えられるため、図に示されたようなモデルが設定されている。
27) 1次効果と2次効果の相対的重要性に関する実証研究は、Boudon（1974）の指摘に賛意を示すものと、そうした見方に批判的なものに分かれている。こうした判断は調査対象と具体的に採用した検討方法のいずれにも依存する

が、各研究のアプローチは両面において異なっているので、結果の相違が何に起因するかを判断するためには慎重な検討が必要とされる。

28) 太郎丸 (2007) は、男子に限定されるが、仮説に適合した結果が得られたと報告している。ただし、Breen and Goldthorpe (1997) や Boudon (1973=1983) の想定した段階的移行過程を考慮した分析とはなっていない。以下の議論も含めて、詳しくは荒牧 (2010) を参照されたい。

29) もちろん、客体化された文化資本は物質的な相続が可能だが、それらを適切に扱うにも身体化された文化資本が不可欠であるという。

30) ただし、学歴達成に対する幼少時文化資本の効果が確認されたのは女性の場合に限られる。男性の場合には、学校外教育投資の効果が大きいという。

31) ただし、吉川 (1996) で親子の言語能力に強い相関関係が認められなかった一因として、調査で用いられた言語テストの難易度が高く、調査対象者の能力差（分散）を上手く測定できていなかった可能性が指摘できる。特に、青少年では、約半数の生徒が全く得点できていないため、少なくとも生徒集団の能力分布を測定するテストとして、吉川の用いたものは不適切であったと言わざるを得ない。もう少し難易度の低いテストであれば、青少年の能力差を適切に把握可能となり、言語能力の親子間相関もより高く観察された可能性は否定できない。

32) Bourdieu (1979b = 1986) は、文化資本は「生まれながらの財産がもつ威信と、獲得するということの長所とを、うまく累積してしまう」ため、文化資本のどこまでが相続財産でどこからが獲得財産なのかを区分することは困難だと指摘している。ただし、これは、あくまで文化資本の相続を前提とした際に、ある行為者がある時点で保有している文化資本について言及したものである。これに対し宮島の区分は、そもそも親から相続されたものではないという意味で獲得的文化資本という表現を用いている。ただし、このように主張したからといって、上のブルデューの指摘を完全に免れたとは言えない。

33) ただし、ブルデューたちが主に分析対象としたのも大学生であり、後述の通り、再生産の議論も主に社会の上層における文化資本の相続に主眼をおいて展開されてきたように思われる（ただし、理論の射程には社会全体を支配するシステムが含まれている）。その意味では、これらの対象に限って理論を支持する結果が日本でも認められたと言えるかもしれない。しかしながら、それが社会全体を支配するメカニズムに関する理解だと認識されている点からすると、やはり理論を強く支持する結果は得られていないと判断してよいだろう。

34) ただし、近年における入学者選抜方法の「多様化」により面接試験などが拡大しており、こうした前提が崩れる可能性もある。この点については、終章で改めて論じる。

35) ただし、誤解のないように繰り返し指摘しておくと、あくまで特に学力が高い親の子どもには、学力の特に高い者が若干多い傾向にあるということであり、階層の高い親の子どもの学力が一般に高いという関連が認められたわけではない。
36) 第3章では、この方針にしたがって分析を行っている。また、第6章では、それらの結果もふまえ、親子セットデータを用いて、身体化された文化資本の伝達を直接に検討している。
37) これには学費などの直接費用の負担能力ばかりでなく、放棄所得すなわち働いていたら得られたはずの所得を放棄するか否かに関わる間接費用の負担能力も含まれ得る。ただし、社会学の分野では直接費用の扱いさえ十分ではなく、間接費用の効果まで考慮した実証研究は行われていないようである。
38) 経済学的な文脈では、人的資本論など教育による生産性の向上とそれによる所得向上の見込みに着目する考え方もある。
39) 東京などの大都市部や一部の地域では、私立や国立の小中学校や幼稚園の受験が広がっている。ただし、それらが日本社会全体に認められる学歴達成の階層差を決定しているわけではない。また、第1章で確認したように、そうした行為の広がりが、階層差を拡大させたという証拠も得られていない。したがって、ここでは社会の大部分を決定する原理に着目したい。なお、こうした早期受験の効果についても、第4章で提示する本書のモデルによって研究可能だと期待できる。この点についても、改めて終章で触れる。

第3章

どこにどのような階層差があるか
―― 学歴達成過程における階層差の把握 ――

1. 分析方法

1.1. 分析の枠組

　本章では、社会調査のデータを用いて、学歴達成の階層差を実際に把握していくことになる。関心の焦点は、従来のような時代による変化ではなく、個人のライフコースに沿った階層差の発生過程の把握にある。そのための準備として、日本の選抜システムの特徴と階層の効果に関する前章の整理を改めて確認し、分析の枠組を提示することにしよう。

　第1に、日本の選抜システムにおいて、教育と職業の強い関連を規定する主要因は、特定の学力や能力というよりも獲得した学歴（学校歴）である。第2に、義務教育段階に落第や飛び級がない日本の教育制度を前提とするなら、学歴達成過程とは、学歴段階間の移行過程としてとらえられる。そのため、日本における教育的トラッキングは基本的には学校間トラッキングであり、とりわけ高校入学段階における配置が重要である。第3に、高校も大学も同じように、主として入学者の学力水準（偏差値）という明確な基準によって序列化されており、それぞれの段階における移行では、選抜システム上のどの位置にある生徒にとっても、単に進学するか否かではなく、どの学校に進学するかが重要となっている（傾斜的選抜構造における層別競争移動）。第4に、日本の教育選抜システムにおいては、伝統的な階級文化とは相対的に独立した、断片的な知識の記憶が重視される客観的な学力試験の成績に基づく選抜が主である。したがって、選抜の制度的な仕組み自体には階層の直接的な影響が働きにくい。

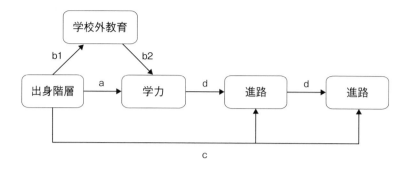

図3-1　学歴達成過程における階層の作用経路

　なお、日本の選抜システムが上記のような特徴を持つことを反映して、相対的により評価の高い学歴（学校歴）を獲得するための競争が社会全体を巻き込んでおり、その過程で学校外教育を利用することも普及している。したがって、学歴達成過程の階層差を解明するためには、学校外教育の利用状況も視野に入れる必要がある。これは経済的資源の間接的効果を検討することにもつながる。以上をふまえると、現代日本の学歴達成過程における階層の作用経路は図3-1のように表すことができる。
　ここで、高校におけるトラッキングが卒業後の進路の決定において非常に強力に働くことを考慮すると、学歴達成の階層差は高校入学までの学力形成における階層差によって主に形成されるという理解が可能である。図式的に表せば、「文化資本→向学習的文化的環境→学力形成」、あるいは「経済資源→学校外教育投資→学力形成」といった経路で各家庭の資源や資本が学力に転換され、それがトラッキング・メカニズムを通じて、最終的な階層差として現れるというわけである。日本のトラッキング研究が階層論と離れてトッラク独自の効果に注視する傾向にあった（飯田 2007）のも、このような前提に基づいていたからかもしれない。いずれにせよ、あくまで生徒の初期学力形成に対する様々な資源や資本の効果（図3-1の矢印 a および b1 → b2）、すなわち「初期学力形成効果」に注目する考え方と言える。先に指摘したように Mare モデルを適用した実証研究では「階層効果逓減現象」が見出されているが、これは「初期学力形成効果」を重要視する認識を支持している。

ただし、上記の説明に対しても反論の余地はある。よく考えてみれば、仮に「初期学力形成効果」によって学力の階層差が存在しても、それだけで進路が決定するわけではないからである。つまり、本人がどのような学力であっても、実際に進学するか否か、およびどのタイプ・ランクの学校を受験するかには、子どもの教育に対する親の考え方や各家庭の経済的資源（費用負担能力）などが大きく関わると考えられる（図3-1のc）。このように、本人の学力とは相対的に独立して家庭背景が直接的に進路選択に影響することを「進路制約効果」と呼ぶことにしよう。なお、ブードンやメアのモデルで指摘されたように、学歴達成過程は段階的な移行過程であることを考慮すると、それぞれの移行段階で「進路制約効果」が働く可能性がある。ここで日本の選抜制度の特徴を振り返れば、第2章でも見たように、中卒時および高卒時の移行に着目することが不可欠と言える。なお、先にも指摘したように、それぞれの段階における移行は、単なる進学／非進学ではなく、どの学校を選択するかという、同一学歴段階における質的な差異も考慮する必要がある。

　ここで「初期学力形成効果」はブードンの1次効果に、「進路制約効果」は2次効果にほぼ該当する。ただし、ブードンの1次効果は、家庭の文化的遺産による学力形成を主に想定したものだったが、本書の「初期学力形成効果」には、日本の現状を勘案して、学校外教育の利用など経済的な豊かさをベースとした学力形成効果も含めて考えたい。他方、ブードンにとっての2次効果とは、費用－利益－危険に着目した合理的選択モデルを意味していたが、本書ではそうしたとらえ方には限定せず、直接的な制約効果をもたらす様々な可能性を検討していく。

　ところで、個別の理論や仮説が持つ考え方や前提の多様性を捨象して、どの段階でいかなる経路から影響を及ぼすかという点にのみ基づいて、「初期学力形成効果」や「進路制約効果」と呼ぶことには異論があるかもしれない。しかし、この区分は、図3-1に示したような出身階層の影響経路に対する理解の違いを際立たせるため、敢えて単純化して表したものに過ぎない。Hedström and Swedberg（1998）は、社会科学におけるメカニズムの解明には「分析モデル（理念型）」が必要だが、いくらでも存在し得るモデルのどれを選ぶかは、目的にとっての有用性にしたがうべきだと述べている。この考え方にしたがえ

ば、上記の枠組が学歴達成過程における階層差の発生メカニズムに関する、様々な考え方を整理するのに有用である限り、こうした単純化も許容され得るだろう。

1.2. データ

本章の分析には、2005年SSM日本調査のデータを用いる。第2章でも詳述した通り、SSM調査は1955年の第1回調査以来10年ごとに実施されてきた、日本を代表する全国規模の社会調査であり、このデータを用いた分析が日本の階層研究をリードしてきたのであった。2005年SSM日本調査の対象（母集団）は、同年9月30日現在で満20～69歳の日本人男女であり、選挙人名簿（一部では住民基本台帳）を抽出台帳とした層化二段無作為抽出によって計画サンプル14,140が抽出されている。有効抽出票13,031に対して行われた調査の結果、最終的には5,742票の有効票が得られている（回収率44.1%）。2005年調査では、韓国および台湾でも同様の調査が行われており、国際比較が可能な調査設計となっているが、本書では日本調査のデータのみを用いる。

調査票は全員に同じ質問をする面接票と対象者によって回答する調査票の異なる2種類の留置票から構成され、前者については訪問面接法、後者については留置法により調査を実施している。A票とB票の2種類ある留置票のどちらを対象者に配布するかはランダムに決められている。その他、日本調査の設計と回収状況の詳細については前田・小林（2011）を参照されたい。

なお、2005年SSM調査の対象となったのは1936年以降の出生であるが、第1章で指摘したように、1940年代以降に生まれた世代では、中卒時と高卒時という2つの移行に対する階層の効果がほぼ同等であった。したがって、本章の分析対象は、概ね、2つの移行に対する階層効果がほぼ同等となって以降の世代に該当することになる。

1.3. 教育選抜システムに関わる変数

中学3年生時点の学力について、調査では「中学3年生のとき、あなたの成績は学年の中でどれくらいでしたか」という質問に対して、「上の方」から「下の方」までの5段階で自己評価してもらっている。分析では、成績が高い

ほど値が高くなるように1から5までの値を与えて用いた。ただし、成績を従属変数として用いる場合には、「成績低（「下の方」「やや下の方」）」「成績中（「真ん中のあたり」）」「成績高（「やや上の方」「上の方」）」に3分類している。

学校外教育の利用状況については、「あなたは小・中学生のころに、塾や予備校に通ったり、家庭教師についたりしたことがありますか」として、「塾・予備校」「家庭教師」「通信添削」の中から、半年以上の利用経験をたずねた質問への回答を用い、いずれか1つでも経験がある場合を「1」、その他の場合を「0」とするダミー変数とした。なお、この質問は留置B票にのみ含まれるため、これを用いて分析すると、利用可能なサンプル数は回答者の約半数に減ってしまう点に注意が必要である。

高校のトラックについては、学科と卒業後の進学割合を組み合わせた。まず、学科については、「普通科（理数科や英語科などを含む）」と「職業科」に2分した[1]。また、高校の進学割合については、「あなたの同級生のなかで、大学や短大に進学した人はどのくらいいましたか」という質問に対して、5つの選択肢からあてはまるものを回答してもらっているので、普通科についてはこの回答を用いて、「普通科低（進学者が「ほとんどいない」または「2〜3割」）」「普通科中（進学者が「半数くらい」または「7〜8割」）」「普通科高（進学者が「ほぼ全員」）」の3つに分類した。分析には、これらを組み合わせた4カテゴリーを用いている。

高卒時の移行先カテゴリーとしては、「有名大学（相対的に歴史が古く社会的評価も高い国公私立の大学群）」[2]「国公立大学（有名大学以外）」「私立大学（同左）」「短期大学」「専修・各種学校」の5つを用意した。ただし、男子では短大進学者が、女子では有名大学進学者が少ないという男女の違いを考慮し、男子の場合は「専修・各種学校と短期大学」「私立大学」「国公立大学」「有名大学」の4カテゴリー、女子の場合は「専修・各種学校」「短期大学」「私立大学」「国公立大学と有名大学」の4テゴリーとして用いた。

1.4. 社会的地位の指標

前章でも見たように様々な次元から職業階層を分類する観点としては、「狭義の職業」「従業先の規模」「従業上の地位」を挙げることができる。しかし、

この分類は学歴達成の階層差を説明する理論や仮説を考慮したものではないため、それらの妥当性を評価する目的には必ずしも適切とは言えない（2005年社会階層と社会移動調査研究会 2007）。本章では、社会的地位としての職業階層と学歴水準の結びつきに着目したRRA仮説の考え方をふまえ、各職業に必要とされる学歴資格を加味して分類を行った。

　まず「専門職」は、就業にあたって高等教育学歴を必要とするか否かによって分類した。また、「大企業の管理職」は、資格要件として高等教育学歴を求めるわけではないが、実際にはそれが強く関与すると考えることができる。戦後の高学歴化が進行する以前に入職した、回答者の親世代にはあてはまらない場合もあるが、本調査の回答者層は基本的に戦後教育を受けた世代にあたるため、このような想定も妥当だろう。一方、ブルーカラーや農業では高等教育学歴は必要とされない。その他のホワイトカラー層に関しては、学歴要件が不明確だが、両者の中間に位置すると考えることができる。以上をふまえ、分析では15歳時の父職[3]を、「高等教育を要する専門職と大企業の管理職[4]（以下、専門管理）」「高等教育を必要としない専門職および大企業の管理職以外のホワイトカラー職（以下、ホワイトカラー）」「ブルーカラー職と農業（以下、ブルーカラー）」の3つに分類して用いることしよう。

　この分類を用いて分析を行った場合、RRA仮説の理解が正しければ、大学進学を不可欠とする「専門管理」層と他の層の間には、高校卒業後の進路選択において有意な差異が認められるだろう。さらに、大学の中でも特に「有名大学」への進学に関して、「専門管理」層と「ホワイトカラー」層の間で差異が認められた場合にも仮説に適合的だと判断できる。また、ホワイトカラーの場合、少なくとも高校学歴が必須とされる一方、ブルーカラーの場合は必ずしもそうではないので、中学卒業後の進路選択（進学か否か）において「ホワイトカラー」と「ブルーカラー」に明確な差異が認められるなら、やはり仮説に適合的だと判断できる。これに対し、高校のタイプ・ランクと職業との結びつきには曖昧さもあるが、高等教育学歴の獲得可能性の違いも考慮すると、いわゆる進学校への進学に関して「専門管理」層と他の層の間には差異があるだろう。

　次に、吉川（2006）の「学歴下降回避」説は、先述の通り、人々が自分の親の学歴を基準として、そこからの下降移動を回避する学歴を希望することに着

目した説明であった。したがって、この仮説の妥当性を検討できるように、本章では、父親の学歴を義務・中等・高等の3段階に分類して用いる。分析の結果、中学卒業後の進路選択では中等学歴の有無が、高校卒業後の進路選択では高等学歴の有無が、それぞれ重要だと示されれば、学歴下降回避説の主張に整合的だと判断できる。

1.5. 文化資本の指標

　文化資本には「身体化された様態（立ち居振る舞いや言葉遣いなど心身の傾向）」「客体化された様態（絵画、書物、道具などのように物理的な実体のある物）」「制度化された様態（学歴や資格など）」という3つの様態がある（Bourdieu 1979b = 1986）が、過去の実証研究で主に用いられたのは、「客体化された文化資本」の指標としての文化財や蔵書数であった。本章でも、これに倣い、次のように「客体化された文化資本」の指標を構成した。まず文化財については、「あなたが15歳の頃（中学3年生の時）、お宅には次にあげるもののうち、どれがありましたか」という質問に対して、「持ち家」「田畑」「クーラー・エアコン」など19項目から、あてはまるものを回答してもらった結果のうち、「ピアノ」「文学全集・図鑑」「美術品・骨董品」の3点について、それぞれを保持する場合に「1」、しない場合に「0」を与えた。これにより、文化財の所持状況について0から3の値を持つ変数が作成される。また、蔵書数については、「あなたが15歳の頃（中学3年生の時）、あなたのお宅には本がどのくらいありましたか。（雑誌、新聞、教科書、漫画、コミックは含めないでお答えください。）」と質問し、「10冊以下」「11冊〜25冊」「26冊〜100冊」「101冊〜200冊」「201冊〜500冊」「501冊以上」の6カテゴリーからあてはまるものを回答してもらっている。論理的には、これを冊数に直して用いることも可能だが、記憶違いによる誤差が大きいことが予想される。そのため、全体を2分するように、25冊以下を「0」、26冊以上を「1」として変換し、先の文化財の所持状況との合計得点を求めた。したがって、値域は0から4となる。

　なお、文化財や書籍の保有状況は時代によって大きく異なるため、SSM調査のように幅広い世代が含まれるデータに対して、合計得点をそのまま用いて分析することは望ましくない。それよりも、それぞれの時代における標準的な

保有量と比較して、相対的に多いのか少ないのかを考えるべきであろう。そこで上記の合計得点を時代によって標準化して用いることにした。ただし、出生年ごとに標準得点を求めると、ケース数が少なく値が安定しない。そこで、移動平均を求める場合のように当該年度の前後を合わせた3年間に出生した者をプールして標準得点を求め、当該年度の値とした。分析では、これを「下位（標準得点が−1未満）」「中位（−1以上1未満）」「上位（1以上）」に3区分して用いた。

1.6. 経済的資源の指標

経済的資源の影響に着目した説明は、第2章でも述べた通り、学費などの支払い能力のように進路選択時における直接的影響を重視する立場（費用負担説）と、塾通いなどの学校外教育投資を通じた学力形成という間接的影響を重視する立場（学力形成説）の2つを区別することができる。もしも中学時代の成績に明確な経済的資源の効果が認められ、しかも難易度の高い進路ほどその効果が強ければ、学力形成説が妥当すると判断できる。他方、進路の難易度にかかわらず進学か否かにのみ影響するなら、費用負担説が妥当すると言えるだろう。なお、費用負担の影響は負担額の大きい進路ほど強く現れると考えられるので、費用負担説が正しければ、私立大学への進学において経済的資源の強い効果が認められるはずである。

経済的資源の指標としては先述の15歳時の保有資財数および「くらしむき」を用いた。このうち資財数は、「客体化された文化資本」の指標に用いた3項目を除く16項目の保有数をそのまま得点化した。また、「くらしむき」とは、「その頃（中学3年生の時）あなたのお宅のくらしむきは、この中のどれに当たるでしょうか。当時のふつうのくらしむきとくらべてお答えください」という質問について、「豊か」から「貧しい」まで5段階で回答してもらったものである。これについては、「豊か」または「やや豊か」と回答した場合を「1」、「ふつう」を「0」、「貧しい」または「やや貧しい」を「−1」として変換し、資財数の合計得点に加えた。なお、これらの資財数も時代によって保有数が大きく異なるため、このまま分析に用いてしまうと、時代による保有状況の違いと各時代における相対的な有利／不利が混同されてしまう。この場合、合計得

表3-1 階層化理論・仮説から予想される移行格差の発生箇所

階層次元	対応する 理論・仮説	成績	中卒時移行		高卒時移行	
			進学か否か	進学先	進学か否か	進学先
職業階層	RRA仮説	——	B／W	W／専管 (進学校)	B／W／専管	W／専管 (有名大)
学歴階層	学歴下降回避説	——	義務／中等	——	中等／高等	——
文化資本	文化資本論	下／中／上	——	——	——	——
経済階層	学費負担説	——	下／中／上	——	下／中／上	下／中／上 (私立大)
	学力形成説	下／中／上	——	難易度に対応 した効果	——	難易度に対応 した効果

注) 職業階層における「B」は「ブルーカラー」、Wは「ホワイトカラー」を、文化資本と経済階層における「下」「中」「上」は相対的な「下位」「中位」「上位」を、それぞれ意味する。

点そのものを後者の指標とするのは望ましくない。そこで、先の文化資本の場合と同様の方法を用いて合計得点を標準化し、相対的な下位層／中位層／上位層に3分類している。

　以上をふまえ、各理論・仮説にしたがった場合、どの段階のいかなる移行において、どのような階層差が認められると予想できるかを表3-1にまとめた。この表において、たとえば「職業階層」に着目した「RRA仮説」が正しければ、中学卒業後に進学するか否かに関して、ブルーカラー層とホワイトカラー層の間で統計的に有意な差異が認められるとともに、進学先の高校に関しては特に「進学校」への進学について、ホワイトカラー層と専門管理層の間にも有意差があることが予想される。次節以降では、これらの予想と各段階における分析結果とを対照させることによって、各理論・仮説の妥当性を検討していくことにしよう。

2. 初期の学力形成に対する効果

　以上の手順に則って、初期学力形成に対する各階層要因の影響を検討しよう。第1節に示した分析枠組（図3-1）にも示したように、学力形成に対する出身階層の影響は、学校外教育を通じた間接的なもの（矢印 b1 → b2）と、それと

表3-2 学校外教育経験に対する諸要因の効果

	学校外教育 coef.
ブルーカラー	-.44 **
専門管理	-.08
父教育義務	-.26
父教育高等	.20
文化資本少	-.64 **
文化資本多	.62 **
資財数少	-.43 *
資財数多	.23
きょうだい数	-.39 **
女性ダミー	.08
大都市ダミー	.70 **
第2コーホート	.62 **
第3コーホート	1.57 **
定数	.26

注)　N=1,708　McFadden's R^2=.222
　　$^*p<.05$　$^{**}p<.01$

は独立した直接的なもの（矢印a）が想定できる。そこで、前者の学校外教育を経由した間接的な影響が認められるか否かを確認するため、まずは矢印b1で表された、学校外教育経験の有無と出身階層との関連を検討することにしよう。

　表3-2は、各階層変数と学校外教育経験の有無との関連をロジスティック回帰分析を用いて推定した結果である。なお、各階層要因の効果について表3-1にまとめたように、上位層と下位層のどちらに差異があるのかを把握できるように、各指標の中間的カテゴリー（父職は「ホワイトカラー」、父学歴は「中等教育」、文化資本と資財数は「中位層」）を基準に設定している。また、欄外の注に示した McFadden's R^2 は、線形重回帰分析（OLS）における決定係数（R^2）と同様に、モデルの全体としての説明力を表す指標である[5]。

　分析結果のうち、まず資財数の効果を見ると、標準的な家庭より少ない場合に負の有意な効果を示すことから、相対的に貧しい家庭に育った者は学校外教育経験の無い者が多いことがわかる。ただし、逆に相対的に豊かであることは

表3-3 中3成績に対する諸要因の効果

	成績中 coef.	成績高 coef.
ブルーカラー	-.24 *	-.56 **
専門管理	-.02	.52 *
父教育義務	-.19	-.58 **
父教育高等	.37	.30
文化資本少	-.23	-.86 **
文化資本多	.28	.74 **
資財数少	-.48 **	-.66 **
資財数多	.18	.25
きょうだい数	-.06	-.14 **
女性ダミー	.60 **	.19
大都市ダミー	.05	.00
第2コーホート	-.28	-.45 **
第3コーホート	-.77 **	-1.26 **
定数	1.50 **	2.14 **

注) N=3,329　McFadden's R^2=.064　成績「下位」を基準。
*p<.05　**p<.01

統計的に有意な効果を持たない。また、その他の指標を確認すると、職業階層がブルーカラー層であることはマイナスの有意な効果を、文化資本の多寡はそれぞれプラスとマイナスの効果を持つが、学歴は有意な効果を持たないことなどもわかる。このように、必ずしも経済的要因には限られないが、いくつかの階層指標と学校外教育経験には有意な関連が認められることから、間接的な学力形成説は妥当する可能性があると言える。したがって、次に、学業成績との関連を検討しよう。

表3-3は、中学3年時の成績（3段階）に対する諸要因の影響について、多項ロジットモデルによって推定した結果である。分析結果から第1に指摘できるのは、全体としてのモデルの説明力（McFadden's R^2）の値が0.064と低いことである。また各変数が示す効果もそれほど強いわけではない。つまり、中学3年時の成績は、出身階層を含めたこのモデルに含まれる変数によって、十分には説明されないということになる。ちなみに、階層変数全体の効果を調べるため、表3-3に示したモデルの説明力と、ここから4つの階層指標をすべて除いたモデルの説明力を比較すると、4.8％（0.048 = 0.064 − 0.016）ポイントの違

いが認められた。言い換えるなら、4つの階層変数を加えたことによる説明力の増加が4.8%ポイントだということになる。この値自体の大きさを評価する客観的な基準はないが、少なくとも中学3年時の成績に対する出身階層の影響が決定的に重要だとは言えないと判断できる。

次に各階層要因の効果を見ていこう。ここで適用した多項ロジットモデルとは、3つ以上のカテゴリーを持つ従属変数に対して、比較基準となるカテゴリーと比べて、その他のカテゴリーになる傾向に着目し、各独立変数の効果を推定するものである。表3－3の分析では、従属変数にあたる中学3年時の成績は「低位層」を基準に設定しているので、各変数の効果は、低い成績ではなく中位や上位の成績をとることに対して、各階層要因がどのような影響を持つかを表していることになる。たとえば、「成績中」に対する「ブルーカラー」層の効果が「－0.24」であり、それが5%水準で統計的に有意であるというのは、ブルーカラー層はホワイトカラー層と比較して低位より中位の成績を取りにくいこと、つまり、ブルーカラー層はホワイトカラー層よりも低い成績を取りやすいことを意味する。

この結果から高い成績を取ることに注目すると、それほど強いとはいえないが、どの階層指標も統計的に有意な効果を持つことがわかる。まず、父職の場合、ブルーカラー層はホワイトカラー層よりも高い成績を取る傾向が少なく、逆に専門管理職層はホワイトカラー層よりも、高い成績を取りやすいという傾向が認められる。文化資本の場合も同様に、成績は上位層ほど高く下位層ほど低い傾向が有意である。一方、学歴と資材数の場合は、下位層との間にだけ違いがある。したがって、一般的な印象とは異なり、父親が高等教育を受けていたり、標準的な家庭より豊かであることは、好成績の獲得に独自の効果を持たないことがわかる。

以上の結果から、初期学力形成に対する出身階層の影響について、どのような結論が導かれるだろうか。まず、学校外教育投資を通じた間接的効果についてはどうだろう。ここで表3－3を改めて確認して欲しい。実は、この分析結果には重要な変数である学校外教育経験の有無が含まれていない。なぜなら、この変数を含めて分析を行った結果、それが中学3年時の成績に対して統計的に有意な効果を示さなかったからである。それにしても、学校外教育経験の有

無自体が成績の良し悪しに関与しないという結果は興味深い。相対的に貧しい家庭に生まれた者は学校外教育を経験しない傾向にあることを先に確認したが、この分析結果は、そうした経験の有無が学力の高低には必ずしも直結しないことを意味するからである[6]。ここから、経済的に貧しい家庭の子どもは塾に行けずに学力が低くなるため、最終的な学歴達成も低くなるという因果関係を前提とした説明（経済的資源による「学力形成説」）は妥当しないことがわかる。

なお、先に述べた通り、学校外教育経験に関する質問は留置B票にしか含まれていないため、この変数を含めると分析可能なケース数が半減してしまう。しかしながら、次節以降の分析でもなるべく多くの分析対象を残す方が好ましい。したがって表3-3には学校外教育経験を除いた分析結果のみを示している。なお、学校外教育経験を含んだ分析結果も章末の付録に掲載しているので、関心のある方は、そちらを参照してもらいたい。

なお、以上の結果に男女による違いがないかを確認するため、上記のモデルに各階層変数と性別の相互作用項を逐次追加し、統計的に有意な効果が認められるかを検討した。その結果、性別によって特定階層要因の効果が一貫して強い（あるいは弱い）という傾向は認められなかった[7]。したがって、中学時代の成績に対する階層要因の影響は、男女によって異ならないと判断できる。

3. 中学卒業後の進路選択に対する直接的制約

次に、図3-1の分析枠組にしたがって、中学卒業後の進路選択場面における、各階層指標の効果を検討してみよう。

表3-4は、中学卒業後の進路選択に関する多項ロジットモデルの分析結果である。ここから第1に指摘できるのは、中学時代の成績を統制しているにもかかわらず、4つの階層要因が改めて統計的に有意な効果を示すことである。ここで、成績の場合と同様、階層要因を1つも含めないモデルとの比較から、階層指標全体による説明力を求めると、先ほどと同等の4.5%ポイントであった[8]。この結果は、出身階層独自の効果は、中学時代の成績にも中学卒業後の進路にも同程度に現れることを意味する。ここから、図3-1の矢印cによって表された、進路選択時における階層の直接的な制約効果に着目することにも

表3-4　中学卒業後の進路選択に対する諸要因の効果

	職業科 coef.	普通L coef.	普通M coef.	普通H coef.
ブルーカラー	-.77 **	-.97 **	-1.28 **	-1.65 **
専門管理	.45	1.03	1.00	.97
父教育義務	-.68 **	-.86 **	-.97 **	-1.35 **
父教育高等	-.26	-.30	.02	.33
文化資本少	.09	-.14	-.61	-1.08 *
文化資本多	.94 **	1.04 **	1.27 **	1.68 **
資財数少	-.86 **	-.65 **	-.84 **	-1.08 **
資財数多	.61 *	.58 *	.80 *	.81 **
成績	.75 **	.79 **	1.38 **	2.01 **
きょうだい数	-.29 **	-.22 **	-.44 **	-.71 **
女性ダミー	-.37 *	.31 *	-.09	-.42 *
大都市ダミー	.82 **	.66 *	1.20 **	1.51 **
第2コーホート	1.74 **	1.37 **	2.28 **	2.83 **
第3コーホート	2.43 **	1.85 **	3.30 **	3.96 **
定数	.28	-.33	-1.83 **	-4.57 **

注）N=3,329　McFadden's R^2=.203　高校「非進学」を基準。
　　*p<.05　**p<.01

意義があると言えるだろう。

　では、各階層変数の効果はどうなっているだろうか。まず指摘できるのは、父親の職業と学歴のいずれについても、相対的な上位層（父職「専門管理」および父学歴「高等」）の効果が有意でない一方で、相対的な下位層（父職「ブルーカラー」および父学歴「義務」）の効果が有意なことである。つまり、上位層と中位層の間には差が認められない一方で、中位層と下位層に限って違いが認められるのである。この点にのみ着目すれば、RRA仮説や学歴下降回避説からの予想と一致すると言える。ただし、その効果が、普通科の進学率ランクの高い学校ほど大きい点は、必ずしも仮説の想定とは一致しない。

　文化資本の場合は、相対的な上位層の効果が有意であり、しかも文化資本が多い家庭の子どもほど、進学率の高い学校へ進学しやすい傾向が認められる。図3-1のような学歴達成過程に沿った枠組に基づかない従来の研究では、必ずしも想定されていなかったが、成績の効果を統制しているにもかかわらず、文化資本がこれだけ明確な効果を持つ点は注目に値する。後で改めて考察してみたい。

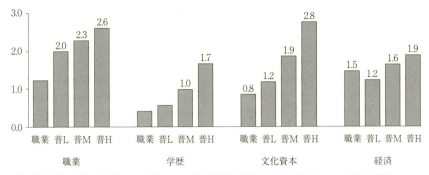

注）従属変数は高校「非進学」を基準とした。各階層変数の効果は下位層を基準とした上位層の効果（値は対数オッズ比）。

図3-2　中学卒業後の進路選択に対する各階層要因の効果

　最後に経済的資源の効果を見ると、相対的に豊かな場合も貧しい場合も、統計的に有意な効果が認められ、その効果は進学率ランクの高さとは必ずしも連動していない。この結果は、学力形成説に合わない一方で学費負担説に適合的である。

　ところで、表3-4に示された分析結果は、どの階層カテゴリーを基準にとるかに依存するため、このままでは各変数による効果の全体像を把握することが難しい。そこで、各階層変数の下位カテゴリーを基準に上位カテゴリーの効果を再計算した結果も図3-2に示した。なお、5％水準で統計的に有意な効果の認められた場合のみ、推定値を表示している。ここから、父親の職業・学歴・文化資本に関しては、いわゆる進学校への進学ほど、各階層要因の効果も強まる傾向が明確に認められるのに対し、経済的資源の場合には、そうした傾向が認められないことが一目瞭然となる。経済的資源は、学校のタイプ・ランクにかかわらず、進学するか否かに対して効果を持つことが改めて確認できたことになる。

　以上の結果に男女差がないかを確認するため、成績の場合と同様、各階層変数と性別の相互作用項を追加して有意な効果が認められるか否かを検討した。その結果、モデルの説明力（McFadden's R^2）が改善されない一方で、適合度を表す指標（BIC値）は男女の違いを考慮しないモデルの方が明らかに良好で

あった。したがって、この段階での移行に対する出身階層の影響にも、性差を考慮する必要はないと言えることになる。

なお、第1章を参照すれば、本章の対象コーホートに関しては、階層効果の時代による変化を考慮する必要はないことになる。しかし、分析に用いたデータも変数も異なるため、同様の結論が得られるか否かについて改めて確認した方がよいだろう。そこで各階層変数とコーホートの交互作用項を随時追加して検討してみた。その結果、どの階層変数に関しても、交互作用項の追加投入によってモデルの説明力が1%も改善されない一方で、適合度は大幅に低下することが確認された。ここから、中卒時の移行に対する階層の影響は、この期間を通じて安定していたと結論づけることができる。

4. 高校卒業後の進路選択に対する直接的制約

4.1. 男子の分析結果

次に、高校へ進学した者に限定して、高校卒業後の移行に対する各階層要因の効果を詳しく検討してみよう。なお、先に触れたように、高卒後の進路は男女で大きく異なっているため、以下の分析は男女別に行っている。

はじめに、男子の分析結果を表3-5に示した。まず指摘できるのは、卒業後の進路を大きく規定する高校トラックをコントロールしてもなお、階層要因が統計的に有意な「進路制約効果」を持つことである。これまでに見た通り、学力形成や高校進学時にも出身階層は影響するが、それに加えて、ここでも改めて進路制約効果が加算されている点は注目すべきであろう。ちなみに、これまでと同様に求めた階層要因独自の説明力は4.4%ポイントであり、学力形成や中卒時の移行と同等の値を示した。この結果は、現代の日本社会では、中卒時と高卒時どちらの進路選択においても同程度の直接効果が働くという第1章で確認した結果が、同一学歴内の質的な差異を考慮しても、あるいは他の重要な変数を考慮しても、同じように認められたことを示している。

各階層要因がいかなる効果を持つのかについても確認しよう。まず父職の場合、私立大への進学における「ブルーカラー」層の負の効果と、有名大への進学における「専門管理」層の正の効果がいずれも5%水準で有意である。この

表3-5 高校卒業後の進路選択に対する諸要因の効果（男子）

	専各短大 coef.	私立大 coef.	国公立大 coef.	有名大 coef.
ブルーカラー	-.16	-.92**	-.53	-.57
専門管理	-.64	.52	.44	.76*
父教育義務	-.77**	-.08	-.63	-.26
父教育高等	.77*	.81**	.64	.89*
文化資本少	-.40	-.73*	-1.38	-1.21
文化資本多	.08	.68**	.30	.85**
資財数少	-.17	-.01	-.85	-.06
資財数多	.06	.32	-.37	-.14
普通科低ダミー	.48	.74**	2.11**	3.35**
普通科中ダミー	1.14**	2.49**	3.40**	4.77**
普通科高ダミー	1.50**	3.30**	5.48**	6.79**
きょうだい数	-.30**	-.29**	-.02	-.17
大都市ダミー	.45	.38	-.21	.74*
第2コーホート	.57	.43	.07	-.13
第3コーホート	.76*	.15	.10	-.89*
定数	-1.27*	-1.09*	-4.06**	-4.96**

注) N=1,360　McFadden's R^2=.263　高卒後「非進学」を基準。
　　*$p<.05$　**$p<.01$

　結果は、RRA仮説の想定と必ずしも矛盾はしない。しかしながら、「専門管理」層が下降移動を回避するには高等学歴が不可欠であることを考慮するなら、この仮説の想定が適合している場合には、私立大や国公立大においても有意な差が認められるはずである。したがって、この仮説が日本の現実を十分にとらえているとは判断し難い。一方、父学歴の場合、主たる格差は高等教育層と中等教育層の間に認められること、「専各短大」に対しては義務と中等の間にも差異が認められることは、学歴下降回避仮説に適合的な結果と言える。ただし、国公立大に効果が認められない点は、この仮説では説明できない。
　文化資本の場合は、私立大と有名大への進学において、上位層の効果が有意である。また私立大の場合は下位層も有意な負の効果を持つ。また必ずしも有意ではないが、難易度の高い進路ほど下位層が進学しにくい効果があるようだ。
　経済的資源の場合は、どの進路に対しても有意な効果を持たない。費用負担説からは、大学進学に対する経済的要因の効果、特に私立大学への進学に対する強い効果が予想されたが、そうした予想はまったくあてはまらなかったこと

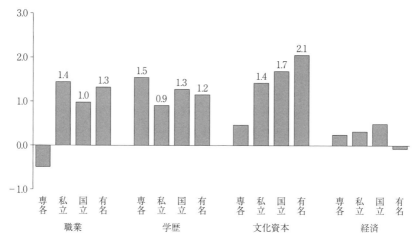

図3-3 高校卒業後の進路選択に対する各階層要因の効果(男子)

注)従属変数は高校「非進学」を基準とした。各階層変数の効果は下位層を基準とした上位層の効果(値は対数オッズ比)。

になる。

ここで中学卒業後の進路選択の場合と同様に表した図3-3から、各要因の全体的な効果を見てみよう。すると、文化資本の場合に限って、威信の高い進路ほど強い影響の認められることが明白となる。これは中卒時の移行においても認められた興味深い傾向である。一方、職業や学歴の場合は、難易度との間には明確な関連がない。また、経済要因の場合は、上位層と下位層を比較してみても、やはり統計的に有意な効果が認められないことがわかる。

最後に、各階層変数の効果が時代によって異なるか否かを、中学卒業後の進路選択の場合と同様に検討してみた。その結果、出身階層の効果が時代によって異なるという証拠は得られなかった。したがって、大学進学に関しても、出身階層の影響は時代とともに変化しなかったと考えることができる。

4.2. 女子の分析結果

女子の分析結果を表3-6に示した。まず指摘すべきなのは、男子の場合と同様、改めて統計的に有意な階層要因の直接効果が認められる点である。また、これまでと同様、階層要因自体の説明力を求めると、男子と同等の4.2%ポイ

表3-6 高校卒業後の進路選択に対する諸要因の効果（女子）

	専各 coef.	短大 coef.	私立大 coef.	国公立大 coef.
ブルーカラー	-.36 *	-.53 **	-.86 **	-.54
専門管理	-.36	-.01	.07	.38
父教育義務	-.15	-.47 *	-.09	-1.70 **
父教育高等	.31	.43	1.04 **	.92 **
文化資本少	-.46	-.61	-2.01	-.48
文化資本多	.30	.61 **	.86 **	.83 **
資財数少	.00	-.59	-.91	.07
資財数多	.11	-.05	.22	-.06
普通科低ダミー	.53 **	.36	1.19 *	1.63
普通科中ダミー	1.17 **	1.55 **	2.46 **	3.53 **
普通科高ダミー	2.11 **	3.33 **	4.62 **	6.33 **
きょうだい数	-.09	-.19	-.33 *	-.17
大都市ダミー	-.07	-.05	.01	-.23
第2コーホート	.61 **	.68 **	.94 *	.02
第3コーホート	.93 **	.81 **	1.48 **	.68
定数	-1.63 **	-1.62 **	-3.70 **	-5.14 **

注）N=1,603　McFadden's R^2=.199　高卒後「非進学」を基準。
　　*$p<.05$　**$p<.01$

ントであった。このように、男女にかかわらず、高校卒業後の進路選択においても、それ以前と同程度の進路制約効果が認められた点は、改めて強調しておきたい。

　ただし、男子の場合とは異なり、女子の場合には、どの理論・仮説の想定とも一致しない結果となっている。父職の場合、「専門管理」層と「ホワイトカラー」層の間に明確な差異が認められておらずRRA仮説の想定とは合致しない。父学歴の場合も、国公立大への進学において「義務教育」層と「中等教育」層に大きな格差が認められる点など、学歴下降回避説の予想に合わない結果となっている。文化資本の効果は、男子と違って必ずしも難易度とは対応しないが、標準よりも文化資本が高い場合に統計的に有意な効果を持つ。経済的資源は、男子と同様、有意な効果を持たない。

　ここで男女の違いという点からまとめると、女子の場合は男子よりも親の職業による影響が弱い一方で学歴と文化資本の影響が強いことが指摘できる。図3-4からも明らかなように、学歴は国公立大への進学に対して、文化資本

4. 高校卒業後の進路選択に対する直接的制約　　97

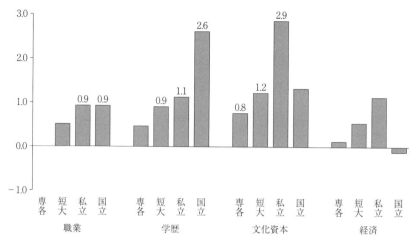

注）従属変数は高校「非進学」を基準とした。各階層変数の効果は下位層を基準とした上位層の効果（値は対数オッズ比）。

図3-4　高校卒業後の進路選択に対する各階層要因の効果（女子）

私立大学への進学に際して、突出した効果を示している。

　最後に、男子の場合と同様に、各階層変数の効果が時代によって異なるかを検討したところ、その可能性は否定された。したがって、男女とも、中卒時と高卒時どちらの移行に関しても、階層の効果は長期にわたって安定していたと結論づけることができる。

5. 結果のまとめと考察

　本章では、まず、日本の選抜システムと出身階層の影響に関する前章の議論をふまえて、データ分析に用いる分析枠組（図3-1）を設定した。ここで、高校におけるトラッキングが卒業後の進路決定に強力に作用することや、日本の選抜制度が相対的に脱階層的な性格を持つことを考慮すると、学歴達成の階層差は高校入学までの学力の階層差によって主に形成されるのではないかという理解（初期学力形成説）が成り立ち得る。学校外教育利用の階層差も考慮するなら、確かに学力形成の階層差に着目するのは不可欠のように思える。とはいえ、学力の階層差がそのまま達成の階層差を決定すると考えるのも誤りであろ

う。なぜなら、本人の学力にかかわらず、実際に進学するか否かやどの学校を受験するかには、親の高学歴志向や各家庭の経済的資源（費用負担能力）などが直接的な制約を与える（進路制約効果）と考えられるからである。

　こうした予測を念頭におきながら、SSM調査データに上記の枠組を適用して分析を行った結果、以下のことが明らかとなった。1）学校外教育の利用には確かに階層差が認められるものの、それは中学時代の成績には直結しない。したがって、学歴達成の階層差を生み出すメカニズムにおいて、学校外教育投資の階層差が重要な働きをしていると考える必要はない。2）中学時代の成績に対する各階層要因の効果は確かに認められる。しかし、その影響がとりわけ強いとは言えない。3）中学卒業後および高校卒業後どちらの進路選択においても、学力形成と同程度の直接的な階層の影響が繰り返し認められる。これらの結果は、初期学力形成の階層差のみを重視する理解が日本の現実をとらえ損ねていることを意味するとともに、図3-1の矢印cで表したような、進路選択時における直接的な「制約効果」に着目する必要性を示していると解釈できる。

　中卒時と高卒時どちらの移行においても同程度の階層差が認められたという上記の分析結果は、Mareモデルを適用した各国の先行研究によって指摘された「階層効果逓減現象」が、日本の場合には確認されなかったことを意味している。この点は既に第1章でも指摘したことだが、本章のように同一学歴内の質的な差異を考慮しても、あるいは他の重要な変数を考慮しても、第1章と同様の結果が認められた点は改めて指摘しておく必要があるだろう。また、本章の分析対象となった世代に関して言えば、男女とも、どちらの移行に対しても、階層要因の効果は長期にわたって安定していたことも改めて指摘しておきたい。ここから、やはり第1章で指摘したように、時代による階層構造や学歴構造の変動にかかわらずに、また、各家庭における資源の保有状況の変化にも依存しないような、安定的に序列構造を維持してきたメカニズムを解明することに関心が向く。

　そこで、この枠組に沿って、様々な階層指標の影響を検討した結果、各理論仮説の妥当性については以下のような知見が得られた。1）職業階層の効果にはRRA仮説に矛盾しない面もあったが、総合的に見てこの仮説の観点から理

解するのが妥当とは判断できなかった。2）学歴階層の場合は、男子に限られるが、中学卒業後の進路選択では中等教育を受けているか否かが、高校卒業後の進路選択では高等学歴を有するか否かが大きな役割を果たしており、その意味では学歴下降回避説に適合的な結果が得られたと一応みなせる。ただし、男子の場合でも国公立大学進学には妥当しなかった。また、女子の場合には、この仮説はまったくあてはまらない。したがって、この仮説に基づく理解が、日本社会の現状に満足のいく説明を提供しているとは言えない。3）文化資本の効果は全般的に有意となる局面が多く、しかも中学卒業後の進路選択でも高校卒業後の進路選択でも、難易度の高い進路ほど強い効果を示す傾向が概ね認められた。この結果は、文化資本の影響を「初期学力形成効果」にのみ対応させる理解が妥当でないことを意味すると同時に、文化資本が進路選択に直接的な影響力を持つ可能性も示している。4）経済的要因は、中学卒業後の進路選択においては影響力を持つが、高校卒業後の進路選択には統計的に有意な効果を示さなかった。また、中学卒業後の進路選択に対する効果には高校トラックによる明確な違いが認められなかった。これらの結果は、中学卒業後の進路選択においてのみ「学費負担説」に適合的な結果が得られたことを意味する。一方、経済的資源は学校外教育経験の有無とは関連したが、その学校外教育経験自体が成績とは関連しなかったことから、学校外教育投資を通じた「学力形成説」は否定されたことになる。

　以上の結果は、社会的地位に起点を置いた合理的選択理論、文化的な背景による社会化を中心にすえた再生産論、経済的資源の直接・間接効果に重点を置いた説明のいずれをとっても、既存の単一理論では日本の現状を十分に説明できないことを意味している。したがって、現代日本社会における学歴の階層差が生み出されるメカニズムを理解するには、特定の理論的立場にのみ基づくことは得策でないと言えるだろう。では、初期学力形成効果に還元されず、進路選択の度に繰り返し働く直接的な影響はどのように生み出されるのだろうか。また、様々な階層要因の影響に関する上記の分析結果と矛盾しない説明は、いかにして用意できるだろうか。次章以降では、これらの問題について、主観的な進路選択の観点から詳しく検討していくことにしたい。

　ただし、次章に入る前に、経済的要因の効果について若干の補足をしておき

たい。なぜなら、一般により多くの費用がかかる高等教育進学ではなく、高校進学の時点においてのみ効果があるという分析結果は、学費負担説の理解と矛盾するようにも思われるからである。しかしながら、放棄所得（進学せずに働いた場合に見込まれる所得）も含めて考えるならば、高校進学の費用は、特に経済的に困窮している家庭にとって、決して少ない額とは言えない。このことを考慮すれば、経済的制約が特にこの段階で強く働いているという結果は、必ずしも学費負担説の理解と矛盾するわけではない。

　さらに、この結果をもう一歩踏み込んで解釈するなら、あくまで推測の域を出ないが、次のように考えることも可能であろう。すなわち、高校進学の段階をクリアできた相対的に豊かな（あるいは貧しくはない）層は、大学進学の段階では、何とか無理をして子どもを進学させてきた（少なくともこれまでは可能であった）ということである。これをさらに敷衍するなら、経済的資源は多ければ多いほど効果を持つのではなく、閾値あるいは一種の「貧困線」のようなものがあり、それを上回るか否かが重要だということになるだろう。この理解が正しければ、少なくともこれまでの日本社会においては、高校進学を可能にするだけの経済的ゆとりの有無が、結果的には、この閾値（貧困線）として作用してきたということになる。なお、この点について本書で詳しく検討することはできないが、第4章以下の結果もふまえて、終章で改めて議論することとしたい。

注
1) 調査では、「普通科・理数科」「工業に関する学科」「商業に関する学科」「農業に関する学科」「家庭・家政に関する学科」「その他」という選択肢から、あてはまるものを1つ回答してもらっているので、これを用いて「普通科」「職業科」に2分した。「その他」については具体的な学科名も回答してもらったので、可能な限りこの2分類に割り当てたが、「芸術」「体育」などこの分類になじまない学科を回答した15名分は分析から除外している。
2) ここに含まれる大学は第1章と同じである。
3) 父親の主な職業も利用可能だが、本人が移行を経験する年齢が15歳と18歳であるため、ここでは15歳時の職業を用いた。なお、SSM調査における父職に関する5つの質問すべてにおいて、「15歳時」よりも「主な」職業で無回答等が多かった。回答者にとって何が「主な」職業であるか判断しかね

る場合があったのかもしれない。
4）　ここでは、「従業先の規模」が「300人以上」または官公庁であり、かつ「従業上の地位」が「課長以上」の場合を「大企業の管理職」とした。
5）　McFadden's R^2 は、以下の式によって表される（Long 1997: 104）。ここで、M_a は切片のみのモデル、M_β は当該モデルを表し、それぞれの対数尤度が全平方和と残差平方和に対応する。$M_a = M_\beta$ のときに最小値の 0 となるが、最大値が 1 になることはない。そのため通常の重回帰分析などと比べると値は低めに出る。

$$R^2_{McF} = 1 - \frac{\ln \hat{L}(M_\beta)}{\ln \hat{L}(M_a)}$$

6）　この結果は、必ずしも、塾に行くことが成績向上に全く関与しないことを意味しているわけではない。実際にはもちろん成績の向上する者もいるだろうが、そうでない者もいるため（同様に塾へ行かない者にも成績の良い者と悪い者がいるため）、このような結果が得られたのだと考えられる。
7）　ブルーカラー層に比べてホワイトカラー層が上位の成績を取る傾向に限って、男子と比較した女子の効果が有意に弱かった。ただし、その差異が小さいこと、また、「専門管理」層の効果には男女差が認められないことを考慮し、ここでは解釈を保留しておく。なお、他の 3 つの階層指標では有意な交互作用は 1 つもなかった。
8）　同じデータに重回帰分析を適用して同様の検討を行った荒牧（2011b）でも、中学時代の成績と中学卒業時の進路選択に対する出身階層要因自体の説明力は、どちらも約 7% であることが確認されている。

付録

付表　中3成績に対する諸要因の効果（学校外教育経験を含めた場合）

	成績中 coef.	成績高 coef.
ブルーカラー	-.22	-.57 **
専門管理	-.11	.58
父教育義務	-.42 *	-.64 **
父教育高等	.52 *	.24
文化資本少	-.38	-.97 **
文化資本多	.28	.66 **
資財数少	-.61 **	-.52 *
資財数多	.23	.33
学校外教育	-.09	.02
きょうだい数	-.13 *	-.20 **
女性ダミー	.70 **	.45 **
大都市ダミー	-.06	-.10
第2コーホート	-.42 *	-.64 **
第3コーホート	-1.04 **	-1.51 **
定数	1.96 **	2.37 **

注）N=1,708　McFadden's R^2=.070　成績「下位」を基準。
　　$*p<.05$　$**p<.01$

第 II 部

主観的な進路選択過程

第4章

個人の進路選択からとらえなおす

1. 主観的進路選択と方法論的個人主義

　第3章では、日本の選抜システムの特徴を考慮しながら、学歴達成の階層差を詳細に把握するとともに、様々な理論・仮説の妥当性について検討した。その結果、初期の学力形成に対する影響が絶対的とは言えない一方で、中卒時にも高卒時にも進路選択に対して同程度の直接的な影響のあることが明らかになった。また、これらに対する説明としてRRA仮説が妥当しないこと、学歴下降回避仮説は十分な説明とは言えないが男子の場合にのみ適合する可能性もあること、従来の理解とは異なり進路選択に対する文化資本の直接的影響が繰り返し認められること、経済的資源は学力形成に対してではなく費用負担の側面から特に中学卒業後の進路選択に対して影響している可能性のあることなどが明らかとなった。

　これらの結果は、既存の単一優勢理論によっては、階層差の生まれる理由を上手く説明できないことを意味している。かといって、個別の分析結果をバラバラに眺めていても、階層差の生成メカニズムを解明できるわけではない。そこで本章では、学歴達成の途上にある行為者の観点に立ち、彼らによる主観的な進路選択という側面から全体像をとらえ直すことを試みる。行為の結果としての客観的な到達状況だけでなく、そこへ至る主観的な過程についても理解を深めることで、統合的な理解に近づけるのではないかと期待できるからである。

　こうした主張を理解するために、ここで方法論的個人主義の議論に触れておくことにしよう。方法論的個人主義とは、マクロな社会現象を、動機を持った

個々人の行為の集積から解明しようとする立場を言う (Boudon 1990)。その意義は、「個人の行為に焦点を当てることで、マクロ的諸変数のあいだに介在するブラックボックスのなかの因果的『メカニズム』を解明し、マクロ的な説明よりも『きめの細かい』(fine-grained) 説明を提供する」(木部 2001: 4) ことにある。なお、佐藤 (1968) によれば、社会学における方法論的個人主義は、「社会的形象を個人の行為に還元し、主観的諸経験・諸観念・諸目的に照らして理解する」とする、ウェーバーの理解社会学 (Weber 1913 = 1990) を 1 つの起源とする。この考え方にしたがうと、経験的に妥当で理解可能な説明を行うには、因果メカニズムに沿って理解することが求められる[1]。

ここで 1 つの問題は、因果メカニズムをどのような前提に基づいて設定するかである。なぜなら、同じように方法論的個人主義という名称を用いていても、その前提は必ずしも一様ではないからである。一方には、新古典派経済学の考え方にしたがって、自己満足を最大化する個人の行為選択の自由をドグマ化する立場 (杉本 2005) がある。このような立場は「強い意味での」方法論的個人主義 (西谷 1984) と呼ぶことができるだろう。選好と効用の最大化に着目した経済主義的還元主義である (木部 2001)。狭義の合理的選択理論は、この立場にあると言えるだろう。

他方、個人の行為や動機に対する社会的制約を考慮した「弱い意味での」方法論的個人主義 (西谷 1984) もある。社会学的な合理的選択理論を展開した Boudon (1998) も、社会現象の説明は方法論的個人主義の立場に立つべきだが、その際には行為者の組み込まれている社会的文脈の構造的特徴を考慮すべきこと、また、行為者の持つ合理性は必ずしも費用−便益の効用計算に基づくのではなく、規範的・認知的信念に基づく場合もあると考えるべきことを主張している。これに関連して木部 (2001) は、方法論的個人主義の欠陥を是正し、マクロからミクロへの連関を考察するには、経済学のように選好をアプリオリに設定するのではなく、社会構造や制度の要因を組み込んだ選好形成の分析が必要だと主張している[2]。本書の目的に照らせば、日本の階層構造や選抜システムの影響を考慮した選好形成の分析が重要な課題だということになるだろう。第 I 部は、この主張の前半部分、すなわち日本の階層構造や選抜システムの特徴を考慮した理論的・実証的検討を行ってきたのであった。したがって第 II 部

では、後半の主張、すなわち行為者の主観的な進路選択に関わる選好形成に、出身階層がどのような制約を与えているのかに迫ることにしよう。

ところで、行為者の主観的な進路選択という観点から学歴達成をとらえようとする社会学的研究では、従来、「教育アスピレーション」という概念が注目を集めてきた。これを参考にすれば、上記の課題は、階層的要因がどのように教育アスピレーションを制約するかという問題としてとらえることが可能である。したがって、本章でも、地位達成モデルに「アスピレーション」概念を組み込んだウィスコンシン・モデルの議論を参照していくことにしたい。

他方、主観的な意識形成と出身階層の関連というテーマは、まさに文化的再生産論が着目してきたものであった。このうち最も注目を集めたのが第2章でも言及したブルデューの文化資本論である。ところで、第2章で紹介したブードンのIEOモデルでは、文化資本の影響を初期学力形成効果に留めて理解していた。しかしながら、第3章の分析では、文化資本が進路選択に対して繰り返し直接的な影響をおよぼすことが示された。この結果からすれば、ブードンのように文化資本の影響を初期学力形成効果に限定して理解するのは誤りで、むしろ進路選択に関わる選好形成に対して文化資本が影響する可能性についても検討すべきように思われる。したがって、改めてブルデューの議論を参照しながら、この可能性について再考してみたい。

2. 階層による制約

ところで、以上のような検討を進める前に、「階層」の影響をどのように把握すべきかについても改めて考えてみたい。というのも、主観的な行為選択に対する「階層」の影響を理解する上で、従来通り社会・文化・経済の3次元から把握することが妥当なのか、改めて検討する必要があるように思われるからである。これは単に「階層」指標をいかに設定すべきかという意味ではなく、そもそも「階層」による制約を理論的にどのように想定すべきかについて考え直してみたいということである。

ここで思い出されるのが、第2章でも紹介した安田（1971）の主張である。安田は、「実体的」に階層を把握することは現代日本の現実にはそぐわないた

め、階層の多元的な「機能」という観点から概念を再設定すべきだと主張した。確かに、第3章の分析において観察された「様々な階層要因」の影響は、測定に用いた「階層（変数）」自体によってもたらされたとは限らないから、そうした結果を生み出した「機能」に着目すべきだという提案は妥当なように思われる。もちろん、従来から用いられてきた社会・文化・経済の3次元は、諸資源の不平等な分布状態を静態的に把握するには有効な構造的概念だと言えるだろう。しかし、階層差の生み出される過程を個人の行為選択の観点から動態的に理解しようとする場合には、階層の構造的概念にこだわるのではなく、家庭背景が個人の行為選択に対していかなる影響を持つか、という機能的概念から再考することが妥当だと思われるのである。

　このように考えた際に注目されるのが、第2章でも紹介したブードンの研究である。ブードンは、特定の階層要因にのみ着目したり、それだけが強く働くとするような説明を「単一的要因理論」として退けるとともに、出身階層と学歴達成の関連に認められる基本的なメカニズムを統合的に理論化することを試みた。そうして提示されたIEOモデルは、構造的な階層概念に基づく要因論を離れ、個人の行為選択に影響する多元的な階層の機能に着目した理論モデルの嚆矢と言えるだろう。ただし、先述の通り、ブードンのモデルは設定の曖昧さや恣意性が批判されたのだった。これに対し、Breen and Goldthorpe（1997）は、IEOモデルの枠組に基づきながら、説明の論理を発展させてBGモデルを提示した。したがって、本章では、ブードンのIEOモデルの発展型と言えるBGモデルを理論枠組として参照し、出身階層が行為者の主観的な進路選択にどのような制約を与える可能性があるかについて整理してみたい。

　ここで注意してもらいたいのは、本章でBGモデルに着目するのは、合理的選択理論に依拠した彼らの数理モデルを採用することにあるのではないということだ。第3章で確認したように、日本の現実に対する説明としては、BGモデルに基づく理解には否定的な結果が得られている。しかしながら、進路選択に関する選好と出身階層との関連を検討する適切な枠組を模索するためには、ブードンから受け継いだ多元的な階層の機能に着目した理論モデルとして、BGモデルの枠組を参照すること自体は有益だと思われるのである。

　この意味におけるBGモデルの特徴は、第2章でも示したように、社会的位

置に応じた、「費用」と「利益」と「成功確率」の評価に基づく合理的行為としての教育選択によって、学歴達成の階層差が生み出されると想定した点にある。このうち特に重要なのは、進路選択に関わる「利益」の評価に関するモデルの想定、すなわち RRA 仮説の考え方である。これは先述の通り、親の社会的地位からの相対的な下降移動の回避心理に着目して、進路選択に関わる選好と出身階層の間に明確な因果連関を提示したものである。

なお、第2章に引用した盛山 (1997) の説明からもわかるように、合理的選択理論において想定される効用や合理性はあくまで主観的なものである。その前提に立つならば、進路選択のように行為者の明確な意識のもとに行われる選択を問題にする限り、行為者が主観的に合理的な選択を行うと想定することは、多くの人々の理解が得られるように思われる[3]。ただし、ブルデューは、この想定自体も明確に否定している。この点については本章の第6節で改めて取り上げることとしよう。

3. 進路選択における主観的利益

3.1. モデルの枠組と論点の整理

進路選択に対する階層の影響を検討する際に、BG モデルの枠組に着目するのは、このモデルが特定の階層要因による個別の影響ではなく、様々な階層要因が主観的な行為選択を制御するシステムについて、簡潔な枠組を提示しているからである。その枠組を本書の関心にあてはめれば、学歴の階層差を生み出すポイントは、「費用」「利益」「成功確率」の主観的評価と出身階層との関連にあるということになる。この枠組を援用して、前章での実証的な分析結果を整理しながら、学歴達成の階層差を行為者の主観的な行為選択の観点からとらえなおしてみたい。

まず、「費用」は階層による資源の差が費用負担能力の差として働くことに対応しているが、この点については否定のしようがないだろう。第3章の分析でも、特に中学卒業後の進路選択に、費用の負担能力が影響していることが示唆された。ただし、「費用」という概念は個人が行為選択を行う1つの参照基準を表す概念である。これを階層による制約機能を表す用語に直せば、「費用」

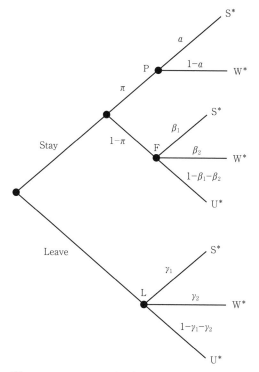

注）Breen and Goldthorpe（1997）より作成。

図 4-1　BG モデルの決定木

の負担能力を生み出す「経済的資源の機能」ということになるだろう。

　次に、「成功確率」という概念は、諸条件の階層差が進学後の学業における成功——すなわち、首尾よく進級できるのか落第してしまうのか、あるいは高い成績を取り得るか否か——に関する主観的な成功確率（ブードンで言えば「危険」）の差に影響するため、結果としての合理的な教育選択に差が生じるとの想定に基づいて設定されている。

　図 4-1 は、彼らが説明に用いた決定木モデルである。図の上半分は、初期の移行において進学した場合の分岐を、下半分は進学しなかった場合の分岐を、それぞれ意味している。また、進学した者のうち、P は成功（卒業）した場合、F は失敗（中退）した場合を、π と $1-\pi$ は、それぞれに対応した確率を表し

ている。また、S*、W*、U*は、学校卒業後の到達階層が順に、サービス階級[4]、労働者階級、下層階級であることを指し、α、β、γを用いて表されているのが、各選択肢からそれぞれの階級に到達する確率である。

ブードン（1973 = 1983）はIEOモデルの解説において様々なシミュレーション分析を行ったが、そこで用いた仮定、たとえば進学者の割合などの設定が恣意的であると批判された。それに対しBGモデルでは上図の仮定に以下の4条件を明確に設定することで、恣意性を排除するよう試みている。

条件①「$\alpha > \beta_1$ かつ $\alpha > \gamma_1$」：進学かつ成功（ケースP）してサービス階級に到達する確率（α）は、進学して失敗した場合（ケースF）や非進学の場合（ケースL）にサービス階級に到達する確率（β_1およびγ_1）よりも大きい。

条件②「$\gamma_1 + \gamma_2 > \beta_1 + \beta_2$」：ケースFでサービス階級または労働者階級に到達する確率（$\beta_1 + \beta_2$）はケースLにおける同様の確率（$\gamma_1 + \gamma_2$）より小さい。言い換えるなら、ケースFはケースLよりも下層階級になりやすい。

条件③「$\gamma_2 > \gamma_1$；$(\gamma_2/\gamma_1) >= (\beta_2/\beta_1)$」：ケースLではサービス階級よりも労働者階級になりやすい（そのオッズはケースFにおいてサービス階級より労働者階級になりやすいオッズと同等以上である）。

条件④「$\alpha > 0.5$」：ケースPでサービス階級に到達する確率は0.5より大きい。

こうした想定は、進学時の選抜がそれほど厳しくない一方で入学後の成績評価が厳しく、かつ成績が卒業後の進路に影響するような国々においては妥当なものかもしれない。どこの学校に進学したかではなく、資格試験の合否や成績が重要となるイギリス社会は、まさにこの想定にあてはまる。しかし、第2章で詳しく論じたように、明示的な学校序列を前提とした入学時の厳しい選抜の一方で、進学後の進級や卒業がほぼ自動的に認められる日本の選抜システムは、少なくともこれらの点に関する限り、正反対の性質を持つ。したがって、あくまで日本社会に関する限り、進学後の成功や失敗の確率に関する予測（主観的

成功確率)に基づいて、進学／非進学の意志決定を行うと想定することは妥当とは言えないだろう[5]。

もちろん、日本の場合も、入学後の成績でなく入学時の選抜に関する主観的な成功確率を想定して、同様のモデルを構築することが可能だという主張もあり得ないわけではない。しかし、日本社会で重要なのは、単に進学できるか否かではなく、どの学校を受験するかである。しかも、実質的には選抜のない、受験すれば容易に合格できる学校もある。したがって、仮に主観的成功確率が問題となるにしても、それが影響するのは進学先の学校ランクやタイプの選択に対してであり、進学するか否かの選択に直接的に関与するわけではない。ましてや、進学後の学業における失敗を回避するために進学を断念すると判断するわけでもない。

3.2. 学歴達成の利益

このように整理してみると、このモデルに固有の理論的な特徴のうち、本書の目的に照らして未だ議論の余地が残されているのは、RRA 仮説という呼称に表現された「相対的な下降移動の回避心理」をどう扱うかに焦点化される。すなわち、人々は自分の子ども[6]が自分と同等以上の階層(職業)に到達できるような、つまり、子どもが自分より下の階層になる確率を最小化するような教育選択 (educational choice) を行うという考え方が、主観的な進路選択に対する階層の影響を理解する上で、妥当性を持つかどうかを検討することである。

ここでポイントになるのは、下降移動の回避心理はどの階層でも同じだが、判断の準拠点となる地位が異なるため、結果的に教育選択の階層差が生まれるという RRA 仮説の想定である。この想定は、下降移動回避に「利益」を感じる点に階層差はないが、特定の選択肢に対する「利益」の合理的な評価が社会的地位によって異なるため、客観的には教育選択の階層差が観察される、と言い換えることができる。すなわち、このモデルの際立った特徴は、以下の2点を仮定していることにある。

a). 学歴達成による「利益」を求める傾向に文化的な階層差はない
b). 社会的地位(親の職業)によって各選択肢に対する評価が異なる

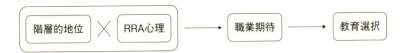

図 4-2 RRA 仮説の論理

ところで、RRA 仮説を何らかの形で実証的に検討しようとする研究は、すでに数多くなされており、特に近年になって盛んに報告されている（Need and De Jong 2000, Davies, Heinesen and Holm 2002, Van de Werfhorst 2002, Becker 2003, Van de Werfhorst and Anderson 2005, Breen and Yaish 2006, Mastekaasa 2006, Van de Werfhorst and Hofstede 2007, Stocké 2007, 太郎丸 2007, 古田 2008, Holm and Jæger 2008, 近藤・古田 2009 など）。ただし、荒牧（2010）のレビューによれば、各研究が分析対象とした国や地域の相違はもちろん、RRA 仮説自体に対する理解や検討方法も異なるため、仮説の適否や妥当性に対する評価は定まっていない。しかも、RRA 仮説の検証を行ったとする研究の多くは、積極的な理論的根拠からではなく、データの限界から仕方なく、親の職業ではなく学歴に準拠した下降移動回避のメカニズム、すなわち吉川（2006）の学歴下降回避仮説と同様の説明を検討したに留まっている。

しかしながら、上述した仮説の特徴 b）にも示した通り、RRA 仮説とは、あくまで親の職業からの下降移動リスクの回避傾向に注目して、学歴達成の階層差を説明しようとする試みである。つまり、図 4-2 に示したように、親の職業（階層的地位）に準拠した下降移動回避の心理（RRA 心理）に基づいて職業期待が形成され、その職業へ到達するのに必要な教育水準を選択するという因果連鎖を想定して、学歴達成の階層差を説明する仮説だと言えるのである。

なお、第 2 章で引用した合理的選択理論一般に関する盛山（1997）の説明からもわかるように、BG モデルは必ずしも実際の個々人による主観的行為選択の説明を目指した訳ではない。あくまで現象の背後にあるメカニズムを合理的選択理論の枠組からモデル化して、解釈しようとする試みである。したがって、RRA 仮説自体の妥当性を評価することが目的であれば、実際の行為者の意識に立ち入って検討することは不適当なのかもしれない[7]。しかしながら、本書の目的は、学歴達成における階層差の生成メカニズムに対して、主観と客観の

両面から妥当するような説明を試みることにあり、BG モデル自体の妥当性を評価することにあるのではない。あくまで彼らの用いた理論枠組を参照して、上記の目的を達成するヒントを得ようというわけである。

ところで、本章の課題は、現代日本社会の進路選択において出身階層がどのような制約を与えているのかを理解する準備を進めることであった。これに対し、上述した RRA 仮説の 2 つの仮定は、階層による制約をどのようにとらえるべきかを判断する重要な論点に関わる。したがって、この 2 つの仮定を切り口として、次章以降における検討課題を明確にしていくこととしよう。

論点を先取りするなら、以下のように整理できるだろう。

まず、a）の仮定に関わる論点とは、進路選択を行う行為者の意識形成に、出身階層がいかなる制約を与えると想定するかに関わる。この点について、RRA 仮説と異なる理解を示す代表例が、教育アスピレーション形成に対する出身階層の効果に着目したウィスコンシン・モデルや、文化資本の伝達とハビトゥスの形成による階層差の生成に着目したブルデューの説明である。後で詳しく述べるように、これらの説明は、「重要な他者の期待」あるいは「文化資本やハビトゥス」という回路を通じて、行為者が学歴達成に求める「利益」の認知に出身階層が関与すると想定した一種の社会化論とみなすことができる。これに対し、家庭の文化的背景に起因する選好形成を否定する RRA 仮説は、いわば否社会化論である。

次に、b）の仮定は、社会的地位による評価の違いという点に限れば、ブルデューの理論に依拠するものを含めて、多くの研究によって支持され得るだろう。ただし、そうした地位の評価が合理的な判断によると想定するか否かにおいて、RRA 仮説の立場とブルデューの理解は対立する。現代の日本社会においては、果たしてどちらの考え方が妥当だろうか。

ところで、学歴下降回避説が、RRA 仮説と同様に、合理的選択理論の立場に立つか否かは必ずしも明確に述べられていない。したがって、説明の論理を扱う以下の議論において、この仮説の妥当性を明確に論じることは難しい。ただし、この仮説はあくまで RRA 仮説に基づきながら、参照すべき地位が職業でなく学歴であることを指摘したものである。したがって、この点を除けば、両者は同じ論理であると見なすことにしたい。

以下、日本のトラッキング研究や高校生調査の成果も参照しながら、高校生の主観的な進路選択に出身階層がいかなる制約を与えていると理解すべきかについて、上記の2つの仮定に焦点化して論点を整理する。

4. 学歴 = 地位達成モデルの否定

4.1. トラッキングとアスピレーション形成

　第2章でも見たように、学歴達成過程におけるトラッキングの主な働きとして注目されたのは、「複線型学校システムのように法制的に生徒の進路を限定するということはないにしても、実質的にはどのコース（学校）に入るかによってその後の進路選択の機会と範囲が限定される」（藤田 1980）側面、いわばトラッキングの選抜配分機能であった。しかし、個人の主観的な進路選択の観点からすると、それとは異なるトラッキングの機能にも焦点をあてる必要があるように思われる。

　第1章の図1-1に示したように、戦後の日本社会における教育水準は、高度経済成長期を通じて急激に上昇し、1970年代半ばにはほとんどの生徒が高校へ進学するに至っている。また、同時期に高等教育も拡大したため、偏差値による輪切り選抜と受験競争の激化が大きな社会問題として注目されていた。これらは、さらに、学校の荒れや非行、望まない高校への不本意就学や落ちこぼれを生み出したと考えられていた。

　こうした社会的背景の影響もあり、1980年前後に盛んに行われた日本のトラッキング研究では、トラックに応じて異なる生徒下位文化が形成される側面——具体的には、進学校では向学校的下位文化が、職業科や進学者の少ない普通科では反学校的および脱学校的下位文化が支配的になること（岩木・耳塚 1983 など）——が注目を集めたのであった。これに関連して、学力や大学進学率の低い高校の生徒は、高学歴の獲得が困難であり、結果的に高い社会経済的地位に到達できないことを悲観して、自分の将来や学校生活に対する意欲を失いがちであり、私生活重視の態度を形成する傾向にあるといった実証研究の結果も示された（陣内 1975, 1976; 米川 1978; 耳塚 1980; 岩木・耳塚 1983）。また、高校の序列とそれを通じた進路の振り分けが可視的であるために、子どもたち

はすでに小中学生のうちから、自分の学業成績を基準にして、将来の職業達成可能性や一般的な成功（「幸せになること」「お金をかせぐこと」）の可能性を予測していることも報告された（深谷 1983; 苅谷 1986）。しかも、高学歴が必要とされない職業への到達可能性や幸せになることについてさえ、自分の成績と結びつけて考えているという。

　これらの研究は、不本意就学や学校不適応に対するトラッキングの社会化機能に対して、実証的な根拠を示す点で大きな貢献をなした。ところが、それらの関連に注目するあまり、社会階層の影響を見落としがちだという限界もあった（飯田 2007）。その背景には、日本は「大衆教育社会」（苅谷 1995）であり、誰もが学歴達成を通じた地位達成を志向しているがゆえに、現在の学力や在籍高校のトラックを基準に、将来の成功可能性を判断しているという前提があったように思われる。だからこそ、学力の低い生徒が将来の低い地位を予測し、学校不適応に陥るという理解も生まれてきたのであろう。

　一方、本書の観点から注目されるのは、これらの研究では、親の職業や社会的地位への到達を前提として予期的社会化が行われ、それが学校適応／不適応をもたらすとは想定されていない点である。これに対し、文化的な再生産論、例えば対抗的下位文化論を主張した Willis（1974 = 1996）や、対応理論を展開した Bowles and Gintis（1976 = 1986）の研究を参考にすれば、階層文化は学歴獲得を通じた地位達成志向の形成に関与するという仮説が成り立ち得る。第3章の分析から見いだされた文化資本の直接効果は、その可能性を示唆している。したがって、先に示した RRA 仮説の仮定 a）とは異なり、階層による文化的な資源・資本が何らかの形で主観的な期待形成に関与している可能性も検討すべきであろう。このような観点から、次の第5節ではアスピレーション形成の階層差に着目したウィスコンシン・モデルの議論を、第6節では文化的な再生産論を代表してブルデューの議論を、それぞれ検討してみたい。

4.2. 教育期待と職業希望の相対的独立性

　ただし、そうした検討へ移る前に、生徒の価値志向についても議論が必要なように思われる。上述したトラッキングの社会化機能に関する先行研究では、生徒達は何よりも学歴獲得を通じた社会経済的な地位達成を志向しているとい

う前提が置かれていた。こうした理解をここでは「学歴＝地位達成モデル」（荒牧 2001）と呼んでおこう。なお、職業的な地位達成志向と学歴達成志向の直接的な因果連鎖を前提としている点では、RRA 仮説もこのモデルと同様の立場に立つと言える。現代社会の職業達成には学歴が大きく関与している（強い ED 関連）という客観的な事実を考慮すれば、こうした想定は納得できるものである。

　しかし、あくまで行為者の主観的な意識の側面からとらえ直すと、少し見え方が違ってくる。まず、個性尊重や自分らしさを強調される現代社会に生きる若者が、職業を地位達成の視点からのみとらえて選択・希望しているとは考えにくい。もちろん、上述の研究が行われた 1980 年頃といえば、受験競争が過熱し学歴社会認識の強い時代背景であるから、少なくとも当時の若者に対する理解としては、上記の解釈も妥当であったと主張できるかもしれない。ところが、高校生や若者の職業観に関する当時の研究を参照しても、彼らが社会経済的な地位達成のみを重視していたという想定は現実的ではない。

　例えば、高校生を対象に「将来つきたい職業」を自由記入式で調査した陣内（1976）の研究からは、最も希望者が多いのは専門技術的職業であり、サービス業を希望する者もかなり多く、技能職を回答した者も少なくないことが読み取れる。また、中高生の職業観を調査した道脇（1971）は、高校 3 年生が最も重視するのは「職業における自己実現」であり、「職業の経済性」や「職業の社会的価値」などはそれよりも低い重要度しか与えられていないと報告している[8]。しかも、中学 1 年生から高校 3 年生にかけて、自己実現を重視する傾向はしだいに強くなるという。また、松原（1974）によれば、すでに働いている若者にとっても、望まれる職場とは、「収入の多い職場」よりも、「自分の才能が生かせる職場」である。これらを参考にすれば、学歴＝地位達成モデルに基づく研究が繰り返されていた当時においても、高校生が社会経済的地位の高さのみによって職業を希望してはいなかったことが明らかである。

　これと関連して指摘したいのが、職業希望と進路希望は区別して考えるべきではないかという点である。RRA 仮説や学歴＝地位達成モデルの論理は、地位達成を最終目標とした学歴達成という見方に基づいている。しかし以下の理由から、あくまで高校生の主観的意識を理解するためには、両者を区別するこ

とに意味がある（荒牧 2001）。

①どの職業につけるかは、（どの）大学に進学できるかに比べて、在籍高校のトラックによって枠づけられる度合いが弱い。したがって、特定の大学への進学可能性は生徒の側もかなり正確に予測できるが、自分が一体どの職業につけるのかはよくわかっていない（可視性の低さ）[9]。
②高校卒業後すぐに就職することを希望していない生徒にとって、就職はまだ遠い先の話である。
③職業希望には、職業に対する夢や希望が相対的に強く反映されている可能性がある。実際、高校生の職業希望は、自己実現志向など、社会経済的な地位達成志向とは別の基準にも強く影響されている。
④以上を反映して全体に専門職希望が多い。

　ここで、実際には専門職の父親を持つ生徒が少数派であるにもかかわらず、「専門職」を希望する生徒が大半である（④）という事実は、高校生の職業希望が父職の職業を準拠点とした下降移動回避の心理から形成されるというRRA仮説の理解とは一致しない。しかも③のように、職業希望には少なくとも自己実現の観点から形成される側面もあるため、RRA仮説や学歴＝地位達成モデルの枠組では、高校生の職業希望や教育期待の形成を上手く把握できないと考えられる。また、相対的に不確定で不明確な要素が多く（①）、必ずしも切迫した選択ではない（②）ため、職業希望には進路希望よりも文字通り高校生の「希望」がより多く含まれていると予想できる。

　なお、上記の指摘は、特定地域の高校生を対象とした調査（尾嶋 2001）の分析結果に基づいたものだが、別の地域の高校生を対象とした調査に基づく片瀬（2005）や日韓比較を行った有田（2002）でも、同様の知見が得られている。また、2006年 PISA 調査のデータを用いて客観的な学力を統制してみても、1）先の④の指摘と同様、父親の職業にかかわらず、「専門職」を希望する者が多いこと、2）父親の職業を基準とした下降回避傾向という RRA 仮説の想定や、親の学歴に準拠した学歴下降回避仮説の想定にしたがって、高校生の職業希望や進路希望が形成されているとは考えにくいこと、3）下降移動回避という消

極的な動機よりもむしろ、「より良い」あるいは「より望ましい」地位を目指そうとする志向性（相対的な上昇移動志向）が読み取れることなどが明らかになっている（荒牧 2011a）。

　以上より、RRA 仮説や学歴＝地位達成モデルのように、将来の職業希望と教育期待に直接的な因果連鎖を想定するのではなく、一旦、両者を切り離して考えることが有効だと主張できるだろう。このことは、高校生が選択肢の評価において準拠する自らの地位として、仮定 b) のように親の職業を想定し、それこそが階層差を生み出す主な原因だと主張するのは妥当ではないことを意味している。

5. 親の教育期待とウィスコンシン・モデル

5.1. ウィスコンシン・モデルと「重要な他者」

　第 2 章でも述べたように、Blau and Duncan（1967）の地位達成モデルは、階層研究の歴史に大きな方法論上の革新をもたらした。これに対し、地位達成モデルでは不問に付されていた、「重要な他者」などの社会心理的要因による教育アスピレーションの形成こそが重要だという認識に基づいて研究を積み重ねていったのが、ウィスコンシン大学の研究グループによる縦断的な調査研究（Wisconsin Longitudinal Study：以下 WLS）であった[10]。

　この研究の調査方法上の特徴は、調査票・葉書・電話など様々な方法を駆使して、本人ばかりでなく、親・キョウダイ・配偶者なども対象に含めてパネル調査（追跡調査）を行うとともに、州のテスト機関が持つテスト得点や高校の成績、親や本人（男性のみ）の所得などの記録といった精度の高い客観的な情報とも照合させた、詳細なデータベースを構築してきた点にある。また、調査が数十年にわたって続けられる間に、アスピレーションや教育・職業達成ばかりでなく、長期にわたるライフコースや年齢による変化も研究課題となった。そのため、WLS データを用いた研究成果は膨大な数に及んでいる。本書では、これらのうち、ウィスコンシン・モデルとして知られる、「重要な他者」による教育アスピレーションの形成を扱った、初期の研究成果（Sewell et al. 1969; Sewell et al. 1970）に注目していく。

ウィスコンシン・モデルの研究内容上の特徴は、上記の通り、教育・地位達成における社会心理的な要因、すなわち教育・職業アスピレーションの影響やその形成に対する「重要な他者」の影響に着目した点にある。ここで、「重要な他者」の効果とは、親や教師が大学進学を期待したか否か、および大半の友人が大学進学を希望したか否かの回答による合成指標の効果を指す。なお、「重要な他者」には、上記の通り、教師や友人も含まれているが、主導的研究者によるレビュー（Sewell et al. 2004）を参照すれば、「重要な他者」の構成要素のうちでも特に強調されたのは、親の期待の効果であったことがわかる。

　図4-3は、初期のウィスコンシン・モデルを代表するSewell et al.（1969）の分析枠組と分析結果を要約した図である。前節での議論と対応させると、学歴達成の「利益」に関する評価と関連するのが「教育アスピレーション（X4）」であり、その形成に「重要な他者（X5）」（主として親の教育期待）が強く影響することを想定したモデルとなっている。図にも示されている通り、重要な他者（X5）から教育アスピレーション（X4）に対して、非常に強い影響（0.59）のあることがデータからも確認されている。

　これまでの議論に照らして興味深いのは、教育・職業達成の心理的側面に着目したこのモデルにおいて、教育アスピレーション（X4）と職業アスピレーション（X3）の関連が仮定されていないことである。2つのアスピレーションの誤差変数（XwとXx）の間に相関のあることは想定されているが、教育アスピレーションはあくまで学歴達成（X2）に関与するのであって、職業達成（X1）との関連は学歴達成を媒介したものだと想定されている。これは、RRA仮説や学歴＝地位達成モデルのように、希望する職業を達成する手段として学歴希望をとらえる（学歴希望の職業希望への従属）理解とは大きく異なる理論的前提である。

　ここで出身階層（X7）から学歴達成（X2）にかけての影響をたどってみると、親の社会経済的地位（X7）が直接的に、あるいは能力（X8）および学業成績（X6）を通じて間接的に「重要な他者（X5）」に影響し、その「重要な他者」が教育アスピレーションを強く規定するという因果関係が描かれている。つまり、親の社会経済的地位は、すべて「重要な他者」に媒介されて間接的に影響すると考えられているのである。また、重要な他者の期待が、本人の能力や学

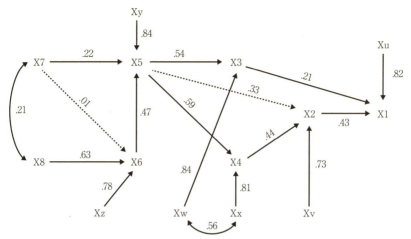

注）X1：職業達成　X2：学歴達成　X3：職業アスピレーション水準　X4：教育アスピレーション水準
　　X5：重要な他者の影響　X6：学業成績　X7：社会経済的地位　X8：能力
　　Sewell et al. (1969) より作成。

図4-3　ウィスコンシン・モデル1

業成績によって直接・間接に影響されることをとらえたのも、大きな特徴の1つだと言える。これは、親の期待が親自身の階層的地位や価値観などばかりでなく、子どもの現状に合わせて調整されること、すなわち両者の間に相互作用があることを想定していることになる。

　このように「重要な他者」の影響に着目したことによる、ウィスコンシン・モデルの貢献は間違いない。しかしながら、社会心理的な媒介変数の影響を強調しすぎる一方で、親の社会経済的地位などの構造的制約や選抜制度の影響を相対的に軽視している点は大いに批判された（Wilson and Portes 1975 など）[11]。また、本書におけるこれまでの議論をふまえても、出身階層の多元的な機能を考慮せず、「社会経済的地位（socioeconomic status: X7）」と一括されていることも不適切だと考えられる[12]。このことの当然の結果として、たとえば前節で指摘された「費用」負担能力（＝経済的資源）独自の効果も考慮されていない。とはいえ、従来の階層研究も、階層指標の影響を指摘するばかりで、それがいかなる理由によっているのかを十分に検討してこなかったという限界があった。これに対して、ウィスコンシン・モデルは、その限界に挑戦し、社会心

5. 親の教育期待とウィスコンシン・モデル　　123

理的なメカニズムに着目することの可能性を見いだしたのであった。構造的制約の影響をもっと考慮する必要はあるだろうが、社会心理的な経路をたどって出身階層が影響するメカニズムに迫った意義は大きい。

　ところでWLSは、当初、コミュニティや近隣が教育・職業アスピレーションや学歴達成に及ぼす影響に焦点化して実施されたものであった。その結果、確かにコミュニティの効果は認められたものの、親の社会経済的地位や本人の成績を考慮すると、その効果は小さいことも同時に示された[13]。ちなみに、コールマン達（Coleman et al. 1966）が、アメリカ社会における教育機会の均等をテーマとした一大研究プロジェクトの成果報告（コールマン・レポート）において、学力の人種差に対する学校独自の効果が非常に小さいことを発表したのも、ちょうど同じ頃であった。

　このようにコミュニティや学校の効果が小さいという結果には、多くの社会学者から批判が出されたが、Hauser, Sewell and Alwin（1976）による構造方程式モデリング（Structural Equation Modeling: SEM）を用いた再分析の結果は、教育アスピレーションや学歴達成に対する学校独自の効果を改めて否定するものであった。また、アスピレーションの分散は学校間よりも学校内で大きいことや、成績はトラックよりも学力に依存し、成績の効果はトラックよりも大きいことも同時に示された。以上が、ウィスコンシン・モデルにおいて構造効果が重視されなかった背景にあると思われる。しかしながら、他のデータを用いた分析はトラックの強い効果を示しており、それが上記の批判につながっている。また、第2章でも議論したように、日本社会における教育と職業の関連（ED関連）では成績よりも学歴の効果が大きい。しかも学校内でなく学校間でトラッキングが行われていることも考慮するなら、トラッキングの効果は日本社会においては、一層強いと予想される。

　ところで、Sewell et al.（1969）のモデル（図4-3）は農家出身の男子のみを対象とした分析結果に基づいていたため、Sewell et al.（1970）では男子の全サンプルを用いた再分析を行っている。図4-4がその結果を要約したものである。先の図4-3と比較すると、モデルがより複雑化しており、特に本人の成績が教育・職業アスピレーションおよび学歴達成に与える影響も含まれている点は大きな違いである。また、能力が「重要な他者」に影響するという想定

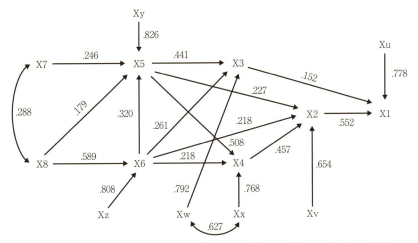

注）X1：職業達成　X2：学歴達成　X3：職業アスピレーション水準　X4：教育アスピレーション水準
　　X5：重要な他者の影響　X6：学業成績　X7：社会経済的地位　X8：能力
　　Sewell et al.（1970）より作成。

図4-4　ウィスコンシン・モデル2

なども異なっている。しかしながら、階層の効果が「重要な他者」に吸収されると考えられている点や、教育アスピレーションと職業アスピレーションの間に関連がないと考えられている点など、先に指摘した重要な特徴は共通している。

　なお、さらに後のモデル（Sewell and Hauser 1972）では、社会経済的地位や「重要な他者」の合成指標を解体（disaggregate）した分析も行われているが、階層的な変数の影響が主として「重要な他者」を経由しているという点に変わりはない。なお、重要な他者の構成要素としては、親の励ましばかりでなく、友人のアスピレーションも弱いながら有効な効果を示すが、生徒の出身階層と友人のアスピレーションが関連するのは、基本的には階層とトラックに関連がある現実を反映していると考えられる[14]。念のために付け加えておくと、このモデルでは、教育・職業アスピレーションや教育・職業達成に対する、階層の直接効果も認められてはいる。しかし、それらは決して強い効果ではない。つまり、階層の影響は「親の励まし」に還元されるわけではないが、親の励ましを除外しても残される階層の直接効果は強くないということになる。

後にウィスコンシン・モデルの主張を整理した Morgan（2005）は、その重要性として次の2点を指摘している。第1に、教育アスピレーションの形成が、生徒本人の「自己反省（self-reflection）」「模倣（imitation）」および「決定者（definer）の期待の適用（adaptation）」という3つのメカニズムによることを明らかにした点であり、さらに、教育アスピレーションは先行変数の媒介としてだけでなく、学歴達成に直接効果を持つことを明らかにした点である。ここで「適用」とは、生徒が重要な他者の期待を受け入れることを意味する。つまり、生徒の教育アスピレーションに対する出身階層の影響としては、この「適用」のメカニズム、すなわち親の教育期待（それ自体は親自身の社会経済的地位に影響されている）が及ぼす直接的な影響に着目することが重要だということになる。

5.2. 教育アスピレーションと教育期待

　教育アスピレーションに対する親の教育期待の直接的な影響に注目すべきだという結論は、進路選択に対する出身階層の影響としては、特に親の期待に着目することが重要であることを示唆している。したがって、われわれのモデルにおいても、この点を考慮しておく必要があるだろう。ただし、この「アスピレーション」という概念をどのようにとらえるべきかについては、もう少し考えておいた方がよいと思われる。これに関連して、Kerckhoff（1976）は、「願望（wishes）」や「野心（ambition）」の社会化という観点から教育アスピレーションをとらえることに異議を唱え、これらはむしろ地位達成過程における様々な構造的制約をふまえた、現実的な「計画」や「期待（expectations）」として考えるべきだと主張した。また、Kerckhoff and Huff（1974）は、子どもは親の教育目標（educational goals）を誤認するにもかかわらず、ウィスコンシン・モデルでは、生徒の認知によって「重要な他者」の期待や計画を測定していることも問題視している。

　こうした批判がなされた背景には、「競争移動」（Turner 1960）の行われる自由で平等（機会の均等）なアメリカ社会において、個人のアスピレーションに基づく主意主義的選択が行われている、とするウィスコンシン・モデルのイデオロギー的背景に対する批判的な認識もあったと言われる（片瀬 2005）。これは第2節で言及した方法論的個人主義一般に対する主要な批判の1つと言っ

てよいだろう。現代日本社会では、学力に基づく選抜が厳しくトラッキングの影響も強く働いているため、Kerckhoff（1976）が指摘したような構造的制約も念頭におきつつ、親の教育期待が子どもの教育期待に影響する点を考慮する必要があると言えるだろう。

6. ブルデュー理論における利益とハビトゥス

6.1. ハビトゥス論からみた利益認知の階層差

　最後に、学歴達成の階層差を生み出す行為者の主観的な意識の形成という問題について、ブルデューの議論を参照しながら考察しよう。なお、ブルデューの研究は多岐にわたっており、しかも相互に関連し合っているため、参照すべき文献は膨大になり得るが、ここでは、特に「利益」概念や合理的選択理論について批判的な検討を行ったBourdieu and Wacquant（1992 = 2007）を中心に参照する。

　まず、「利益」の概念について見てみよう。ブルデューによれば、ここで言う利益とは、経済学における利益（物質的利益）とは異なり、普遍的・抽象的なものではない。むしろ、歴史的に限定された特定の「界」が作動する前提になる「種別的利益」を指す。また、「関心（＝利害）があるということは、ある特定の社会的ゲームに対して、そこで起こる事柄が意味をもっている、その賭け金が大事であり、追い求める値打ちがあるという点に同意すること」（Bourdieu and Wacquant 1992 = 2007: 155）を意味している。したがって、あるゲームに参加するということは、この「種別的利益」を承認したことを意味するが、手にする利益自体はそのゲームの中で占める立場によって、またどのようにしてその立場に達したかの軌跡によっても異なる。つまり、受験競争に参加する者は、そこで得られる利益を承認しているが、その結果得られる利益は、そのゲームの中で占める地位、具体的には出身階層や選抜制度上の地位（成績や高校トラック）および、そこへ至った経路によって異なるということになる。そして、こうした差異を具体的に方向づけるのがハビトゥスである。

　ハビトゥス概念の特徴を明確にするには、合理的選択理論への批判を参照するのがわかりやすい。ブルデューが指摘する合理的選択理論の問題点は、行為

者が持つ歴史的・社会的な特殊性を脱色してしまい、行為者の個人史も集合的歴史も無視し、不特定で交換可能な普遍的・抽象的な合理的反応に還元してしまうところにある。自覚的に目的を設定し、合理的計算を通して効用を最大化する自由な企てとして行為を描く主観主義を否定しているのである。つまり、行為の選択場面に至るまでの人々の生活経歴や人生（特にその構造的な位置づけやそこから派生する影響）が、その選択に及ぼす影響を無視してしまうことを批判しているのである。これに対して、ハビトゥス、すなわち「性向の体系」とはゲームの賭け金についての勘であるが、それは普遍的に与えられたものではなく、社会的・歴史的構成物である。実践（人々が実際に行う行為）は勘（実践感覚）の産物であるが、その勘は社会的に構築されたゲームのセンスなのである。

こうしたハビトゥスが階層と関連するのは、同じ階層であれば構造論的親近性を持つからだと説明される。つまり、似たような「社会空間」で育てば似たようなハビトゥスを持つということである。ちなみに、社会空間とは『ディスタンクシオン』（Bourdieu 1979a = 1990）で示された例の有名な図に表されたものを指す。簡単に言ってしまえば、社会構造上の位置づけということだが、それが人々の文化的および経済的資本の保有量とそれらの構造を示すとともに、趣味やライフスタイルなどとも対応することが主張されている。

どのようなハビトゥスを持つかには、こうした社会空間上の位置づけが重要だということだが、軌跡ということが強調されているので、単に行為を選択する一時点における地位が類似しているかどうかだけを問題にしているわけではない。むしろ、その時点に至るまでの長期にわたって類似していること、言い換えるなら最初に位置づけられていた社会空間、すなわち生まれ育った家庭の位置づけと、そこから辿った道筋（軌跡）が重要だということになる。

こうしたブルデューの議論は、現代日本の社会構造や選抜システムを前提とした時に、いかなる意味を持つだろうか。本書の文脈に合わせるなら、ここで考慮すべき対象は、現代日本社会における教育選抜という歴史的に限定された界（受験競争界）における、学歴達成（学歴獲得）ゲームだと表現できる。ここで「大衆教育社会」（苅谷 1995）である日本社会では、どの階層も学歴獲得ゲームに対する関心を持っている（あるいは巻き込まれている）と言えるだろう。

したがって、少なくとも学歴獲得ゲームへの参加にハビトゥスによる制限はない。

ただし、日本社会における学歴獲得競争が「傾斜的選抜システム」（竹内1995）だという点には注意が必要である。誰もが同じ受験競争に参加しているといっても、具体的に獲得を目指す対象は同じではない。しかも単に異なるだけではなく、偏差値という一元的な基準によって序列を伴って差異化されている。また、ブルデュー自身も言っているように、得られる利益はゲームの中で占める立場や、そこへ達した軌跡によって異なるため、「ゲームの賭け金についての勘（性向の体系）」も歴史的・社会的状況が異なる地位の間では異なっていると考えられる。したがって、差異化された対象のうち、具体的にどこを目指すのか、あるいは、どこまでその価値を認めるのかは、現在および過去の（そして予想される将来まで含めた）社会的地位と、その中で形成されたハビトゥスによって異なるということになるだろう。ただし、ゲームの勘が重要なのは、コード化されたものがきわめて少ない社会である（Bourdieu 1986 = 1987）とするならば、上述のように明白なルールに基づく日本社会の学歴獲得ゲームにおいては、ゲームへの参加ばかりでなくゲームのプレイにおいても、ハビトゥスの相違に着目する重要性は低い可能性がある。

6.2. 合理的選択理論との異同およびハビトゥス概念の意義

以上のようなブルデューの議論は、あくまで現代日本社会における学歴達成の階層差に関して言えば、必ずしもブードン達の合理的選択理論側の主張と相容れないわけではない。特に、社会的位置に応じて利益が異なるという主張は、両者に共通するものである。ただし、そうした違いがなぜ生み出されるかの理解は大きく異なる。

たとえば合理的選択理論の代表として本書でも注目した RRA 仮説は、誰もが同じ「相対的な下降移動回避」傾向を持つが、参照基準となる階級的地位（職業）が異なるために、費用と利益と成功確率に関する合理的な計算の結果、違いが生みだされると説明する。こうした理解は、ブルデューによれば、歴史的・社会的な文脈を漂白した過剰な一般化を行っている点や、経済的な効用の最大化に基づいて説明しようとしている点で問題があるということになる。つ

まり、ブルデューによる合理的選択理論への批判は、第1に、経済還元主義的な狭義のそれに対してなされていると言ってよい。ところが、これと同様の指摘は、実は合理的選択理論の立場からもなされている。たとえば、Boudon (1998) は、「効用」概念に基づく従来の合理的選択理論は社会学的な説明には適用できない場合が多いため、「効用」概念の代わりに「認知的 cognitive」合理性を中心に据えたモデルを用いるべきだと提唱している。従来の合理的選択モデルは「信念」を上手く説明できない弱点があったが、認知論的モデルでは信念には行為者なりの理由があると想定する。さらにブードンは、行為は第1に合理性に基づいて分析されるべきだが、そうでない場合にも主観的には意味がある（meaningful）とみなされるべきで、それも否定された場合に限ってブラックボックス（「模倣本能」「魔術思考」「認知のゆがみ」「ハビトゥス」等々）を考えるべきだと言っている。こうしたブードンのモデルを前提とするなら、ブルデューによる合理的選択理論批判のうち、「（経済的な）効用」概念の使用を根拠とする面は訂正されなければならない。

　一方、『再生産』（Bourdieu 1970 = 1991: 180）には次のような記述がある。子どもがある教育課程へ進学しなかったり低い価値の学科を選んでしまうという「選択行為は、『適性』のためとか、不適性が確認されたために課されるようにみえるときでも、すべてかれの属する社会階級と教育システムの間の（選択に先だって存在し、その後も存続する）客観的諸関係の全体を勘定に入れて行われている」。したがって、「階級的出自ごとの（中略）学校による上昇のチャンスの構造は、学校および学校による上昇にたいする態度性向を条件づけ」それがまた「進学、学校の規範への同調、そして学校での成功のチャンス、要するに社会的上昇のチャンスを、決定的なかたちで規定するのに力を貸す」。つまり、「主観的期待は、当人の属する層の固有の客観的成功チャンスを左右する諸条件に直接に規定されて」おり、「客観的諸条件の内面化の所産」であるということである[15]。自らの置かれた社会的位置における客観的な成功のチャンスを勘定に入れて教育選択を行うという理解は、費用や危険（成功確率）を勘定に入れて選択を行うという合理的選択理論の枠組と非常に似通った状況に言及したものである[16]。

　さらに、両者には、議論の前提にも類似点がある。それは、意志決定主体と

しての親子を区別せず、両者が融合的に扱われている点である[17]。ところが、本人と親の意向が食い違うというケースは実際にも少なからず認められることであり、両者を区分することは理論的にも重要な論点となるはずである。この点については次節で改めて論じたい。

　以上、ブルデューの主張と合理的選択理論の類似点をいくつか示したが、もちろん両者の主張には決定的に異なる点がある。それは、上に示したブルデューによる合理的選択理論批判の第2の点にかかわる。すなわち、ブルデューが長年にわたる、半ば無意識のうちの社会化（ハビトゥスの形成）を強調する一方で、合理的選択理論は一般的・抽象的に設定された選択場面における、あくまで合理的な意志決定を強調する点である。先に言及した客観的可能性の内面化は、ブルデューにとって、長期間の多岐にわたる条件づけの過程によってハビトゥスとして身につけられたものであるのに対し、合理的選択理論における客観的な諸条件の考慮はあくまで選択時点における客観的かつ正確な状況認知に基づく合理的な判断を指している。

　この違いは次のような仮想ケースに対する解釈を比較してみればよく理解できる。すなわち、成績は良いが経済的な理由から進学を断念しようとしている生徒が、宝くじや遺産などのために大金を手にするという状況を仮定してみよう。この場合、合理的選択理論においては、その大金が直接・間接費用を十分に賄える程の金額である限り、議論の余地なく生徒が進学を選択すると結論づけるであろう。一方、ブルデューの理解にしたがえば、当の生徒がいかなる文化資本を持ち、どのようなハビトゥスを形成してきたかによって、異なる選択を取るということになるだろう。

　ところでブルデューは、「ハビトゥスという概念を仮定しなければならないのは、社会的行為者が固有の意味で合理的ではない、つまり用いる手段の収益率を最大化するように行動を組み立てるというわけではなく、一言でいうと計算があるわけでも、はっきりした目標を設定するわけでも、目標を達成するために使える手段をはっきり考案するわけでも、術策を弄したり計画を立てたりするわけでもないのに理にかなって」（Bourdieu and Wacquant 1992 = 2007: 172）いる場合であり、特に無意識のうちに自動的に行われる行為はハビトゥスに支配されていると言う[18]。しかしながら、進路選択は間違いなく意識的

に行われるものである。特に、偏差値という一次元的かつ可視的で非常に純化された対象を競う日本の選抜システムにおける競争を前提とした時、なおさらそうである。したがって、このブルデューの発言を文字通りに受け取るならば、少なくとも現代日本社会における進路選択という現象を問題とする場合、あえてハビトゥスという概念を持ち出す必要があるのかどうか疑問に思われるのである。いずれにしても、その点を実証的に明らかにすることが1つの大きな課題になるだろう。

7. 教育的地位志向モデル

7.1. 親の期待への着目

　本章では、学歴達成の階層差を生み出すメカニズムを行為者の主観に照らして明らかにするため、まず、ブードンのIEOモデルの発展型である、Breen and Goldthorpe（1997）の理論的な枠組を出発点において検討を進めてきた。その結果、まず、「費用」負担能力（＝経済的な資源）の効果を考慮すべきこと、「成功確率」の想定は日本のケースにはそぐわないこと、学歴達成に対する「利益」の評価と階層との関連については、以下の点について議論の余地のあることが示された。すなわち、文化的背景に基づく社会化の違いを想定するか否か、および、社会的地位に準拠した選択肢の評価がいかに行われていると想定すべきか、の2点である。

　後者に関しては、高校生を対象とした調査研究から、次のような興味深い知見も得られた。それは、進路選択の過程にある高校生の主観的な意識においては、教育期待と職業希望は相対的に独立しているというものである。この結果は、両者の直接的な因果連鎖を前提とした、RRA仮説や学歴＝地位達成モデルの想定が妥当しないことを意味すると同時に、生徒の主観的な進路選択に制約を与える社会的地位を、父親の職業に限定することが妥当でないことも意味している。

　他方、「利益」に関する選好形成の階層差については、以下のような論点が示された。第1に、ウィスコンシン・モデルの分析結果によれば、親が自らの社会経済的地位に影響されながら子どもの学歴達成に対する期待を形成し、そ

れが主に子ども自身のアスピレーションを経由して学歴達成に関与している。ここから進路選択に制約を与える要因として、親の期待に着目すべきことが指摘できる。

　さらに、ブルデューの文化資本論からは、行為者の主観的期待が次の3つの要素から形成されると考えられた。①社会空間上の特定の位置において長期にわたって生活する中で半ば無意識のうちに形成されるハビトゥス。②親から伝達された文化資本。③客観的な成功のチャンス。このうち、客観的な成功機会を参照して主観的期待が形成される（③）という主張は、合理的選択理論の理解と類似している。ただし、主観的期待や進路選択に関する選好が長期にわたるハビトゥスや文化資本の形成を通じてもたらされる（①②）と想定するのか、あくまで自らの社会的位置と資源に基づく合理的な計算によると考えるのか、という点において両者の主張は大きく対立する。

　この論点に大きく関わるのが、第3章の分析において見出された、文化資本の直接効果の解釈である。第6節で確認したブルデューの主張にしたがえば、この結果は、社会的位置と客観的な成功確率が高く、文化資本も豊富な家庭の子どもほど、「学校による上昇を目指す態度性向」（Bourdieu 1970 = 1991）を強く持つことを意味する可能性がある。従来の研究では、より高い学歴を目指す志向性と文化資本との関連を直接に測定していないので、文化資本→高学歴志向→学歴達成という因果連鎖を確認できていないだけかもしれない。もし、この理解が正しければ、第3章で観察された文化資本の「直接効果」とは、実際には、高学歴志向の形成を経た「間接効果」だということになる。しかしながら、偏差値という一次元的かつ可視的な対象を競う日本の選抜システムでは、誰もが高学歴志向を持ち得るとも考えられる。だとすると、本当にそのような社会化──階級的位置づけに結びつけられた社会化──が重要な役割を果たしているのかは疑問である。この点を実証的に明らかにすることが1つの大きな課題になる。

　文化資本の直接効果という分析結果には、別の解釈の可能性もある。ウィスコンシン・モデルによる分析結果から導かれたように、子どもに高い学歴を期待する親の考えが子ども自身の教育期待に対して直接的に関与するのだとすれば、そして子どもに高学歴を期待する親ほど文化資本も豊富に持ち合わせてい

るという仮定が成り立つとすれば、文化資本と学歴達成の関連という分析結果は、親の期待を核とした疑似相関である可能性もある。つまり、一方では、子どもに高い学歴を期待する親ほど高い文化資本を持ち、他方、そうした親の子どもほど高い学歴を得るが、親の文化資本と子どもの学歴達成は必ずしも直接には関連しないということである。

7.2. 行為主体としての親子の独立性

　ところで、以上の議論を進める前に、もう1つ検討すべき課題がある。それは、進路選択を行う行為主体をどのように設定するかである。ブルデューと合理的選択理論の主張には上記のような相違点はあるものの、意志決定主体としての親子を明示的に分離しない点は共通していた。ところが、親子の志向性が異なることは現実にも十分に考えられることである。したがって、場合によっては意見の対立さえ起こり得る独立した行為主体として親子を想定することには意味があると考えられる。

　ここでブルデューのようにゲームの比喩を用いるなら、親は親のゲームに、子は子のゲームに、それぞれ参加していると考えることができる。このように想定した時、子が参加しているのは基本的には子どもの生活世界における差異化ゲームだと考えられる。また、第4節の議論からもわかるように、子どもにとって教育期待と職業希望は相対的に独立したものである。したがって、子ども自身の教育期待形成に対して直接的に強く関与するのは、子ども自身が選抜システムの中で位置づけられている地位、具体的には在籍高校のトラックや成績だと考えることができる。

　一方、トラッキング研究が明らかにしたように、高校のトラックは、生徒同士の相互作用やトラックに対する世間の評価に影響を及ぼすことで、生徒の自己評価の形成に関与する。ウィスコンシン・モデルにおいて重要な他者としての友人の影響が見出されたのも、こうした自己評価が学習態度や教育期待を形成するからだろう。学校間トラッキングが成立し、傾斜的選抜構造における層別競争移動（竹内 1995）が展開される日本社会においては、こうした効果は特に顕著に現れると考えられる。日本のトラッキング研究が脱階層的な展開をしてきた（飯田 2007）のも、日本社会では以上のような効果が強力に働いている

（少なくともそのように認識されている）ため、高校に入ってしまえば家庭背景はあまり関与しないと考えられたからかもしれない。

　このような理解が仮に正しいとすると、高校卒業後の進路選択においてさえも出身階層による差異があるのはなぜかという疑問がわく。これについては上述の通り2つの可能性が考えられる。すなわち、社会空間上の位置づけと家庭の文化資本によって形成されたハビトゥスが、学習態度や教育期待の階層差を生み出していることを意味するのか、それとも長期にわたる社会化過程を考慮する必要はないのかという2つの対立した見方である。上述のように、親子を独立した志向性を持ち得る行為主体と考えるなら、後者の理解が妥当する可能性も高いように思われる。

　他方、親の側が参加しているゲームは何かと言えば、子どもという駒を用いた学歴獲得ゲームと表現できるであろうか。このように親子を分離してみると、子どもの主観的な意識形成プロセスにおいては否定された、RRA仮説や学歴＝地位達成モデルのような見方も、親の教育期待の形成に対する説明としては妥当する可能性が生まれる。つまり、親は現実の社会における学歴と社会経済的地位との強い結びつき（強いED関連）に関する自分の知識と経験に基づいて、子どもの将来の社会的地位を見越した学歴＝地位達成ゲームを、子どもを通して実施しているというわけである。あるいは自らの職業や学歴を基準として、子どもに期待する学歴を決定しているとも考えられる。このように理解するならば、学歴下降回避のメカニズムも、親自身の教育期待の形成を経由したものではないかと考えることができる。つまり、子ども自身が親の学歴に準拠して自らの教育期待を形成するのではなく、親の学歴は親自身の教育期待形成に関与していると考えるのである。もちろん、子ども自身の志向性の形成に親の学歴が影響している可能性も残されている。ただし、先に引用したように、PISAデータによる分析を試みた荒牧（2011a）では、高校生の教育期待が親の学歴からの下降回避心理によって形成されるという理解には合致しない結果が得られている。

　以上をふまえ、親子を独立した行為主体と想定するならば、第3章で確認された文化資本の直接効果は、社会化プロセスを経ない親からの直接的な影響を反映していると考える余地が生まれる。たとえば、子ども自身は必ずしもより

良い地位や学歴を目指す志向性を強く内面化していなくとも、親の意向を汲んで（ウィスコンシン・モデルにおける「適用」作用）教育期待を設定しているといった想定が可能である。もちろん、こうした影響を社会化という概念で表現することも可能だが、長期にわたる家庭内での相互作用によって蓄積される、決定的・不可避的な文化資本の影響（ハビトゥス）を想定した文化資本論のような社会化論とは、かなり異なる理解だと言える。

ところで、当然のことながら、親子が独立した行為主体だと言っても、もちろん相互に影響し合っていると考えるべきで、子どものパフォーマンス（学習態度や成績）が親の期待に影響を及ぼす側面も想定しておく必要はあるだろう。これについて、ウィスコンシン・モデルでは、親の期待が子どもの成績にも影響されることが示されていた。とはいえ、進路選択時における出身階層による制約という因果の方向性を考えた場合に重要なのは、親が自らの社会的地位に基づいて子どもの学歴達成に関する志向性を形成し、それが子どもの進路選択を直接に左右する可能性である。

その意味でむしろ興味深いのは、学歴達成過程における失敗への対応を「加熱」と「冷却」の語で整理してみせた竹内（1995）の議論である。もちろん、竹内の意図は選抜システム自体の加熱・冷却作用を指摘することにあり、階層との関連を論じたわけではない。しかし、ここに階層が関与していると考えると、失敗に対する加熱と冷却のありようが、家庭によって異なる可能性も指摘できる。つまり、高学歴志向の強い親であれば、子どもが失敗した際に、もう一度頑張れと子どもを「再加熱」する働きかけや条件整備を行うだろうが、その志向性が弱い親であれば、そこまで学歴にこだわる必要はないとして、目標を別の方向へ振り向けたり（代替的加熱）、野心を冷却させたりする方向へ導くことが考えられる。こうした対応の違いが決定的に重要な差異をもたらすのが、まさに進路選択の場面である。

7.3. 教育的地位志向モデル

以上の考察をふまえ、ここでは親の「志向性」「地位」「資源」という3要素から、学歴達成過程における階層差の生成メカニズムをとらえることを提案したい。

ここで「志向性」とは、学力形成にせよ進路選択にせよ、「資源」の用い方や「地位」の作用を方向づける心理的傾向といったほどの意味である。類似の概念に価値観や規範などもあるが、ここで言う「志向性」は学歴達成過程における出身階層による制約を方向づける、より直接的な概念である。学歴達成過程における階層差の生成に直接的に強く関連するのは、高学歴志向と表現できるような志向性であり、保有する「資源」の用い方に影響を及ぼすと考えることができる。

　一方の「資源」とは、第1には経済的資源であり、その多寡が教育費の支払い能力に関連することが指摘できる。第3章の分析でも、特に中卒後の進学／非進学の選択に、経済的資源が独自の効果をもたらすことが示された。ただし、資源は経済的資源に限られるわけではなく、文化的資源の作用も想定できる。文化資本論における客体化された文化資本はこれに該当する。あるいは学歴達成に関わる情報の多寡や正確さなども文化的資源の1つと考えてよい。これに関連して Lucas (1999) は、第2章でも触れたように、顕在的なトラッキングが廃止されて科目選択制へ転換したアメリカの高校で、それにもかかわらず進学に有利な科目の選択と出身階層が関連することを見出しているが、その理由として、中産階層の親が各科目と大学進学との関連をよく理解していることを挙げている。

　最後に、「地位」には、社会経済的地位はもちろんのこと、文化的な地位なども含められる。地位は、様々な資源の保有状況と関連しているから、地位と資源の間には一定の相関が認められるだろう。つまり、地位は資源の保有状況を規定することで、間接的に学歴達成の階層差に結びつくというのが1つの働きである。これに加えて、地位は志向性の有り様にも影響していると考えられる。たとえば、人々が回避したいと考える相対的な下降移動の準拠点として、親の地位が作用するというのが RRA 仮説や学歴下降回避仮説の中核をなす理解であった。

　ここで、親が子どもの学歴達成に関して、何よりも地位としての学歴を志向する傾向を仮に親の「教育的地位志向」と呼ぶことにしよう。「教育的地位」という言葉はあまり聞かないが、社会的地位や社会経済的地位が社会や経済に関する地位を指すのと同様に、教育に関する地位（教育界における地位）を指

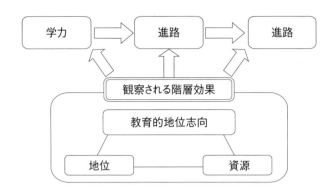

図4-5 学歴達成過程における階層差の生成モデル

す概念として設定することができるだろう。この場合、「教育的地位志向」とは、社会的地位志向や社会経済的地位志向と同じように、教育界における地位としての学歴を求める傾向という意味になる。なお、高学歴志向でなく「教育的地位志向」という言葉を用いたのは、獲得すべき地位としての学歴を求める点を強調するためである。なぜなら、第2章でも確認したように、日本の選抜システムにおいては、個人の具体的な資質を表す学力や能力よりも、獲得された学歴こそが重要な意味を持つからである。すなわち一旦獲得された学歴は、具体的な資質にかかわらず、一種の地位として通用する側面がある。また、学歴は、単に社会的地位を形成する前提条件として働くだけでなく、学歴自体が地位を表示する機能（地位表示機能）も持つのであった。

このように考えると、親の「教育的地位志向」自体に基づく子どもへの働きかけや、これに基づく様々な「資源」の動員が、学歴達成における階層効果を生む正体だと解釈できる。また、「地位」は、社会空間上に占める位置づけとして「教育的地位志向」の形成に影響するとともに、「資源」の多寡や種類を規定するものと理解される。

これを日本の学歴達成過程に沿って具体的に述べれば次のようになるだろう。すなわち、親は自らの教育的地位志向に基づいて、子どもが幼い頃から、経済的資源を用いて文化財を購入したり、学校外教育へ投資したり、進学に有利な情報に関する知識（一種の文化的資源）をベースに子どもの学習環境を整え、自らの養育態度や教育方針を方向づけることで、子どもの学力形成に寄与する

（初期学力形成効果）。また、教育的地位志向の強弱は、子どもへの学歴期待として、進路選択場面においてどの学校を選ぶかに直接的に関与する（進路制約効果）だろうし、先述した「失敗」に対する加熱・冷却においても直接的に関与すると考えられる。もちろん、言うまでもないことだが、経済的資源の多寡は費用負担能力として、進学するか否かの選択や進学先の選択に関与するだろう。ただし、第3章でも述べたように、経済的資源の多寡が常にそのまま進学に関与するというよりも、高校進学を可能にするかどうかの辺りに閾値のようなものがあり、最低限その水準を超えるかどうかにおいて最も効果を発揮する。

　ところで、「教育的地位志向」モデルの考え方は、文化資本論の理解と類似しているという印象を持つかもしれない。しかし、上にも述べたとおり、文化資本論が長期にわたる累積的な社会化を想定しているのに対し、「教育的地位志向」モデルは、親の志向性が子どもへの社会化を通じて作用することを必ずしも主なメカニズムとして想定しない点が大きく異なる。また、この志向性は、階層との必然的な結びつきを前提としないのも根本的な相違と言える。逆に、ブルデューの理解は、いくら否定しても、とりわけ初期の社会空間上の位置づけと文化資本による決定論への傾きを持つ。もちろん、志向性の水準は地位や資源の影響を受けるため、階層と相関関係を持つ。階層変数が高学歴志向と関連を持つという指摘の背景にも、こうした事情があると考えられる。

　しかしながら、子どもに高い地位を強く望むのは、自らも高い地位を獲得した親ばかりではない。相対的に低い地位の親であっても、自分と同じ苦労をさせまいとして、むしろ子どもに高い地位を強く望む例も少なくないと考えられる。一例として、経済成長と産業構造の変容が著しかった1960年代における新規学卒者の動向と農民の教育要求の高まりについて検討した伊藤（1963）の研究を参照してみよう。伊藤は、千葉県の農家への面接から、高校は「人なみに生きる」常識であると考える中農の家庭、雨漏りのする畳のない家に住みながら「経済が許せば子どもは全部（六人）高校へやりたい」と答える貧農の主人、「高校位は出ていなければあまりいい職業もない」と考えて安定した兼業先を期待する兼業農家の例などを紹介し、中農上層はかつての地主層の教育要求を、貧農層は中農層のそれを持つようになったと指摘する。親たちは、それぞれの生活水準において生活費を切り詰めながら、農家を継ぐ者に対しては農

業経営の知識や低学歴マイノリティの回避を期待し、外へ出て働く者には就業に求められる学歴水準の上昇を認識して、それぞれが子どもの高校進学を願ったのである。苅谷（1995）は、このように「教育による生まれ変わり」を期待した人々が、この時期における教育の量的拡大を支えていたと指摘する。

ところで、こうした要求は、この時代の農家に固有のものと限定的に考える必要もないだろう。伊藤が示したのは高度成長期における東京近郊の特殊事例に過ぎないが、学歴による地位達成を期待して子どもに自分よりも高い学歴を期待する傾向は、各時代の社会状況に応じて存在してきたと予想される。これに関連して、2005年SSM調査から「子どもにはできるだけ高い教育を受けさせるのがよい」という意見に対する回答を調べると、この質問はあくまで一般的な認識をたずねたものだが、中卒層でも5割強が賛成を示すことがわかる。また、第1章の図1-1を改めて確認すると、自分の子どもに高等教育を求める親の割合は、自ら高等教育を得た親世代の割合（30年ほど前の高等教育進学率が大まかな指標となる）を常に大きく上回っている。これらから、現代においても、「教育による生まれ変わり」を期待して、子どもに高学歴を求める層が少なくないと推測できる。

7.4. 検討課題の整理

以上より、進路選択時における出身階層による制約に関して、実証的な解明が求められる主な課題が定まった。すなわちウィスコンシン・モデルで指摘されたような親の教育期待と子どもの教育期待との関連について、親の志向性が長期の社会化によって子どもに内面化された結果だととらえるべきなのか、それとも親の志向性が子どもへの内面化を経ずに直接的に関与していると考えるべきなのかを解明することがそれである。

第3章の分析結果のうち、これに関連した最も興味深い知見は、比較的強い文化資本の直接効果が観察されたことである。なお、分析において具体的に検討されたのは、文化資本論的に表現すれば「客体化された文化資本」の指標であり、「教育的地位志向モデル」にあてはめれば一種の文化的「資源」とみなせる。ただし、文化資本論の議論からすれば、これは直接的には観察の難しい「身体化された文化資本」に転換している可能性があるとも言えるし、「身体化

された文化資本」と相関しているとも考えられる。いずれにしても、第3章で指摘された文化資本の直接効果には、「身体化された文化資本」の効果も含まれていると解釈することが可能である。これは、教育的地位志向モデルに即して言えば、文化資本の効果が学歴獲得に関連した「志向性」として子どもに内面化されている可能性を示している。つまり、第3章の分析で観察された客体化された文化資本の直接効果は、子どもに内面化された「志向性」を考慮しなかったために見出された、いわば擬似的な効果に過ぎなかったというわけである。

　そこで、第5章の前半では、進路選択時における出身階層による制約とは、社会的位置に応じた文化資本やハビトゥスによって、子どもの志向性が形成されることによる効果である可能性を検討する。なお、近年の日本社会においては、教育社会環境の変化により、学歴＝地位達成志向ばかりでなく、職業を通じた自己実現を目指す志向性も子どもの進路選択に影響している可能性がある。したがって、これら2つの志向性を通じた文化的再生産の可能性を検討する。

　これに対し、第5章の後半では、親の教育的地位志向が進路選択を直接に制約する可能性の検討を行う。すなわち、親の教育的地位志向が子どもに伝達されて作用する側面ではなく、それが進路選択を直接的に左右する側面に着目するのである。その際、近年における高校教育改革が選抜システムに与えた影響も考慮し、単なる進学／非進学だけでなく、カリキュラム・タイプの選択にも焦点を当てる。

注
1)　ウェーバーは、理解社会学の意義を述べた文章の冒頭で、次のように宣言している。すなわち、人間の行動に関するある解明が「明証性を特に高度に備えているからといって、そのこと自体は、まだその解明の経験的な妥当性を少しも証明するものではない（中略）いかに明証的な解明といえども、それが妥当性を伴う『理解による説明』と言えるためには、当の連関の『理解』はさらに、他の場合でも常に用いられる因果帰属という方法によって常にできるだけコントロールされねばならない」（Weber 1913 = 1990: 9-10）。
2)　木部はまた、方法論的個人主義を方法論上の支柱とする合理的選択理論では、有効な「予測」を行うには自然科学のように単純化された理論的仮定が必要だとして、選好をアプリオリに設定することを正当化しているが、実際

にはそうした合理的選択理論よりも、制度や構造の影響を考慮した分析の方が正しい予測をもたらすことも指摘している。
3) ただし、BG モデルに限らず、合理的選択理論に基づくと主張する研究においては、実際に説明を試みる際に、数理モデルを設定するのが通常であり、その点を受け入れらないという反応も多いのではないだろうか。その一因は、数理モデルそのものに対する一種の拒否感だろう。また、数理モデルでは、単純化のために様々な仮定がおかれるが、その仮定にリアリティがないと感じられる場合にも受け入れられないと感じられることが多いように思われる。ちなみに、合理的選択理論の側では、自然科学のように有効な「予測」の可能性を重視するため、仮定の真偽は問わないという姿勢に立つことが多い（木部 2001）。この点については、第2章で引用した盛山（1997）も参照されたい。
4) 日本で一般に「専門・技術職」や「管理職」と呼ばれる階級にほぼ該当する。
5) 特に条件②や③を念頭に進学か否かの決定を行っているという想定は、日本社会の選抜システムに対してはリアリティがない。
6) 後で述べるように、Breen and Goldthorpe（1997）では、意志決定を行う主体として親子を区別せず、両者を一体のものとしてモデルを設定している。したがって、上記の仮定は、「子ども」を主体にして次のように表現することも可能である。すなわち、人々は自分が親と同等以上の階層（職業）に到達できるような、つまり、自分が親より下の階層になる確率を最小化するような教育選択を行う。
7) ただし、RRA 仮説の検証を試みたと主張する研究にも、行為者の意識（下降回避心理）を直接に測定したデータに基づくものが既に多数ある（Becker 2003; Van de Werfhorst and Hofstede 2007; Stocké 2007 など）。検討の詳細については荒牧（2010）を参照されたい。
8) 彼らが使用したのは、増田幸一・広井甫の開発した「職業観診断テスト」（竹井機器工業 KK 発行）である。これは「職業や職業生活をとおして得られるもの、実現されるもののうち、何をどの程度重視しているかという、職業、職業生活に対する態度」（道脇・小倉 1970: 2）を測定したものであり、以下の5つの尺度から構成されている。
・職業における自己実現：職業に従事することによって、自己の個性・能力を発揮し、自由な自主的な活動を通して、自己の興味や理想を実現しようとする態度。
・職業の経済性：職業に従事することによって得られる収入、生活の安定、経済生活の向上などを重視する度合い。
・職業の社会的価値：職業に従事することによって得られる社会的地位、名声、威光、ないしは集団所属、社会的承認などを重視する度合い。

・職業義務感：職業の社会的有用性を極めて高く評価し、職業を義務視し、あるいはこれを神聖化して、職業の社会的有用性が個人的な要求や欲求に優先するものであると考える度合い。
・帰属性：作業集団、企業体、事業体に所属した場合、その集団に対する忠誠心、職業移動に対する抵抗性、職場での定着性などにあらわれる職場、企業体への帰属性。
　なお、各尺度に対する高校3年生の得点平均は、「職業における自己実現」から順に、21.96、16.47、14.96、14.65、11.23であり、これら5つの尺度の中では、自己実現の得点が特に高いことがわかる（道脇 1971: 3）。

9)　そもそも労働需要自体が景気や労働市場、産業・職業構造の変動に強く依存しているため、成人であっても予測は難しい。

10)　ただし、WLSは、必ずしも当初から縦断的研究を計画して実施されたわけではない。出発点となったのは、中等後教育制度の整備に役立てるため、ウィスコンシン州の全高校の最上級生を対象に進路（educational plan）について1957年に実施された調査であった。WLSの代表的研究者であるSewellは、この調査には関わっていなかったが、青少年のアスピレーションの形成と影響に関心を持つ彼にとって、このデータは有益な情報を豊富に含んでいた。そこでSewellは、全体の3分の1にあたる1万あまりのサンプルを抽出して追跡調査を開始し、結果的には40年以上の長期に亘って継続するWLSを主導していくこととなった（Sewell et al. 2004）。

11)　また、ウィスコンシン・モデルに限らず地位達成モデル一般に言えることであるが、それらが前提とする同質的な労働市場における業績主義的な地位達成は、白人男性にのみあてはまるものであり、アフリカ系アメリカ人や女性のように属性主義的基準が大きく関与する場合にはあてはまらないといった批判もなされた。

12)　ただし、後述の通り、この点については、Sewell and Hauser（1972）において検討されている。

13)　高い職業アスピレーションを持つ生徒の比率を調べたSewell and Orenstein（1965）によれば、女子では居住地による差異が認められず、男子でも社会経済的地位が低い場合や、知能が中程度の場合には差異が認められない。ただし、社会経済的地位が中位または上位でかつ知能が低い男子に限ると、居住地によって比較的大きな差異が認められている。

14)　Sewell et al.（2004: 30）によれば、トラッキングの効果を統制しても、友人アスピレーションの独自効果は若干残されるようである。しかし、それは教育アスピレーションに対する階層の影響と直接には関わらないことである。結局、階層の影響としては、何より「親の励まし」に着目すべきだという結論に変わりはない。

15)　客観的可能性の内面化についてはBourdieu and Wacquant（1992 = 2007）

でも言及されている。
16) Bourdieu（1970＝1991：177）には、成功確率（進学後の成績など）と移行確率（進学あるいは「自己排除」するか否か）を区分した記述があるが、ここではそうした区分とは関わらず「成功のチャンス」と言っているようである。
17) 厳密に言えば両者には違いがあり、ブルデューでは同じ社会空間で過ごす親子の間で文化資本の伝達とハビトゥスの形成がほぼ自動的に行われるため、親子の違いが存在しないかのように扱われている一方で、合理的選択理論を代表する Breen and Goldthorpe（1997）では、親子を単一の意志決定主体とみなすことが明言されている。
18) このように述べるとハビトゥスは宿命論のように感じるかもしれないが、ブルデューによれば、そうではない。ハビトゥスは、常に直面する新しい経験から影響を受け、また、意識化することによって、意図的に変更することも可能であると想定されている。ところが、「最初に自分のハビトゥスを形作った環境と一致する環境に出会うよう、そして自分の性向を強化することになる経験をするように運命づけられている」（Bourdieu and Wacquant 1992＝2007：177）とも言っている。

第 5 章

高校生調査の分析
―― 価値志向の伝達と進路選択の直接的制約 ――

　前章で述べた通り、本章では次の2つの観点から、進路選択に対する階層の影響について検討する。第1の観点とは、学歴達成を方向づける価値志向が、家庭内で長い時間をかけて親から子へ伝えられ、それが進路選択に影響する側面に着目するものである。これに対して、第2の観点では、こうした長期にわたる価値志向の親子間伝達を経ることなく、具体的な進路の選択に親が直接的に関与する側面を重視する。

　果たして、どちらの見方が、現代日本における高校生の進路選択を適切に説明できるだろうか。これを検討するための準備として、まずは、今日の高校教育と高校生たちをめぐる状況を確認することから始めよう。

1. 価値志向の伝達による再生産

1.1. 価値志向と学歴達成

　第1の観点について検討するために、まず、進路選択に関わる価値志向について考えてみよう。戦後の大衆教育社会（苅谷 1995）を通じて広く世間に共有され、激しい受験競争を後押ししてきたのは、「いい学校に入り、いい会社に入る」ことを目指す傾向、つまり高学歴の獲得を通じた高い社会経済的地位の獲得欲求（学歴＝地位達成志向）だと見なされてきた。もちろん、受験競争の過熱を是正するために展開された「ゆとり教育」政策の進行や、「学歴よりも実力」を重視する風潮の広がりなどは、この志向性を弱めた可能性がある。少子化を背景とした大学入学の容易化や入試の軽量化（荒井 1999）、すなわち入試で課される教科・科目数の減少も、同様の効果を持ったかもしれない。しか

し、社会的地位の獲得における学歴の重要性は依然として高く（強いED関連）、学歴別賃金格差も維持されている（近藤1998a；原・盛山1999）。そのため、高い社会的地位の獲得を目指す者にとっては、従来通り、高学歴の獲得に努めることが「成功」の蓋然性を高める方法であることに変わりはない。

　ただし、第4章での議論を思い出してみると、高校生の主観的な進路選択において重要なのは、学歴＝地位達成志向ばかりではないと考えられる。とりわけ、職業希望の形成においては、職業を通じた自己実現を求める傾向も重要な役割を果たしていることが明らかにされている（荒牧2001）。とはいえ、これは職業希望についての結果である。また、第4章では、職業希望と教育期待を相対的に独立したものだと考えるべきことを指摘したのだった。それでは、職業希望とは必ずしも直結しない教育期待の形成に対して、自己実現志向はいかなる影響を及ぼすと考えられるだろうか。

　ここで教育改革の動向に目を向けると、臨時教育審議会以降のいわゆる「ゆとり教育」路線においては、詰め込み教育を改めて「過度の受験競争」を緩和し、生徒の興味・関心や内発的学習を尊重する改革が進められてきたのであった。また、少なくとも学力低下論争が活発化するまでの間、こうした動きは広く世間一般にも支持されてきたと言える。したがって、こうした傾向に適応的な考え方、すなわち自らの興味・関心や内発的な動機づけにしたがって物事に取り組むことを求める傾向は、現代の日本社会に広く浸透していると言えるだろう。とはいえ、この志向性の強弱には当然のことながら個人差がある。ここから、自己実現志向の強い者ほど学習意欲が高くなり、その結果として高い教育期待を持つという因果メカニズムの働いている可能性が指摘できる。

　以上のように考えるならば、高校生の学習意欲や教育期待の形成に強く関与する価値志向として、「学歴＝地位達成志向」と「自己実現志向」に着目することは有益だろう。では、これらの志向性は学歴達成の階層差とはどのように関連するだろうか。この点を考察する上でヒントを与えてくれるのが、苅谷（2001）の展開した、「意欲格差社会（インセンティブ・ディバイド）」論である。苅谷は「ゆとり教育」改革の進行、あるいは「生きる力」や「新しい学力観」などのように子どもの主体性を重視した学力観に基づく教育改革は、その本来の意図に反して、全体的に学習意欲を低下させるとともに、学習意欲の階層差をも拡大させたと主張した。

というのも、ゆとり教育路線は、受験競争の過熱に対する反省から学校教育における勉強圧力を弱めたが、それは家庭背景の違いが子どもの学習意欲を直接的に左右する傾向を強めた。その結果、学習意欲による階層差の拡大した「意欲格差社会」をもたらしたというわけである。しかも、この主張は単なる予想や先入観に基づいてなされたわけではなく、客観的なデータ(エビデンス・ベースド)に基づいて行われたため、社会に強いインパクトを与えることとなった。

ところで、苅谷の主張の根拠になったのは、同じ高校を対象に1979年と1997年に行われた調査（樋田ほか2000）の結果であった。このデータを用いた分析結果のうち最も重視されたのが、低階層の生徒ほど学習時間が短くなる（特に学習時間ゼロの生徒が増加）とともに内発的学習意欲が低下しているという指摘であった。もちろん、こうした事態をもたらした原因が「ゆとり教育政策」にあると言えるかどうかには疑問もある。しかし、出身階層と学習意欲の関連を指摘したという意味で、苅谷の主張は大いに注目される。というのも、これらの指摘は、高階層の家庭ほど学歴達成に有利な価値志向（一種の文化資本）が伝達されていることを意味している可能性があり、日本社会にはあてはまらないと言われてきた文化的再生産のメカニズムが、日本でも働き出したことを示唆するからである。

この考え方にしたがって、具体的な予想を述べるならば、次のようになるだろう。すなわち、出身階層と学習時間に関連があるのは、階層が高いほど学歴＝地位達成志向が強く、学歴＝地位達成志向が強いほど学習時間も長いという因果連鎖によるのだと。あるいはまた、子どもの主体性を重視する教育政策の進行が学習意欲の階層差を助長したという主張は、相対的に恵まれた家庭の子どもほど自己実現志向を強く内面化しているため、それに基づいて学業上の成功を修め、結果的に学歴達成の階層差が生み出されるというメカニズムが働いている可能性を示唆する。こうした予想と対応した結果は、別の調査によっても報告されている。高校生とその親を同時に対象とした調査データの分析を行った片瀬・梅崎（1990）は、上記の2つの価値志向と類似した概念に着目して分析を行い、親子の考え方に一定の関連が認められることを明らかにしている[1]。

1.2. 第1の分析課題

　学習意欲における階層差の拡大という苅谷（2001）の指摘は重要な意味を持つ。ところが、その主張を支える実証的根拠は、実は、必ずしも盤石とは言えないものだった。特に問題なのは、生徒達の在籍する高校が考慮されていない点である[2]。なぜなら、高校を考慮しない場合、学習意欲に対して家庭背景が直接的に関与するのか、それとも高校のタイプ・ランクを経由して間接的に影響しているのかが判然としないからである。直接であれ間接であれ、階層の影響があることに変わりはないのだから、なぜその点にこだわる必要があるのかと疑問に思われるかもしれない。しかし、仮に後者の理解が正しければ、「家庭内での親子間の交流によって長い時間をかけて伝達された価値志向が学習意欲の階層差を生み出す」といった想定が誤っていることを意味することになる。そのため、なぜ階層差が生まれるかを問題にする本書にとっては、両者を区別して妥当性を検討することが、むしろ大きな意味を持つのである。

　図5-1は、上記の論点を明確にするために設定された分析枠組である。主な関心は、価値志向の親子間伝達を媒介とした出身階層の影響が、調査データによって認められるかどうかを明らかにすることにある。具体的には、価値志向と出身階層との関連（矢印③）および、価値志向と学習意欲や進路選択との関連（矢印④）が認められるか否かを確認することになる。一方、出身階層が高校ランクを経由して間接的に影響すること（矢印①）や、高校ランクをコントロールしても直接的に影響すること（矢印②）は、これまでの研究によっても繰り返し確認されてきた。ただし、価値志向を媒介したメカニズム（③④）と同時に考慮した場合に、これらの影響（①②）が従来と同じように認められるかどうかは、実際に調べてみなければわからない。特に注目されるのは、これらの効果が消失したり弱まったりするか否かである。価値志向を媒介したメカニズムを考慮することによって、仮にこれらの効果が消失してしまうなら、従来の認識とは異なり、価値志向の内面化を媒介した影響こそが、学歴達成の階層差を生み出す主な原因だと言えるからだ。

　以上のような観点から、高校生の学習意欲や教育期待の形成における価値志向の機能、とりわけこれらの内面化を媒介した階層再生産が成立する可能性について検討するのが第1の課題である。

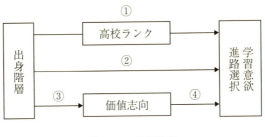

図5-1 分析枠組

2. 親の価値志向による直接的制約

2.1. 親の価値志向と進路選択

　本章のもう1つの目的は、子どもの進路に関する親の教育的地位志向が、長い時間をかけた子どもへの伝達という経路を経ずに、進路選択を直接的に左右している可能性を検討することである。この進路制約効果は、高校入学時と卒業時の2つの移行において働くと考えられるので、まずは、近年の高校教育改革が教育選抜システムに与えた影響について確認しておく必要があるだろう。
　第2章でも詳しく述べたように、トラッキング研究の対象は、トラックへの配置や移動、卒業後の進路との関連、意識や態度への影響など多岐にわたっており、それらの効果についても様々な分析結果が示されてきた。しかしながら、トラックの構造をとらえる視点、つまり、トラックは生徒の学力や卒業後の進路の水準と対応して序列的に階層化されている、ととらえる点では共通していた（Gamoran and Berends 1987; Oakes et al. 1992; Pallas et al. 1994; Lucas 1999など）。トラック構造が学校を単位として形成されている日本国内では、中心的な関心は外在的な学力別トラッキング（菊地 1986）にあったが、これは高校を単位としたカリキュラムの「序列的階層性」が及ぼすトラッキング効果に注目してきたことを意味している。いずれにせよ、中等教育段階におけるトラッキングによって学歴達成が方向づけられ、到達した学歴水準が社会的な地位配分と強く関連（強いED関連）する国々において、研究者の関心がそこに向けられてきたのは当然だろう。

ただし、近年の日本における高校教育改革の動向をふまえるならば、これとは異なる視点からもトラッキングの構造をとらえなおす必要があるように思われる。というのも、近年の改革は、「多様な生徒の実態に対応し、生徒の個性を最大限に伸長させるため、生徒の学習の選択幅を拡大するとともに、多様な特色ある学校づくりを行うことが必要である」（文部省1995: 17）という認識に基づいて進められているからである。具体的には、総合学科や特色ある学科・コース・類型の設置、学校設定科目の開設、生徒による選択幅の拡大といった変化が生じている。これらの変化は、垂直的な序列的階層性にのみ着目した従来のトラッキング研究の枠組では、カリキュラム編成の影響を十分にとらえられなくなった可能性を示唆する。

　では、様々な側面から進められた改革の影響について、具体的にどのように把握するのが妥当だろうか。ここで、カリキュラムの編成構造に対する影響という観点から諸改革の特徴を整理してみると、基本的には次の2つの方向に向かう変化として把握できることがわかる。1つはカリキュラムの特化、すなわち国際・演劇・情報・福祉など従来の枠に収まらない多様な専門的学科・コース・類型を設置する動き（高等学校の特色ある学科等研究会 1999）であり、もう1つは選択の自由化、すなわち生徒による科目選択の自由度を拡大する動きである。

　次に考えるべきは、こうしたカリキュラム改革の新しい方向性が、学歴達成過程における階層差の発生に対して、いかなる意味を持つかである。これを見極めるには、ソレンセンによる先駆的な理論的考察（Sørensen 1970）が参考になる。ソレンセンは様々な角度から検討を行っているが、特に重要なのは、カリキュラムの割当に非認知的要素が導入されるほど、家庭背景による分化が助長される可能性があるという指摘である。なぜなら、様々な専門領域へと特化したカリキュラムの選択において、行為者の好みや希望という非認知的要素が導入されることで、親の志向性の違いが関与する余地を生み出したのではないかと予想できるからだ。これは日本の現状に即して考えるなら、まずは、高校入学時点におけるカリキュラムの種類の選択にあてはまると言えるだろう。また、高校入学後における科目の選択に関しても、同様のメカニズムが働いている可能性もあるため、この理解が正しければ、選択の自由度の高いカリキュラ

ムにおいて、親の意向が強く関与するという予測も成り立つ。

2.2. 第2の分析課題

　日本でトラッキング研究が盛んに行われた1970〜80年代に最も注目されたのは、先述の通り、高校の序列的階層性とその効果であった。もちろん、カリキュラムの質的差異にも関心は向けられたが、時代的な制約もあり、検討されたのは普通科と職業科の差異に限られた。しかも「普通科か職業科かによって、あるいはまた、進学校かそうでないかによって、上級学校に進学するかどうかに著しい差が見られる」(藤田1980) という記述に象徴されるように、質的な差異は、結局のところ、序列的階層性に還元して理解されてきたのだった。今日の水平的多様性も従来の認識通り序列的階層性に還元されてしまうのだろうか。議論の前提として、まずは、この点を確認しておく必要がある。

　一方、1990年代に入ると、生徒の個性尊重を理念とする「新しいタイプの高校」に着目した事例研究（小川 1993; 飯田 1996; 菊地 1996; 岡部 1997; 田中 1999など）が数多くなされるようになる。そこでは、新タイプ校における大幅な科目選択制が理念通りには実現せず、枠づけと効率的履修をもたらしたことが指摘された。同様の知見は、普通科における多様化されたカリキュラムの研究でも確認されている（荒牧・山村 2000, 2002）。これらの研究成果は、教育政策や教育改革の効果を論じる文脈では、大変に重要なものである。ただし、本書の立場からは残念なことに、そうした改革が学歴達成の個人差にどう影響したのかは必ずしも検討されていない。

　その意味で注目されるのは、耳塚・菊地（1993）と荒川（田中）（2001）である。耳塚らは総合制的システムである総合選択制高校と選抜的システムである標準的な学校を比較し、前者は成績下位者に対するアスピレーションの冷却がないと同時に、上位者への加熱も働かないことを明らかにした。また荒川（田中）（2001: 182-183）も普通科と「新しいタイプの高校」をともに対象とした研究を行い、新タイプ校の「成績下位者に対して働く冷却メカニズムが、興味関心にむけて生徒を引きつけながらいつしか業績主義的な競争から撤退させる冷却（cooling out）へと変化している可能性」を指摘する。つまり、カリキュラムの編成方法は、大学進学に向けた枠づけの強弱という形で生徒の意識形成

に影響することを通じて、大学進学希望を促進／抑制する可能性があるということになる。ただし、彼らの分析はアスピレーション形成における普通科と新タイプ校との比較にとどまっており、出身階層の影響は不問に付されている。彼らの着目したような、カリキュラムの編成方法によるアスピレーションの加熱・冷却は、学歴達成の階層差にどのように関連するのだろうか。これを明らかにするには、カリキュラム選択に関わる親の志向性の相違に着目することが重要なのではないかと考えられる。

　以上をふまえて、後半の分析では、高校生の進路選択に対する直接的な制約効果の内実を詳細に検討しよう。具体的には、まず、様々なタイプのカリキュラムに対する親の志向性の相違が、高校の選択を直接的に左右している可能性を検討する。その際、従来から検討されてきたアカデミック・トラックばかりでなく、カリキュラム・トラックという観点も考慮に入れながら解明していく。また、高校卒業時の移行においても、アカデミック・トラックのみを焦点としてきた従来の枠組では不問に付されていたような側面、すなわち自由度の高いカリキュラムほど階層差が大きいのか、カリキュラム・タイプによって卒業後の進路は異なるのか、そうしたカリキュラム・タイプの効果を考慮してもなお、卒業後の進路に対する親の志向性の違いが関与するのか、などについて検討する。以上が第2の目的に対応した具体的な検討課題になる。

3. データと変数の構成

3.1. データ

　本章の分析に使用するデータは、2001年の6月から7月にかけて、東京都内にある27の高校に在籍する3年生を対象にして筆者の実施した質問紙調査の結果である。調査では、教科・科目の履修状況、成績、学習意欲、高校生活、教育期待と選択基準、社会意識、家庭背景などについてたずね、HRや授業時間の一部を使った集合調査法（自記式）によって回答してもらった。最終的に2,220名から回答を得ている。詳細は巻末の資料（調査票）を参照されたい。

　調査対象を東京に限定したのは、本書の目的にとって、以下のような様々な意味で時代の先端的傾向が現れると期待される大都市部に着目することが有効

だと考えたからである。①生徒の意識や行動様式の現代的特徴が現れやすい。②多種多様な階層の生徒が含まれ得る。③今日の改革動向に対応した新タイプ校はもとより、選択の自由度が特に高い「自由選択制（後述）」を導入するなど様々なタイプの学校が存在する。

調査対象校の選定に当たっては、幅広い学力層の生徒をなるべく均等に含むこと、多様なカリキュラム編成の学校を含むことなどを考慮し、①まず普通科において、大学進学率ランクごとに、文系・理系に分ける伝統的なカリキュラム編成の学校とそうした分類を行わない学校を均等に含むようランダムに抽出し、②さらに、ランクごとの学校数が均等になるように配慮しながら、特徴的なコース・類型を設置する学校、専門学科や総合学科を加えた。大学進学率ランク（卒業生に占める大学進学者比率）ごとの学校数の構成比は、東京都全体：対象校の順に、「50％未満」が33％：30％、「50～90％」が35％：30％、「90％以上」が31％：40％であり、進学校の比率が少し高い[3]。

3.2. 価値志向尺度の構成

初めに、第1の分析課題に用いる2つの価値志向尺度の準備を行おう。卒業後の進路や職業の選択において、社会的地位の高さや収入などの外的基準を重視する度合いが強ければ地位達成志向が強く、自分の興味・関心や知識・技術などの内的基準を重視する度合いが強ければ自己実現志向が強いと判断できるから、そうした質問への回答を用いて2つの志向性を構成することにしよう。

調査では、自分の職業や勤め先を選ぶ時「失業のおそれがない」「高い収入が得られる」「社会的地位が高い」「自分の知識や技術が生かせる」をどの程度重視するか、および卒業後の進路を選ぶ時に「自分の興味・関心」をどの程度重視したかの合計5項目について「とても重視する」から「まったく重視しない」までの4点尺度で回答してもらっているので、これらを用いて主成分分析を行った。その結果、全分散の68％を説明する、極めて明瞭な構造を持った固有値1以上の主成分が2つ抽出された（表5-1）。第1主成分は「失業のおそれがない」「高い収入が得られる」「社会的地位が高い」に、第2主成分は「自分の知識や技術が生かせる」「自分の興味・関心」に対し高い負荷量を持っており、前者を地位達成志向の、後者を自己実現志向の尺度と解釈することが

表5-1　進路選択基準の主成分分析

	地位達成志向	自己実現志向
失業のおそれがない	**.808**	.009
高い収入が得られる	**.857**	.001
社会的地位が高い	**.818**	.002
自分の興味・関心	-.131	**.805**
自分の知識や技術が生かせる	.142	**.800**
固有値	2.1	1.3
寄与率	42%	26%

注）ヴァリマックス回転後の因子負荷量。N=1,507

できる。ここで「職業はお金を得るためだけのものとして割り切り、職業以外の生活に自分の生きがいをみつけたい（手段的職業観）」[4]という質問項目との相関係数を求めると、地位達成志向は＋0.255、自己実現志向は－0.177（ともに1％水準で有意）となった。これは、地位達成志向が強いほど手段的職業観が強く、自己実現志向が強いほどそうした傾向が弱いことを意味しており、上記の解釈と整合的だと言える。したがって、これらの主成分得点を2つの価値志向の尺度として用いることにする。ただし、回帰分析における解釈を容易にするため、値の範囲が0から10となるように一次変換してある[5]。

　なお、ここで構成した地位達成志向は、「いい学校に入って、いい会社に入る」ことの前半部分、すなわち高学歴の獲得には直接言及していない。しかし、高い社会経済的地位の獲得を重視する者は、その手段として高学歴の獲得が不可欠だという認識を持つことが予想できる。このことを調査データによって確認してみると、「どんな学校を出たかによって人生がほとんど決まってしまう（学歴決定観）」という質問への回答と地位達成志向との相関係数は、＋0.214（1％水準で有意）であった。よって、ここで構成した地位達成志向は、高学歴の獲得を通じた高い社会経済的地位の獲得志向（学歴＝地位達成志向）を意味していると解釈できるだろう。

　ところで、これらの結果は、職業希望と教育期待を区別すべきであるという第4章での議論と矛盾するように感じられるかもしれない。しかし、第4章の主張は、大多数の高校生が、希望する職業の社会経済的地位の高さおよび必要

とされる学歴水準を前提として、教育期待を決定しているという理解を否定することであった。一方、ここで問題にしているのは、高い社会経済的地位を求めて職業を選ぶ者は、同時に高学歴を志向する傾向があるということである。すなわち、学歴＝地位達成志向は、高校生全体の教育期待を形成する主要因ではないけれども、そうした志向性を強く持って教育期待を形成する者も当然ながら存在しているというわけである。このように考えれば、前章と本章の議論は整合性のあることが理解されるだろう。

3.3. カリキュラム編成タイプの類型化と変数の構成

　次に、後半の分析で用いるカリキュラムの類型を準備しよう。第2節で述べたように、本書の目的に照らして今日の多様なカリキュラムを分類するには、①「生徒の多様な個性」に教科・科目の構成面でどう対応しているか（特化の有無と内容）、②生徒による選択幅をどう設定しているか（選択性の高さ）、の2次元から検討することが有効である。

　まず①の特徴をとらえるため、ここでは「アカデミックな教科（国語・地理歴史・公民・数学・理科・外国語の6教科および関連する専門教科）」とそれ以外の「専門教科（主に職業系の教科）」の構成に着目し、前者に特化するタイプ／後者に特化するタイプ／いずれにも特化しないタイプに3分割した。言うまでもないことだが、アカデミックな教科に特化したカリキュラムは大学進学への枠づけが強く、専門教科に特化したカリキュラムは学業以外の専門的な内容への枠づけが強く、いずれにも特化しないカリキュラムは枠づけが弱いということになる。

　このうち専門教科へ特化するカリキュラムの判別は明快である。多くの場合が専門教科をせいぜい数単位しか設定しない一方で、20～30単位以上を開設しているからである。他方、アカデミックな内容を重視するか否かは普通科における標準的な編成との比較によって判断した。調査時点における学習指導要領の標準単位数の規定および荒牧・山村（2000）による教育課程表の分析を参考にすれば、教科・科目の標準的な総履修単位数は3年間で合計90単位であり、このうち保健体育・家庭・芸術に19単位、残りの71単位をアカデミックな教科に割り当てるのが一般的な編成となる[6]。アカデミックな教科に割り当

てる単位数がこの基準を上回れば、そこに特化していると判断できる。その実現には、敢えて標準から逸脱して他の時間を削減するか、全体の授業時間数を増やす必要があることからも、この判断は妥当と言えよう。

 ２点目の生徒による選択性の高さは自由選択制の導入状況によって判断した。自由選択の定義は学校により異なる面もあるが、①総履修単位数を生徒の裁量で選択でき（量的自由）、②選択可能な内容が教科の枠を超えて設定されている（質的自由）、という２条件を満たす点で共通している。ただし選択可能な範囲がほとんどアカデミックな教科に限られる場合、実質的には文理の別を選択しているに過ぎない。ここでは自由選択単位のうちアカデミックな教科以外にも割り当て可能な範囲だけをカウントし、それが８単位を越える場合にのみ自由度が高いと定義した。これらのカリキュラムでは、生徒の判断によって週当たり数時間の「空き時間」を作ることも可能である。量的にも質的にも生徒による裁量の幅が広い、極めて自由度の高いカリキュラムと言える。

 上記にしたがって特化の状況と自由度の設定を組合せると、理論上は６つのカテゴリーが作成可能である。しかし、専門重視かつ自由度の高いカリキュラムは存在しなかったので、「学業重視で自由度が低い（学業重視型）」「学業重視で自由度も高い（学業自由型）」「自由度が高く内容が特定教科に偏らない（自由尊重型）」「内容的にも自由度の面でも標準的（標準型）」「専門重視で自由度が低い（専門重視型）」という５つのカリキュラム・タイプが構成された。

 表５-２は、「アカデミック教科」「専門教科」「総履修」「自由選択目」の４カテゴリーについて、各カリキュラム・タイプの履修単位数の平均値を示したものである。ただし、後半の分析では、高校入学時のカリキュラム選択を問題としているため、この集計には中学校を併設する５校分のデータは含まれていない。また、各履修単位数は、それぞれのカテゴリーを最大限履修した場合の値を示してある。ここから以下の特徴が指摘できる。①学業重視の２類型は、アカデミック教科と総履修単位数が多く専門教科を設置しない点で酷似するが、自由選択科目の単位数が大きく異なる。②自由尊重型はアカデミック教科と総履修単位数が少ない一方、専門教科と自由選択科目の単位数が多い。③標準型は上述の標準的な編成にほぼ一致する。④専門重視型はアカデミック教科と自由選択科目の単位数が最も少なく専門教科の単位数が最も多い。

表5-2　カリキュラム・タイプ別にみた履修単位数の平均値

	学業重視型	学業自由型	自由尊重型	標準型	専門重視型	全体
アカデミック教科	78.0	77.3	64.3	69.1	47.3	66.5
専門教科	0.0	0.0	20.0	0.5	35.7	11.8
総履修	95.3	96.3	83.3	90.3	92.5	91.2
自由選択科目	4.0	14.5	21.1	4.6	0.8	7.7
クラス数	12	4	9	11	10	46

3.4. その他の変数

目的変数

　学習意欲に対応した目的変数としては、学習時間と内発的学習態度を、卒業後の進路選択に対応する目的変数としては、高等教育（大学・短大）への進学を希望するか否か、および、「大学（短大を含む）進学」「専修学校専門課程（以下、専門学校）進学」「就職」のいずれを希望するかの3項選択という2種類を用いた。

　学習時間は、学習意欲の表れを量的側面からとらえたものであり、努力の指標（苅谷2001）ともみなし得る。調査では、「あなたはふだん（学校のある平日）学校の授業が終わった後でどれ位の時間勉強しますか」と尋ね、学習塾などでの勉強時間も含めた1日の平均学習時間について、「全くしない」「15分」「30分」「1時間」「1時間半」「2時間」「2時間半」「3時間」「3時間半」「4時間以上」から最も近いものを選んでもらった。分析では、これを時間に直した値を用いた[7]。

　内発的学習態度の獲得は今日の教育政策における重要な教育目標であり、学習意欲をひとつの質的側面からとらえたものと言える。その尺度化には、「自分の進路に関係ない科目は学びたくない」「はっきりとした答えが出ない問題には興味が持てない」「なぜそうなっているかわからなくても、答えが合っていればいいと思う」の3項目について「よくあてはまる」から「全くあてはまらない」まで4点尺度で質問した結果を利用した。これらに対する回答を主成分分析したところ分散の50%を説明する固有値1を超える主成分が1つ抽出された。この主成分得点が低いほど自らの興味関心に根ざした内発的学習態度を持っていると解釈できるため、この得点の符号を逆転したものを「内発的学

習態度」の指標として使用する。

階層変数

　出身階層の指標としては両親の学歴（教育年数）を用いる。学習意欲や進路選択、価値志向の形成には、親の教育程度が強く関係していると予測されるからである。調査では父親の職業についてもたずねているが、学歴だけを使用する場合より欠損データ数が多くなる、調査に用いた質問項目では事務職と管理職を明確に区別できないなどといった難点がある。後者に関しては、たとえ質問上で両者を明確に区別したとしても、よほどの工夫をしなければ、高校生に正しく回答してもらうことは難しいとも思われる。とはいえ、父親の職業がホワイトカラー職であるか否かを区別するダミー変数を用いた分析は、本データでも可能である。したがって、父親の職業としてこの2区分を用いながら、「父親の職業と母親の学歴を用いる場合」「父親の職業と父親の学歴を用いる場合」という組合せでの分析も試みた。その結果から得られる解釈は、後に示すものと基本的には変わらなかったが、いずれの場合も両親の学歴を使用した場合と比べて出身階層の効果が弱く検出され、モデルの適合度も悪かった[8]。したがって、本章では、出身階層の指標として親の学歴のみを用いている。

その他の変数

　高校ランクの指標としては入学偏差値を用いた。なお私立学校では、入学者選抜の段階から複数のコースに分け、入学後も異なるカリキュラムを学ばせる制度を導入している例が少なくない[9]。われわれの調査対象にもそうした学校が含まれたため、それぞれのコースに対応した偏差値を与えた[10]。対象校（およびコース）の偏差値の範囲は、38から73と広範囲に渡る。なお、入学後に科目を選択することによって、文系・理系などの類型に分化するカリキュラムもあるが、その場合には入学段階での区別はないため、同じ偏差値が付与されている。

　高校の成績について、調査では、履修教科・科目別に現在の学校での成績を5段階で自己評価してもらった。しかし、地歴・公民や理科に関する科目は、非開設であったり生徒が選択しなかったりして未履修となることが多い。一方、

国語・数学・英語は未履修者がいない上、核となる教科とみなし得る。よって本章ではこれら3教科の合計点を「高校の成績」として用いた。なお、回帰分析での解釈を容易にするため10点満点に換算した値を用いている。

性別は男子を「1」女子を「0」とする「男子ダミー」として用いた。

4. 価値志向伝達説の検討

4.1. 価値志向と諸変数の関連

本節では、第1の分析課題である価値志向の親子間伝達による再生産の可能性について検討する。第1節で述べた通り、ここでの主な検討課題は、価値志向と出身階層との関連が認められるか否か（図5-1の矢印③）および、他の要因をコントロールしても価値志向が学習意欲や教育期待に効果を持つか（同じく矢印④）である。

初めに諸変数間の相関係数を表5-3に示した。何より興味深いのは、地位達成志向が父母の教育年数とまったく関連しないことである。一方、自己実現志向は、母親の教育年数と弱い正の相関を持つ。ただし、その自己実現志向が関連するのは学習意欲だけであり、大学進学希望とは関連しない。したがって、この結果から判断する限り、親が高学歴であるほど2つの価値志向を強く持ち、それが学習意欲や教育期待を高めることを通じて、結果的に高い学歴を達成するといった因果メカニズムは生じていないと言えることになる。

ただし、2変数間の相関係数だけから判断するのは危険である。そこで、地位達成志向と自己実現志向のそれぞれを目的変数とし、父母の教育年数、高校の偏差値、高校の成績、性別の5項目を説明変数とする重回帰分析も行ってみた。その結果、統計的に有意な効果を持つ変数は、地位達成志向については高校の成績のみ、自己実現志向についても高校の成績と性別のみであり、高校ランクや父母の教育年数は有意な効果を持たなかった。第4章で指摘したように、子ども自身の価値志向の形成には、子どもの生活世界こそが重要なのだろう。ここから、先に観察された自己実現志向と母親の教育年数との弱い関連は疑似相関と判断され、やはり価値志向の形成を通じた再生産説は否定される。

それにしても、価値志向が階層と関係しないのは非常に興味深い。第1節で

表5-3　変数間の相関係数

	学習時間	内発的学習	大学希望	地位達成	自己実現	父教育	母教育	偏差値	成績
学習時間									
内発的学習	.149**								
大学希望	.458**	.156**							
地位達成	.118**	-.156**	.105**						
自己実現	.135**	.107**	.025	.000					
父教育年数	.245**	.086**	.290**	.001	.032				
母教育年数	.209**	.061*	.262**	-.013	.056*	.531**			
高校偏差値	.563**	.190**	.494**	.019	.017	.334**	.336**		
高校の成績	.248**	.142**	.201**	.084**	.143**	.053*	.050	.081**	
男子ダミー	-.040	-.050	.108**	.024	-.156**	-.016	-.001	.045	-.136**

注）*$p<.05$　**$p<.01$　N = 1,507

は、価値志向の階層差を疑わせるような社会の変化をいくつか指摘したが、それにもかかわらず、関連は認められなかったのである。見方を変えれば、教育達成や地位達成に関わる価値志向に階層間での断絶がないからこそ、大衆教育社会が成立したということになるのかもしれない。ただし、そのように結論づける前に検討すべき課題が残っている。ここでは、あくまで親の学歴と子どもの価値志向の関連を取り上げたに過ぎず、価値志向自体の親子間相関について直接に調べたわけではないからである。これに関連して、親子を組にした調査データを用いて分析を行った片瀬・梅崎（1990）は、本章と類似の指標を用いて、親の価値志向と子どもの価値志向が関連することを明らかにしている。したがって本書でも、高校生と保護者を同時に対象とした調査のデータを用いて、第6章で改めて検討することとしよう。

一方、2つの価値志向が偏差値でなく高校の成績とのみ関連する点を参考にすれば、これらの志向性が学校生活への適応状況と関連するのではないかという予測が成り立つ。そこで、学校生活への適応と関連した2つの質問項目、「学校行事に熱心である」と「学校には何でも話せる友人がいる」に対する回答（「よくあてはまる」から「全くあてはまらない」の4点尺度）と、2つの価値志向との相関係数を求めた。すると自己実現志向のみが、学校行事と＋0.174、友人関係と＋0.145の統計的に有意（ともに1％水準で有意）な正の相関を持っていた。ここから、自己実現志向は、学業に限られない様々な側面における学

校生活への適応の良さとも関連しながら形成されていることがわかる。
　以上に確認した関連が他の変数を統制しても認められるのか、多変量解析によって確認してみよう。

4.2. 学習意欲の階層差と価値志向

　学習時間と内発的学習態度を目的変数として線形重回帰分析を行った結果を表5-4に示した。モデルの適合度を表す指標（BIC）は、値が小さい（絶対値の大きな負の値）ほど、データに対するモデルの適合がよいことを表す。2つのモデルを比較する場合、適合度の改善が2以上であれば考慮に値し、「6～10」であれば違いは大きく、「10以上」であれば非常に大きいとの判断が可能であり、しかも完全な階層関係にない場合にも適用可能であるという便利な性質を持つ（Raftery 1995）。なお、モデルに高校の成績が含まれていないのは、成績が高いから前向きに学習するとも、学習意欲が高い生徒ほど成績が高くなるとも考えられ、一方向的な因果関係を想定することに無理があると判断したからである。ちなみに、あえて高校の成績を説明変数に加えると、性別の効果が消え、価値志向の効果が若干弱まるという違いが見られるが、いずれも後述の議論には影響しない[11]。

　まず学習時間について、モデル1から明らかなように、両親の学歴は統計的に有意な効果を持つ。ただし、それらによって説明される分散の割合（決定係数R^2の値）は7％と多くない。ところが、これに高校偏差値を加えたモデル2では、説明される分散の割合が33％にまで増える。ここから明らかなように、高校偏差値を追加したことの検定結果は統計的に有意（表の最下段に示した「追加項のp値」を参照）であり、モデルの適合度を表す指標（BIC）の値も大幅に改善されている。注目されるのは、モデル2において、母学歴の効果が消え、父学歴の効果も大幅に小さくなっていることである。これは、出身階層による影響の大半が、高校ランクを経由した間接的なものであることを意味する[12]。とはいえ、モデル2においても父学歴が統計的な有意性を保っていることから、高校ランクに解消されない出身階層の直接効果も残されていることがわかる。つまり、学習時間の階層差は、主として高校ランクを経由した間接効果（図5-1の矢印①）によって生まれるが、それを経由しない直接効果（同じく矢印

表5-4 学習時間と内発的学習態度の重回帰分析

	学習時間			内発的学習態度		
	モデル1	モデル2	モデル3	モデル1	モデル2	モデル3
父教育年数	.134**	.048*	.047**	.035*	.016	.016
母教育年数	.086**	-.008	-.011	.011	-.010	-.015
男子ダミー	-.114	-.196**	-.148*	-.101	-.119	-.080
高校偏差値		.075**	.075**		.017**	.018**
地位達成志向			.080**			-.079**
自己実現志向			.116**			.065**
定数	-1.327**	-2.993**	-4.426**	-.644**	-1.025**	-1.135**
決定係数（R^2）	.070	.325	.350	.010	.040	.075
適合度（BIC）	-87	-563	-605	7	-32	-73
モデルの比較	——	1との比較	2との比較	——	1との比較	2との比較
追加項の p 値		.000	.000		.000	.000

注）*$p<.05$ **$p<.01$ N = 1,507

②）も働いているということになる。

　以上の基本的な関連を念頭におきながら、価値志向の直接効果についても検討してみよう。結果はモデル3に示した通りで、高校生の学習行動を左右する極めて重要な要因である出身階層や高校ランクをコントロールした上でもなお、2つの価値志向が統計的に有意な効果を持つことが明らかである。また、決定係数、適合度（BIC）、モデルの比較のどの基準から見ても、モデル3が最適だと判断される。そこで、モデル3にしたがった場合の各変数の効果を詳しく検討してみたいが、各変数の測定単位が異なるため、表に示された係数を見ているだけでは、それぞれの影響の強さをとらえることが難しい。したがって、いくつかの典型ケースを設定して具体的に推計してみよう。

　まず、高校の偏差値について、たとえば70の学校と40の学校を比較すれば、2時間以上（0.0075×(70-40)=2.25時間）という大変に大きな開きのあることがわかる。自己実現志向の効果もかなり大きく、他の条件を同じとして上限（10点）と下限（0点）を比較すれば1時間以上（0.116×(10-0)=1.16時間）の違いが見られる。同様の値を地位達成志向についても求めると、違いは50分程度となるが、父親が大卒の場合と中卒の場合の差が20分程度（0.047×(16-9)=0.329時間=19.74分）であることと比べても大きな値と言える。男女差はそ

れよりも小さく、男子の方が平均して9分程度短い（−0.148×(1−0) = −0.148時間 = −8.88分）。もちろん誤差が含まれるため、これらの値がそのまま現実を現しているとは言えない点には注意が必要だが、それを差し引いても、価値志向の強弱が学習時間に強い効果を持つことは明白だと言えるだろう。以上より、学習時間の階層差は図5−1矢印①の間接効果による部分が大きい一方で、②の直接効果は弱いこと、④の価値志向による効果は階層の直接効果と比べても大きいことがわかる。

ところで、価値志向の効果が、性別や出身階層、あるいは高校ランクによって異なる可能性はないのだろうか。たとえば、親が高学歴であるほど地位達成志向と学習時間が強く結びつくとか、高校ランクが中程度だと価値志向の影響力が強いなどというように。そこで、2つの価値志向とこれら3つの属性変数との関連をとらえた相互作用項を加えたモデルも検討してみたが、いずれの場合も追加した相互作用項は統計的に有意ではなく、モデルの適合度も改善されなかった[13]。つまり、2つの価値志向は、生徒の他の属性に影響されない独自の効果を持つということになる。

表5−4の右半分は、内発的学習態度について同様の分析を行った結果である。まず注目されるのは、モデル1を除いて階層要因が効かないことである[14]。これは興味深い結果と言える。苅谷（2001）は、ここで言う内発的学習態度に類似した質問項目（「授業がきっかけになって、さらに詳しいことを知りたくなることがある」等）と出身階層のクロス集計を1979年と1997年で比較し、階層差が広がっているとの指摘を行っているからである。ところが、ここでの分析結果から類推するなら、苅谷（2001）で出身階層と内発的学習態度との間に関連が認められたのは、高校ランクの違いを考慮しなかったことに起因する可能性がある。言い換えるなら、苅谷の認めた学習意欲の階層差も、少なくともその大部分は、高校ランクを媒介した間接的なものではないかと推察されるのである[15]。

注目すべき2点目は、モデル3から明らかなように、出身階層や高校ランクなどをコントロールしても、2つの価値志向が統計的に有意な効果を持つことである。しかも、自己実現志向がプラスの効果を持つ一方で、地位達成志向の効果がマイナスである点は興味深い。地位達成志向が強いほど内発的学習態度を

持たないことになる。見方を変えれば、この志向の強い者ほど手段的学習観を持っていると言えるかもしれない。

このことは大学選択基準との関連を調べると一層明らかになる。大学進学希望者に「入学の難易度・偏差値」「受験科目が少ないこと」「面接や内申書だけで入学できること」をどの程度重視するか(「とても重視する」から「まったく重視しない」までの4点尺度)をたずねた質問に対する回答と地位達成志向の相関係数を求めると、「入学の難易度・偏差値」が+0.272、「受験科目が少ないこと」は+0.131、「面接や内申書だけで入学できること」は+0.160で、いずれも統計的に有意な正の効果を持つ。ちなみに自己実現志向はどの質問項目とも全く関連しない。また、これらの質問項目への回答をそれぞれ目的変数として、上記のモデル3と同じ説明変数を用いて重回帰分析を行ったところ、地位達成志向はすべてに対して統計的に有意な正の効果を持っていた。これらの結果から、地位達成志向の強い者ほど、「手段的学習観(勉強はあくまで地位達成のための手段と考える傾向)」を強く持っていると解釈してよいだろう。なお、出身階層はどの項目にも統計的に有意な効果を持たなかった。

4.3. 教育期待の階層差と価値志向

次に教育期待の形成過程について検討するため、大学進学を希望するか否かに関するロジスティック回帰分析を行った。表5-5の上段には、各モデルの適合度とモデル相互の比較を、下段には最適モデルの詳細を示してある。モデル1は父母の教育年数、性別(男子ダミー)、高校ランク(偏差値)、高校の成績で構成されており、モデル2はそれに地位達成志向を加えたもの、モデル3はさらに自己実現志向を加えたモデルになる。

適合度指標(BIC)の値およびモデルの比較から明らかなように、モデル2が最適モデルと判断される。すなわち、父母の学歴、高校ランク、高校の成績、性別といった卒業後の進路選択を規定する上で重要であることが繰り返し確認されてきた変数をコントロールした後でも、地位達成志向が有意な効果を及ぼすのである。一方、学習時間や内発的学習態度に対して有意な効果を持っていた自己実現志向は、卒業後の進路選択には関係しない。考えてみれば、自らの興味・関心や知識・技術を生かした学問や職業をしたいという欲求が大学進学

表 5-5 大学進学希望に関するロジスティック回帰分析

モデル	Model χ^2	自由度	p 値	BIC
モデル 1：父母教育，男子ダミー，偏差値，成績	539	5	.000	-503
モデル 2：モデル 1 ＋ 地位達成志向	554	6	.000	-510
モデル 3：モデル 2 ＋ 自己実現志向	554	7	.000	-503
モデル 1 と 2 の比較	15	1	.000	-7
モデル 2 と 3 の比較	0	1	.961	7

モデル 2 の効果パラメータ	b	オッズ比
父教育年数	.124**	1.13
母教育年数	.127**	1.14
男子ダミー	1.005**	2.73
高校偏差値	.133**	1.14
高校の成績	.302**	1.35
地位達成志向	.142**	1.15
定数	-12.355**	0.00

注）*$p<.05$ **$p<.01$ N=1,507

希望と直結しないのは当然かもしれない。第 4 章でも指摘したように、自己実現志向の強い生徒がつきたい職業は、高学歴を要するような社会経済的地位の高い職業とは限らない（荒牧 2001）からである。

なお、性別、親の学歴、高校ランクのそれぞれと地位達成志向の相互作用項を加えたモデルも検討したが、いずれもモデルの適合度は悪化し、追加項の検定もパスしなかった。したがって、地位達成志向果は、それらの要因とは独立した直接的な効果を持つということになる。

表 5-5 の下段には、最も適合したモデル 2 における各変数の効果を示した。すべての説明変数が統計的に有意であるが、とりわけ注目されるのは、父親の学歴ばかりでなく、学習時間や内発的学習態度では消えてしまった母親の学歴までもが独自の有意な効果を持つことである。表に示したオッズ比の値から、例えば父親が 1 年長く教育を受けると、大学進学を希望するオッズが 1.13 倍となることがわかる。とはいえ、個別にオッズ比を見ているだけでは各変数が進学希望率に与える効果がイメージしにくい。そこでいくつかの典型的なケースを想定して、モデル 2 にしたがった場合の各変数の効果がわかるように図示

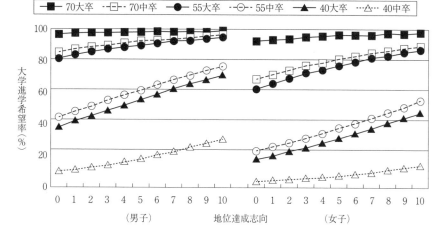

注) 各カテゴリーは順に高校偏差値・両親学歴を意味する。例えば「70大卒」とは偏差値70の高校に在籍する大卒学歴の両親を持つ生徒ということになる。

図5-2　表5-5のモデル2における大学進学希望率の推計

してみよう。図5-2がその結果である。横軸に地位達成志向を設定したのは、この志向性の強弱による効果を把握しやすくするためである。また、高校ランク（偏差値40／55／70）と両親学歴（両親とも中卒／両親とも大卒）の組み合わせ毎に大学進学希望率を示して、各変数の効果を比較しやすいように工夫している。なお、高校の成績は平均的な生徒の場合がとらえられるように、10段階の5に設定してある。

まず左側に示した男子の場合を見ると、先行研究が繰り返し明らかにしてきたように、高校ランクによる差が非常に大きく、他の条件を同じとして偏差値70と40の学校を比較すれば、最低でも30％ポイントの、大半の場合は60〜70％ポイントの開きがあることがわかる。また大学進学率がほぼ100％の偏差値70の学校では、天井効果[16]のため各カテゴリー間での差は10％ポイント程度だが、偏差値55や40の学校では、他の条件を同じとした場合、親の学歴によって20〜40％ポイントの、地位達成志向によって10〜30％ポイントの格差が生じている。なお図中「70中卒（偏差値70の高校に在籍し両親とも中卒の者。以下同様）」と「55大卒」および「55中卒」と「40大卒」でグラフがほぼ重な

表5-6 カリキュラム・タイプ別にみた諸属性の平均値

	学業重視型	学業自由型	自由尊重型	標準型	専門重視型	F値
中学の成績	8.6	6.7	6.7	5.3	5.0	162**
入学偏差値	61.8	53.2	52.1	44.5	45.8	454**
父教育年数	14.9	14.9	14.0	13.9	13.8	11**
母教育年数	14.0	14.3	13.4	13.4	13.0	11**
男子生徒率	0.5	0.4	0.3	0.3	0.5	8**
N	310	81	222	203	161	

注）**$p<.01$　N = 977

っているのは、高校の入学偏差値にして15ポイント程度の差は、親の教育程度の違いによって解消され得ることを示している。両親ともに中卒あるいは大卒の場合の比較であること、サンプルの特性、誤差などが含まれることには注意を要するが、注目すべき結果と言える。女子の場合にも、全体的に進学希望率の水準が低い他は、男子の場合と同じ傾向が読みとれる。なお、男女を比較すると他の条件を同じとして概ね10～20%ポイント程度の格差が見られる。

5. 直接的制約説の検討

5.1. カリキュラム・タイプの選択

　後半の分析では、親の価値志向が進路選択時に直接的な影響を及ぼす可能性について検討する。初めに、高校入学時のカリキュラム・タイプの選択に着目しよう。なお、先述の通り、高校入学時のカリキュラム選択を分析課題に含むため、中学校を併設している5校分のデータは分析から除外している。

　表5-6に中学時代の成績、高校の入学偏差値、父母の教育年数、男子生徒比率という5つの指標について、カリキュラム・タイプ毎の平均値、および一元配置分散分析の結果を示した。生徒の学力面では「学業重視型」が8.6ポイントととりわけ高く、約2ポイントの間を置いて「学業自由型」と「自由尊重型」が続き、さらに1.5ポイント前後の差を開けて「標準型」と「専門重視型」が並んでいる。両親の教育程度は学業重視の2類型が同程度であり、約1年の差を開けて他の3類型が並んでいる。男子生徒比率は自由尊重型と標準型で低

表5-7 カリキュラム選択に関する多項ロジット・モデル

	学業重視型	学業自由型	標準型	専門重視型
父教育年数	1.18**	1.15	.99	1.02
母教育年数	1.07	1.19*	1.03	.91
男子ダミー	4.34**	1.63	.72	1.63*
中学の成績	2.26**	1.03	.66**	.65**

注) Model χ^2 = 602 d.f. = 16 p = .000 *p<.05 **p<.01 N = 977
値は「自由尊重型」を基準カテゴリーとした場合のオッズ比。

いが、本調査対象校に固有の特徴とも考えられるため、ここでは言及を控えよう[17]。

　第1に指摘すべきは、学業重視の2類型で親の学歴が高いことである。親の教育程度は、生徒の学力や興味の形成を媒介して間接的に影響しているのだろうか、それともカリキュラムの選択に直接関連しているのだろうか。また「学業自由型」と「自由尊重型」は中学時代の成績がほぼ等しい一方、親の教育年数は明らかに前者が高いのも興味深い。これは同程度の学力であった者のうち、親の学歴が高いほど「自由尊重型」でなく学業重視のカリキュラムである「学業自由型」を選んでいる可能性を示唆する。多変量解析により確認しよう。

　表5-7は、高校入学時のカリキュラム選択に関する多項ロジット・モデルの結果である。欄外の注に示した適合度指標（Model χ^2）は、ここで検討したモデルが全体として有意であることを示している。各変数の効果は、先に指摘した「学業自由型」と「自由尊重型」の選択に対する親学歴の効果が比較できるように、「自由尊重型」を基準カテゴリーとして示した。なお、表に示した値は、「自由尊重型」と比較して各類型を選ぶ傾向を変数1単位当たりのオッズ比でとらえたものである。オッズ比は、値が1より大きければ正の関連が、1より小さければ負の関連があることを意味し、まったく関連がない場合には値が1になる。

　何より注目すべきは、学力や性別をコントロールしても、親の学歴が高いほど学業重視の2類型を好むことが確認される点である。先の議論から特に興味深いのは、学業自由型に対する母教育年数の効果である。学業自由型と自由尊重型は、中学時代の学力水準が同程度であったが、表5-7に示したように、

学業自由型に対する母親の教育年数の効果はオッズ比にして約 1.2 となっている。これは、成績に限らずその他の条件が同じ場合、母親が大卒の場合は高卒の約 2 倍（2.0≒1.19^(16-12)）、中卒の約 3 倍（3.3≒1.19^(16-9)）、自由尊重型より学業自由型を選びやすいことを意味する。また、それより少し値は小さくなるが、父学歴も学業重視型に対して同様の効果を持つこともわかる。他の 2 類型については、自由尊重型を基準にする限り、親学歴の効果はないが、比較の基準を標準型に変えて再計算すると、高学歴の親を持つ者は専門型を好まないことがわかる。母親が大卒の場合は高卒の約 1.6 倍、中卒の約 2.4 倍、専門型より標準型を好む。

ところで、カリキュラム選択に対する直接効果が特に大きいのは生徒の学力だが、これはカリキュラム・タイプが高校の序列階層（偏差値）と強く関連することに起因する。つまり成績の良し悪しとカリキュラム・タイプの選択が直接関連しているというより、学力の高い（低い）者が偏差値ランクの高い（低い）学校を選ぶ傾向にあるということだろう。

階層化プロセスの視点から注目すべきは、その学力形成における出身階層の影響である。そこで、中学成績と父教育年数の相関係数を求めると 0.13、母親の場合が 0.11 にとどまることがわかった。念のため、中学成績を目的変数とし父母教育年数を説明変数とする重回帰分析を行ったところ、説明される分散の割合（決定係数 R^2）は 2% 弱に過ぎず、親が中卒か大卒かに依存する成績の違いは 1 点にも満たなかった。第 3 章の SSM 調査データを用いた分析でも、初期の学力形成に対する出身階層の影響は必ずしも強くないことを指摘したが、ここでの結果は、現代の青少年にとっても学力形成に対する階層の影響が必ずしも強くないことを示している。

5.2. 教育期待の形成とカリキュラム・タイプ

次にカリキュラム・タイプが卒業後の進路選択に独自の影響を持つか否か、および、その影響が階層によって異なるかどうかについて検討しよう。なお卒業後の進路としては「就職」「専修学校専門課程への進学（以下、「専門学校進学」と表記）」「大学・短大への進学（以下、「大学進学」と表記）」のいずれを希望するかに着目した。大学へ進学するか否かだけでなく、専門学校への進学に

表5-8　卒業後の進路選択に関する様々な多項ロジット・モデルの比較

	Model χ^2	d.f.	p値	適合度(BIC')	McFadden's R^2
モデル1：男子ダミー，高校成績	58	4	.000	-31	.043
モデル2：モデル1＋カリキュラム・タイプ	273	12	.000	-199	.201
モデル3：モデル2＋父母教育年数	324	16	.000	-214	.239
モデル4：モデル3＋偏差値	330	18	.000	-206	.244
モデル5：モデル4＋父母教育×自由尊重型	331	22	.000	-179	.244
モデル1と2の比較	214	8	.000	168	.158
モデル2と3の比較	52	4	.000	15	.038
モデル3と4の比較	6	2	.053	-8	.005
モデル4と5の比較	1	4	.978	-27	.000

注）N=977

も着目するのは、今日の特に大都市部の高校生にとって専門学校への進学がかなり一般化しており、しかもその後の職業達成にも大きく関わるからである。これに関連して、「新タイプ校」の生徒は大学教育を必要としない専門職を希望する割合が高い（荒川 2002）という指摘がなされているが、それらの職業を希望する者は専門学校を希望しがちだと推測される。これはカリキュラム・タイプの選択を媒介した、職業希望に対する出身階層の間接効果を意味する。では、カリキュラム・タイプの影響を統制した時にも、さらに出身階層は直接的な影響を持つのだろうか。データによって確認してみよう。

表5-8は、卒業後の進路選択に関する様々な多項ロジット・モデルの検討結果を示したものである。モデル1は、性別（男子ダミー）と高校成績のみによるモデルであり、これを出発点にして各変数の効果を確認していく。まず、モデル1にカリキュラム・タイプを追加したモデル2を見ると、その効果が統計的に有意であり、適合度（BIC'）も説明力（McFadden's R^2）も大きく改善していることがわかる。これはカリキュラム・タイプが卒業後の進路選択に強く関連することを意味する。次のモデル3はモデル2に父母の教育年数を加えたものである。カリキュラム・タイプほどではないにせよ、モデルは大きく改善されており、追加項の検定結果も統計的に有意である。親の教育程度はカリキュラム・タイプの選択を経由して間接的にばかりでなく、他の重要な諸変数をコントロールした上でも、卒業後の進路選択に直接的な影響を及ぼしているの

である。

　なお先の表5-6でも確認したように、カリキュラム・タイプは入学偏差値と関連している。したがって、ここに示されたカリキュラム・タイプの効果も、実際には偏差値の効果をとらえたに過ぎないのかもしれない。これを検討するため、さらに高校の入学偏差値を加えたのがモデル4である。分析結果は表に示した通りで、予想とは異なり、偏差値を含めないモデル3の方がデータによく適合している。また、下段に示したモデル3と4の比較からもわかるように、偏差値を追加したことの効果は大きくない。念のため、モデル4からカリキュラム・タイプを除いたモデル（モデル3においてカリキュラム・タイプの代わりに偏差値を投入したモデル）を検討したところ、モデル3よりも適合度が劣っていた。結局、偏差値よりもカリキュラム・タイプの方がデータをよく説明することは間違いなく、あえて偏差値を含めてもその独自効果はほとんどないのである。したがって、モデル比較の一般的な基準からデータに最適なモデルを選択するなら、偏差値を含まないモデル3を選ぶのが望ましいということになる。しかし、理論的には、先行研究と同様に高校ランクを投入したモデルにおいて、カリキュラム・タイプの独自効果を明示し、過去の研究結果と議論を行う方が望ましいと思われる。したがって、以下では、モデル4をベースに検討を進めることとしよう。

　最後に、各カリキュラム・タイプの効果が親の教育程度によって異なるかどうかについても検討しよう。とりわけ注目されるのは、生徒による科目選択の自由度が高い「自由尊重型」のカリキュラムにおいて、家庭背景の影響が特に強いか否かである。そこでモデル4に父母教育年数と自由尊重型の相互作用項を加えたモデル5を検討したところ、表に示した通り、適合度は大きく悪化し、追加項の検定結果も有意とはならなかった。つまり、自由度の高いカリキュラムにおいて、家庭背景の影響が特に強く働くとは言えないことになる。ちなみに、他のカリキュラム・タイプとの相互作用についても検討を行ったが、自由尊重型の場合と同様、有意な効果は認められなかった[18]。これらの結果は、どのカリキュラム・タイプに在籍していたとしても、親の学歴が卒業後の進路選択に対して同程度に影響することを意味している。

　表5-9は上記のモデル4における各変数の効果を表したものである。ここ

表5-9　表5-8におけるモデル4の効果パラメータ

	専門学校／就職		大学進学／専門学校	
	回帰係数	オッズ比	回帰係数	オッズ比
父教育年数	.05	1.06	.14 **	1.16
母教育年数	.05	1.05	.17 **	1.18
男子ダミー	-.02	0.98	.99 **	2.68
高校の成績	-.17 *	0.84	.33 **	1.40
入学偏差値	-.04	0.96	.04 *	1.04
学業重視型	2.38 *	10.82	1.91 **	6.72
学業自由型	2.12	8.30	.60	1.83
自由尊重型	2.78 **	16.04	.17	1.18
専門重視型	.02	1.02	-.38	0.69
定数	1.76		-7.47 **	

注）*$p<.05$　**$p<.01$　N=977
カリキュラム・タイプの効果は「標準型」を基準とした場合。

　では、実際の進路選択場面を念頭において、「専門学校へ進学するか／就職するか」および「大学へ進学するか／専門学校へ進学するか」の選択に対する効果を表すように設定している。なお、「大学進学／就職」の選択に関する回帰係数は、定義上、「専門学校／就職」と「大学／専門学校」の該当する値を合算して求めることができる。例えば、就職よりも大学進学を選択することに対する父教育年数の効果を表す回帰係数は 0.19（＝0.05＋0.14）となる。なお、カリキュラム・タイプの効果は、標準型を基準に設定しているので、表に示された値は、あくまで標準型と比較した効果を表している点には注意が必要である。
　まず、就職するか専門学校に進学するかの選択を見てみよう。カリキュラム・タイプの効果を見ると、学業重視型および自由尊重型は、就職よりも専門学校を希望する傾向が統計的に有意である。中でも自由尊重型が専門学校を希望する傾向はオッズ比にして標準型の16倍に達している。これに加えて興味深いのは成績が負の効果を持つこと、すなわち成績の悪い生徒ほど専門学校を選ぶ傾向が認められることである。これは校内での成績が良くなければ就職できないことを反映していると思われる。就職できない生徒の「一時避難場所」としても、専門学校が利用されていることが示唆される。なお、親の学歴、性別、高校の偏差値は、この選択に独自の影響を及ぼしていない。

次に、大学に進学するか専門学校に進学するかの選択を見ると、標準型と比較した場合、学業重視型のみが大学進学に対して有意に正の効果を持つことがわかる。ちなみに、表からも明らかなように、自由尊重型を基準に再計算しても、「学業自由型」は統計的に有意な効果を持たない。先に見たカリキュラム選択の分析では、他の条件を同じとして、親が高学歴であるほど「自由尊重型」より「学業自由型」を好むことが示された。ところが、その学業自由型は大学進学希望を特に促進するわけではないのである。つまり、同じように学業を重視するカリキュラム・タイプでも、自由度を残した「学業自由型」でなく、学業に対する枠づけの強い「学業重視型」のみが、大学進学希望を強める効果があるということになる。

　注意が必要なのは、以上の結果は「選択の自由度の高いカリキュラムが大学進学希望を冷却する」ことを意味するわけではないことである。大学進学に対する自由尊重型の効果はマイナスでも統計的に有意でもないからである。もちろん学業重視型と比較すれば、自由尊重型は確かに大学進学希望に有意なマイナスの効果を持つ。しかしながら、学業重視型と比較すれば、他のすべてのカリキュラム・タイプも有意な負の効果を持つのである[19]。つまり、自由度の高いカリキュラムで大学進学希望が冷却されるという理解は、あくまで学業重視型との比較でのみ成立するのである。その意味では、むしろ学業重視型のカリキュラムだけが、大学進学を促進していると解釈すべきであろう。

　他の変数はいずれも統計的に有意な正の効果を持つが、とりわけ注目されるのはカリキュラム・タイプや生徒の個人的特質をコントロールしても、両親の教育程度がともに影響することである。先に検討したように、家庭の影響はカリキュラム選択においても強く働いている。しかしながら大学進学希望の時点では、それとはまた別に、親の影響が加算されるのである。父母教育年数のオッズ比が1.2弱であるから、他の条件を同じとして親が大卒の場合は高卒の場合よりも2倍弱（両親ともの場合は4倍弱）、中卒の場合よりも約3倍（同じく約9倍）、大学進学を選びやすいと理解される。

　以上より、従来のアカデミック・トラッキングの議論にとどまらず、カリキュラム・タイプの影響を様々に考慮してみても、高校入学時と卒業時という2時点において、親の学歴は進路に対する志向性の違いとして、子どもの進路選

択に直接的に関与している可能性が示された。

6. 結果のまとめと考察

6.1. 価値志向の伝達による再生産の否定

　前半の分析（第4節）では、親子間での価値志向の伝達を媒介した再生産の可能性について検討した。分析結果のうち何より注目されるのは、2つの価値志向がいずれも親の学歴と関連を持たなかったことである。そのため、学習時間・内発的学習態度・進路選択のいずれに対しても、2つの価値志向の内面化を媒介した階層再生産の可能性は否定されたことになる。初めに予想した通り、先行研究で指摘された学習意欲に対する出身階層の影響は、たとえば親の働きかけによって学習意欲が高まるといった直接的な社会化を意味するわけではなく、主に高校ランクを媒介した間接的な影響であったと結論づけられる。その一方で、とりわけ重要なのは、価値志向に加えて、先行研究で着目されてきた重要な諸要因を考慮してもなお、高校生の教育期待に対する親学歴の直接的な影響が残された点である。これは、価値志向の伝達とは異なる経路で、出身階層による制約が働いていることを意味する。

　価値志向と出身階層が関連しないという上記の結論に対しては、価値志向の意味づけや解釈が階層によって異なる可能性もあるのではないかという批判もあり得るだろう。しかしながら、「大学進学希望に対する地位達成志向の効果が階層によって異なる」という複雑な関係（相互作用）は、第4節で言及したように、データによって明確に否定される。念のため、自己実現志向についても階層との相互作用を検討してみたが、やはり現実のデータには適合しなかった。もちろん、この結果は、階層によって価値志向の「意味づけ」が異なることを直接的に否定したわけではない。しかし、価値志向の「作用」が階層によって異なる可能性は否定しているので、「意味づけ」が異なるかどうかは問題にはならないだろう。

　結局、進路選択の階層差は、選択に関わる価値志向の親子間伝達によって生み出されるわけではない、少なくともそれは主要なメカニズムではない、と結論づけることができる。他方、高校生の主観的な学歴期待において、価値志向

を考慮した後でさえ、階層の直接効果が明確に存在することが確認された。この結果は第2の課題、すなわち子どもの進路に関する親の志向性に着目する意義を示唆している。

6.2. 親の価値志向による直接的制約

では、第2の分析課題については、どうだろうか。第5節の主な分析結果は、次の4点に集約することができる。1）生徒の学力や性別をコントロールしても、親の学歴はカリキュラムの選択と直接に関連する（高校進学時における直接的制約）。すなわち他の条件が同じ場合、高学歴の親を持つ者は学業重視型を好み専門重視型を避ける傾向がある。2）高校ランクなどをコントロールしても、各カリキュラム・タイプは教育期待に独自の効果を持つ。3）ただし、その効果を統制しても、つまり従来のアカデミック・トラックばかりでなくカリキュラム・トラックを考慮しても、両親の教育程度は大学進学希望に直接的な正の効果を持つ（高校卒業時における直接的制約）。4）そうした出身階層の効果は、どのカリキュラム・タイプでも同様である。すなわち、当初の懸念とは異なり、自由度の高いカリキュラムにおいて階層差が大きいわけではない。

第2節でも紹介したように、ソレンセンは、カリキュラムの選択に生徒の希望が関与すると、家庭背景による志向性の違いを反映して階層分化が助長されると指摘した。生徒の学力などが同じ場合、親の学歴が高いほど学業重視のカリキュラムを選び、その選択が大学進学希望を高めるとの分析結果は、まさにソレンセンの予測に対応している。しかも、どのようなカリキュラムの高校に在籍したとしても、卒業後の進路選択の時点では、改めて親の学歴と教育期待が関連するのである。これらの結果は、進路選択時における直接的な制約には、それぞれの進路に対する親の志向性、とりわけ「教育的地位志向」が関与していることを示唆する。また、第2章でも引用したように、顕在的なトラッキングが廃止されたアメリカの高校において、科目選択と出身階層の関連を検討したLucas（1999）は、中産階級の親は各科目と大学進学との関連をよく理解しているため、科目選択には階層差が生まれることを指摘している。これもふまえれば、中産階級の親は強い「教育的地位志向」によってカリキュラム選択を直接的に制約するとともに、どのカリキュラムが学歴達成において有利かに関

する知識（文化的資源）も動員して、子どもの学歴達成を有利に進めているという予想が可能である。

他方、科目選択の許容が階層差を拡大させるというSørensen（1970）からの予測に反して、自由度の高いカリキュラムで親の教育程度が特に強く働くという結果は得られなかった。こうした結果の相違は、第2章で検討したような、日米の教育システムの違いによってもたらされた可能性がある。すなわち、アメリカの場合には、同一学校内での科目選択によって結果的にトラックが生み出される仕組みであるため、まさに学校内での科目選択が大きな意味を持つ。ところが、学校間トラッキングである日本の場合、カリキュラム・タイプの選択とは学校の選択を意味するため、その段階での選択こそが重要なのであり、各学校内における科目選択はそれほど大きな意味をもたないのではないかと考えられる。

6.3. インプリケーション

最後に、学歴達成の階層差とは異なる観点から、本章の分析結果について若干の補足をしておきたい。

前半の分析で興味を引いた結果の1つとして、地位達成志向が、学習時間と教育期待には正の効果を持つ一方で、内発的学習態度には負の効果を持つ点があげられる。つまり、高学歴の獲得を媒介した高い社会経済的地位の達成志向を持つ者は、その目的達成のために長時間の学習を行う一方で、手段的な学歴観を持つ傾向もあるため、進学後に学校不適応を引き起こす危険性があるということだ。

これに対し、強い自己実現志向を持つ者は、興味・関心にしたがった内発的な学習意欲が高いことに加え、学業以外の活動にも積極的に取り組む傾向のあることが示された。しかし、この傾向を強く持つ者は、自分が興味を持てないことはやりたくないという気持ちも併せ持つ可能性がある。そこで「自分に合わない仕事はやりたくない」という気持ちと自己実現志向との関連を調べると、+0.170の統計的に有意（1%水準）な正の相関を持つことがわかった。

この結果は、フリーターや早期離転職者に低階層出身者が多い（耳塚 2000）という現象に対する、1つの説明となる可能性もある。一般に、出身階層の低

い者ほど職業的地位が低くなりがちで、地位の低い職業ほど自己実現の余地がないとするならば、低階層出身で自己実現志向の強い者の中に、仕事に対するやる気を失う者が多く発生したとしてもおかしくはない。ここからは、同じ志向性が、個人のおかれた状況（この場合は卒業後の進路）によって異なる影響を及ぼす可能性が指摘できる。本章の分析から示されたように、価値志向の作用は出身階層によって異なるわけではない。しかしながら、階層と個人の状況が関連し、状況によって価値志向の作用が異なるために、結果的には、同じ価値志向が階層によって異なる行為に結びつくというのは考えられることである。

　他方、後半の分析でとりわけ興味深いのは、生徒に選択の余地を大きく残すカリキュラムがもたらす効果である。第1に、同じように学業重視のカリキュラムでも、自由度のない「学業重視型」では大学進学希望が促進されたが、自由度の高い「学業自由型」ではそれが促進されなかった。これは学業に向けて準備された大枠としてのカリキュラムの設定が、自由選択制によって相殺された結果と見なすことができる。では、自由度の高いカリキュラムが大学進学でなく生徒たちを誘導する先はどこか。それを解く鍵は「自由尊重型」が専門学校希望を促進するという分析結果に示されている。これに関連して、生徒の自主性や選択性を重んじる新タイプ校では、大学教育の不要な専門的職業を希望する生徒が多いという報告もある（荒川2002）。

　これらを従来の加熱と冷却論の文脈からとらえると、新タイプ校は業績主義的な競争からの劣等感のない冷却（荒川（田中）2001）をもたらすと解釈することもできる。しかし、少なくとも本章の分析において、「自由尊重型」のカリキュラムは大学進学希望を特に抑制するわけではなかった。その局面での加熱と冷却は、まさに従来の研究が着目してきた序列的階層性の次元、すなわちカリキュラムのタイプではなく、いわゆるランクが高いか否かに依存しているのであろう。そうすると、水平的次元における多様性という意味で注目されるのは、自由度の高いカリキュラムにおける冷却効果ではなく、「学業重視型」における大学進学への加熱効果ではないだろうか。

　視点を変えてみよう。荒牧（2001）は、高等教育学歴を必要としない専門・技能職は、高校生に嫌々選ばれているわけではなく、むしろ他の職業よりも積極的に希望される傾向さえあると報告している。ここから類推するなら、生徒

の主体的な選択を尊重するカリキュラムは、職業を通じた自己実現の志向性を加熱するという解釈も可能であろう。Sørensen（1970）の議論をふまえれば、各カリキュラムの選択における非認知的要素の介在により、価値志向の同質な生徒集団が構成され、生徒間での相互作用や日々の教育実践などによってその特性が強められたと推論できる。ただし、地位達成より自己実現を求める傾向の強まり（荒牧 2001；片瀬 2003）は、これらの生徒にのみ生じているわけではない。むしろ最近の若者全体に広まる現象と言えるだろう。

　以上をふまえると、選択の自由度が高いカリキュラムが劣等感のない冷却をもたらすというよりも、「自由尊重型」以外のカリキュラムにおいて過剰な自己実現志向が冷却されているとか、「学業重視型」のカリキュラムにおいて大学進学や大学教育を必要とする専門職への加熱がなされていると考える方が現実に近いのかもしれない。

　注
　1）　彼らの構成した「階層志向性」は本章で言う地位達成志向と、また「充足志向性」は自己実現志向とそれぞれ類似している。ただし、生活を楽しむことまで含む充足志向と学習や職業における自己実現をとらえた自己実現志向では内容にズレがある。
　2）　学習時間の階層差を問題にした第5章では、高校ランクを考慮した重回帰分析がなされており、かつて（1979年調査）は学習時間の階層差が高校ランクを媒介したものであったが、現代（1997年調査）では、母学歴による直接効果も認められることを実は確認している。本書の立場からすれば、これは重要な発見である。ところが、内発的学習意欲の階層差の分析を行った第6章と、インセンティブ・ディバイド論を包括的に展開した第8章では、高校ランクの影響が全く考慮されていないため、それが直接効果なのか間接効果なのかはわからない。にもかかわらず、高校ランクを考慮しない分析結果に基づいて、「社会階層によって異なる意欲」が作り出されるという主張が展開されてしまっている。
　3）　調査の設計段階ではなるべく全体の構成を反映するように対象校を抽出したが、大学進学率の低い学校で調査に協力を得られなかった学校があったこと、および進学率の高い学校では、1クラスの人数が多い傾向にあったこと等が影響して、こうした偏りが生じる結果となった。ただし、後述の通り、偏差値38から73とかなり広範囲に渡る対象校から協力を得られている。なお、東京都全体における各高校の進学率の算出には、リクルートリサーチ（1999）を元に作成したデータを用いた。

4) 「そう思う」から「そう思わない」までの 5 点尺度で回答してもらった。肯定的回答ほど値が高くなるように設定している。
5) ここでは観測したデータから得られた値の範囲を便宜的に用いた。
6) ここで示した数値は本章の調査対象が受講した 2002 年度まで実施の教育課程に対応したものであり、2003 年度以降とは異なっている。
7) なお「4 時間以上」については「4 時間 15 分」とした。
8) 具体的には、第 4 節の分析において、学習時間に対する出身階層の直接効果も消え、内発的学習態度に対する階層の効果はモデル 1 においても検出されなかった。
9) 大学入試センターが 1997 年に実施した高校教育課程に関する全国調査 (10% 無作為抽出) によれば、私立校の約半数が、「特別進学コース」「私立文系コース」など、入学時から複数の教育課程に分化させている (荒牧・山村 2002)。
10) なお、調査対象には、高校段階からは生徒を入学させない中高一貫型の私立学校も含まれたため、これらには「大学進学実績」が同程度の学校と同じ偏差値を与えた。
11) 高校の成績をモデル 3 に組み入れた場合の地位達成志向の効果は 0.069、自己実現志向の効果は 0.095 となる。この場合、前者の値に規定される学習時間の幅は 41 分、後者が 57 分と、成績を考慮しない場合よりも 10 分程度縮まるが、価値志向性が学習時間に大きな効果を持つこと自体に変わりはない。
12) 苅谷 (2001) による学習時間の階層差に関する分析結果を詳細に検討しても、その大半が高校ランクを経由した間接的なものであることがわかる。母学歴別にみた平均値の比較では大卒と中卒で 79 分の違いがあるが、高校ランクなどを考慮した重回帰分析では、母学歴による違いが約 27 分 (26.852 = 3.836×(16−9)) にまで縮小している。後に見るように、高校ランクを考慮した重回帰分析において親学歴の効果が 3 分の 1 に縮減する点は、本章の分析結果と非常に近い。調査時点も調査対象も分析方法も異なるため、慎重に議論する必要はあるが、こうした類似性が観察されたことは指摘しておきたい。
13) さらに、親の学歴によって価値志向の効果が異なると仮定した場合でも、学習時間に対する交互作用項の効果は最大で 0.012 時間 (1 分弱) の違いにしかならなかった。
14) ただし、高校ランクは有意な効果を持っているので、階層の間接効果はある。
15) 苅谷 (2001) の分析と本章の分析では、調査時期も調査対象も分析方法も異なるため、このように断定することはできない。しかし、先にも指摘したように、学習時間の分析において階層効果のおよそ 3 分の 2 が高校ランクを

経由している点は両者で共通している。したがって、こうした推論があてはまっている可能性も否定できないだろう。
16) 天井効果とは、この例で言えば、上位層の進学希望率が100%に近く、それ以上の伸び代がないため、変動があまり生じないことを指す。
17) 調査対象校を選定する際に、生徒の男女比を考慮しなかったため、自由尊重型と標準型において、たまたま女子生徒の比率が高い学校を対象とした可能性がある。
18) モデル3を基準モデルとして相互作用項を加えた場合も結果は同様であった。
19) 学業重視型を基準にして再計算した場合の回帰係数は、学業自由型が-1.3^*、自由尊重型が-1.7^{**}、標準型が-1.9^{**}、専門型が-2.3^{**}であり（$^*\,p<.05$, $^{**}\,<p.01$）、自由尊重型の進学抑制効果が特に強いとは言えない。

第6章

高校生と保護者調査の分析
――親の教育期待による直接的制約――

1. 親の教育期待と教育的地位志向

　前章では、進路選択の際に出身階層が直接的な影響を持つのはなぜかという問題について、高校生調査のデータを用いて、2つの可能性を検討した。1つは親の志向性が子どもに伝達されて進路選択に影響する可能性であり、もう1つは子どもの進路に関する親の志向性が、子どもの進路選択を直接的に左右する可能性であった。分析の結果、1）学歴達成に関わる価値志向は出身階層と関連しない一方で、2）高校のカリキュラム選択と卒業後の進路選択という2つの移行のいずれに対しても、親の学歴が直接的な関連を持つことが明らかにされた。

　このうち、1）の結果は、ブルデューの文化資本論的な理解―すなわち、高階層の親ほど学歴達成に関わる志向性を強く持ち、それが家庭内での日常的な相互作用を通じて半ば無意識のうちに子どもに伝達され、ハビトゥスを形成し、その結果として高階層の子どもほど高い教育を得るといった理解―を否定するものとして興味深いものであった。ただし、前章で検討したのは、あくまで親の学歴と子どもの価値志向の関連であり、親の文化資本や価値志向と親の地位との関連、あるいは文化資本や価値志向の親子間相関の有無について直接に確認したわけではない。したがって、文化資本論的な理解の妥当性を明確に判断するには、親子の文化資本や価値志向を直接に測定したデータを用いて検討する必要があると言えるだろう。

　一方、2）の結果については、少なくとも以下の2つの解釈が可能であるよ

a. 文化資本論の枠組

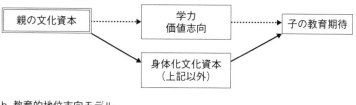

b. 教育的地位志向モデル

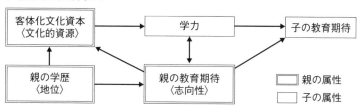

図6-1　前章までの分析結果に対する2つの異なる理解

うに思われる。1つは、あくまで文化資本論の枠組から理解することである。もちろん、前章までの分析結果は、この解釈に否定的だが、そこでは「隠蔽された」文化資本の伝達・継承を上手く把握できていなかったとも考えられる。図6-1のaは、こうした考え方の特徴を理解するために用意したものである。第5章では、学力や価値志向の形成を経由して文化資本が子どもの教育期待に影響するという因果連関（破線の矢印）を支持する結果は得られなかったが、そこでは親の文化資本などを直接に測定したデータを用いて分析を行ったわけではない。したがって、これまでに測定されていない子どもの身体化された文化資本の形成を通じて、親の文化資本が子どもの教育期待に影響するというメカニズム（実線の矢印）を想定すること可能である。その場合には、文化資本論的な考え方が妥当だと言えよう。

　ただし、2) の結果については、上記と異なる解釈も可能である。考えてみれば、「客体化された文化資本の直接効果が認められた」という第3章の分析結果は、必ずしも文字通りの関係をとらえているとは限らない。教育的地位志向モデルの枠組に沿って見方を変えると、親の「志向性」を起点としたメカニズム（図6-1b）を想定することも可能だろう。つまり、一方では、子どもに高い教育を求める親が作る家庭ほど客体化された文化資本も多い傾向にあり、

子どもの学力も相対的に高くなりがちである（初期学力形成効果）が、他方、そうした志向性の強い親ほど、子どものカリキュラム選択や卒業後の進路選択において、より高い学歴へつながる方向へと子どもの選択を直接に導く（進路制約効果）というわけである。この場合、分析において親の志向性を考慮しなければ、第3章のように、文化的資源の直接効果が観察されることになるだろう。また、親の志向性は親の学歴とも相関していると予想されるので、親の志向性や文化資本を考慮しなかった第5章の分析では、親学歴の直接効果が見出されたのではないかと考えられる。

　繰り返すと、この解釈のポイントは、「文化資本の直接効果が認められた」という分析結果を文字通りに理解するのではなく、いわば疑似相関だととらえている点にある。文化財の所持状況をとらえた変数に「客体化された文化資本」というラベルが付与されると、どうしても文化資本論の論理にしたがって理解しようとする意志が働きがちである。しかし、これは単に文化的資源の所持状況を表す変数にすぎない。そこで新たに親の価値志向という概念を介在させ、因果のメカニズムを再検討すると、図6-1bに示したように教育的地位志向モデルに沿った解釈も成立し得るのではないかということである。

　ここで、第4章に紹介したウィスコンシン・モデルに関する議論を思い出してみると、その要点は親の教育期待が子どもの教育期待[1]に対して直接的な強い相関を持つという想定にあり、それを支持する実証分析の結果が得られていた。そもそも、前章の後半で進路に関する志向性の階層差に着目したのも、こうした理解を前提としたからであった。

　いずれにせよ、上記のような理解のうち、どれが妥当するかを判断するには、親自身の志向性や文化資本を直接に測定して確かめる必要がある。しかしながら、ウィスコンシン・モデルでも、前章の分析でも、そうした方法で検討がなされたわけではなかった。したがって、本章では、高校生ばかりでなく、生徒の保護者も調査対象に含めた質問紙調査のデータを用いて、上記の疑問を解明することとしよう。

2. データと変数の構成

2.1. データ

　分析に使用するデータは、東北大学教育文化研究会が実施した『教育と社会に対する高校生の意識―第6次調査』(2007年実施)の結果である。この調査の最大の特長は、高校生とその保護者(父母)の3者を対象としている点にある。また、1988年に行われた第1次調査以来、異なる時点において繰り返し実施されており、時点間の比較も可能な設計となっている。本章の鍵となる3者の教育期待や文化資本に関する質問項目も含まれており、他にほとんど例のない貴重な調査データと言える。

　調査対象は、東北大学教育文化研究会が過去に実施した調査と同様、仙台圏(名取市と多賀城市を含む)の全ての高校を、公立・私立、共学・別学、普通高校・専門高校などの基準によってグループ化した上で、できるだけ全体の縮図となるよう層化三段抽出法により抽出した、仙台圏にある12の高校の2年生とその保護者(父母)である[2]。また、調査対象となるクラスは、各校の協力者と協議の上、原則として3クラス、学科が分かれている高校は各校の学科構成に配慮しながら4クラスが抽出されている。

　高校生は自記式集合調査(場合によっては自記式配票調査)、保護者(父母)は自記式配票調査による。有効回収数と回収率は、高校生が1,231人で79.5%、父親が934人で60.2%、母親が1,157人で74.6%となっている。本章では、3者の教育期待に関する情報が利用可能な877人分のデータを使用して分析を行った。

2.2.「文化資本」の指標

　文化資本の指標は、第1節の枠組に対応させるため、客体化された文化資本(文化的資源)と身体化された文化資本のそれぞれについて用意しておこう。まず、前者については、家庭の蔵書数を用いたい。蔵書数は第3章で用いた文化的資源の指標にも含まれていたが、PISA調査をはじめ、教育と階層をテーマとした各国の調査において近年さかんに用いられており、学業成績や学歴達成

に対して、伝統的な階層指標に匹敵する効果を示すという分析結果が報告されている。もちろん、ブルデューであれば、単なる本の数でなく、どういう種類の本を所蔵しているかが重要なのだと指摘するだろう。しかし、本の種類を云々する以前に、蔵書がほとんどない家庭も多い[3]状況を考えれば、この質問への回答を用いることにも一定の妥当性があると判断してよいだろう。

　調査票では、高校生の父母それぞれに、「あなたのご家庭には、本が何冊くらいありますか。(漫画・雑誌・週刊誌を除いて、だいたいの数をお答え下さい。)」と質問し、「1　ない」「2　1〜9冊」「3　10〜19冊」「4　20〜49冊」「5　50〜99冊」「6　100〜199冊」「7　200冊以上(　　冊くらい)」という選択肢を用いて回答してもらっている。質問の形式からすれば冊数に直して分析することも可能だが、もともと測定誤差が大きいと予想され、結果を歪めてしまう恐れがあるので、ここでは1から7までの値を持つ尺度として用いた。なお、質問は父母ともに行っているが、両者の回答には少なからずズレがある。どちらの回答が正確であるか判断する根拠がないため、ここでは両親の回答の主成分得点を用いた[4]。

　他方、身体化された文化資本の指標としては、高校生と父母のそれぞれに対し、「文学作品や歴史の本を読む」頻度について、「よくする」から「全くしない」までの5段階で自己評価してもらった結果を用いた。調査では「クラシック音楽を聴く」頻度もたずねており、これも身体化された文化資本の指標として用いることが可能である。しかし、第2章でも引用したように、同じ研究グループによる第4次調査(1999年実施)のデータを用いて分析を行った片瀬(2004)は、教育アスピレーションには芸術文化資本が関与しないことを明らかにしている。また、第2章で検討した日本の選抜システムの特徴を考慮しても、芸術文化資本ではなく、読書文化資本に着目することに意味があると考えられる。

　もちろん、そもそも測定が難しい概念なので、指標の妥当性については議論の余地があるし、1つの質問項目だけを用いているために測定誤差が大きいなど様々な限界があることは否定できない。しかし、本章の目的は、前章までの分析や先行研究で指摘された関連を、図6-1に示したような新たな枠組に沿って分析することにより、異なる理解の妥当性を検討することにある。したが

って、少なくとも現時点では、先行研究と同様の指標を用いるのが最善だろう。

2.3. その他の変数
親の教育期待

　親の教育期待については、「あなたは、今回の調査対象となった高校生のお子さんが、高校卒業後、どんな進路を選ぶことを期待されますか。お子さん自身の希望とは別に、ご自身の考えをお答え下さい。」という質問に対し、「1　大学に進学する」「2　短期大学に進学する」「3　専門学校・各種学校に進学する」「4　就職する」「5　家業を手伝う、または継ぐ」「6　とくに考えていない」「7　その他（　　　）」という選択肢を用いて回答された結果を教育年数に変換して用いた。この質問も両親ともにたずねており、両者の回答には少なからず相違があるが、どちらかの回答が正しいわけではなく、両親の回答をともに用いるのが妥当だと判断されるため、ここでは両親の教育期待の平均値を用いた。

親の地位

　親の地位の指標としては、両親に直接たずねた父親の職業と父母の学歴を用いた。前章のデータを含めた従来の多くの高校生調査とは異なり、職業や学歴を父母に直接たずねている点は、本データの大きな利点である。特に、父親の職業に関しては、SSM調査に準じて「従業上の地位」「従業先規模」「狭義の職業」の3点をたずねており、高校生に質問したのでは正確な回答が期待できないような詳細な情報を得ている。したがって、父親の職業については、これらの情報をできるだけ生かし、従業上の地位や従業先規模も考慮した上で「専門・管理職」「事務・準専門職」「販売・労務職」の3分類を構成した[5]。

　父母の学歴については、両者の情報を使用して、「父母教育高」「父母教育中」「父母教育低」の3分類を作成した。このうち「父母教育低」は両親とも高校以下の場合、「父母教育高」は両親ともに短大・高専以上かつ少なくとも一方が四大以上の場合、「父母教育中」はこれら以外の場合とした。平均教育年数で言えば、「父母教育低」から順に、12年以下、12.5〜14年、15年以上となる[6]。

価値志向

　調査では、高校生と父母の3者に対して、「あなたにとって、次のようなことはどのくらい重要でしょうか」とたずね、「高い収入を得ること」「高い地位につくこと」「安定した仕事につくこと」「打ち込めるものをもつこと」「趣味を楽しむこと」など9項目（父母に対しては「安定した仕事につくこと」をのぞく8項目）について、「かなり重要である」から「全く重要でない」までの5段階で回答してもらっている。ここでは地位達成志向を構成する項目として妥当だと考えられる、「高い収入を得ること」と「高い地位につくこと」の2項目に着目することにしよう[7]。なお、高校生の場合はこれら2項目への回答について、父母の場合は2項目に対する両者の回答を合わせた合計4項目について主成分分析を行った。その結果、それぞれから抽出された第1主成分が、前者については固有値1.5で寄与率73％、後者については固有値1.8で寄与率45％を示した。したがって、これらの主成分得点を、高校生と父母の地位達成志向をとらえたものとして分析に用いる。

その他

　選抜システムにおける生徒の位置づけに関する指標としては、「高校トラック」と「現在の成績」を用いた。
　高校トラックは、各校の進路希望の類似性を基準として、トラック1（大学進学希望者がほとんどおらず就職希望者が大半を占める学校）、トラック2（大学進学希望者が1〜2割であり就職または専門学校希望者が3〜4割）、トラック3（大学進学希望者が5割程度で就職希望者が1割程度）、トラック4（大学進学希望者が7〜8割）、トラック5（大学進学希望者が9割以上）の5段階ダミー変数とした。
　現在の成績は10段階自己評価の値をそのまま用いた。
　性別については「女子ダミー」とした。

3. 文化資本と価値志向の伝達

　はじめに第5章の前半の分析において否定された、価値志向の親子間伝達について改めて検討してみよう。親子の価値志向を直接に測定したデータを用い

表6-1　価値志向の伝達に関する相関行列

	高校生の地位志向	父母教育	父職	父母の地位志向
高校生の地位達成志向	1.000			
父母平均教育年数	-.008	1.000		
父職専門管理ダミー	-.017	.540 **	1.000	
父母の地位達成志向	.121 **	.010	.083 *	1.000

注）*p<.05　**p<.01

表6-2　文化資本の伝達に関する相関行列

	高校生の読書	父母教育	父職	父母の読書	蔵書数
高校生の読書文化資本	1.000				
父母平均教育年数	.177 **	1.000			
父職専門管理ダミー	.119 **	.540 **	1.000		
父母の読書文化資本	.188 **	.373 **	.252 **	1.000	
蔵書数	.264 **	.458 **	.312 **	.519 **	1.000

注）*p<.05　**p<.01

た場合、前章の結論が覆されるのかどうかが注目されるところである。

　表6-1は、高校生と父母の地位達成志向および父親の職業（専門・管理職ダミー）と父母学歴（平均教育年数）の相関行列である。片瀬・梅崎（1990）でも指摘されたように、父母の地位達成志向は、高校生の地位達成志向と弱いながらも統計的に有意な相関を示す。この結果のみがクローズアップされると、階層再生産を生み出すメカニズムに価値志向の親子間伝達が組み込まれていると考えてしまいがちである。しかしながら、表をよく見ると、第5章の分析結果と同様、高校生の地位達成志向は父職や父母学歴とは全く関連を持っていない。つまり、親子間に認められた地位達成志向の関連は、階層の高低とは独立に存在しているのである。ここで親自身の志向性と階層的地位との関連を確認すると、学歴との関連は皆無であり、父職との関連も微弱なものにとどまる。以上より、価値志向の伝達を通じた再生産メカニズムは働いていないとする第5章前半の結論が、本章でも改めて確認されたと判断してよいだろう。

　次に図6-1aに示した文化資本論による解釈の妥当性を検討してみよう。表6-2は、文化資本の伝達に関連する諸変数について、上記と同様に項目間の相関係数を算出した結果である。ここから第1に、高校生の身体化された文化

表6-3 読書文化資本の重回帰分析

	モデル1		モデル2		モデル3	
	B	β	B	β	B	β
父職事務	.12	.04	.07	.02	.05	.02
父職専門・管理	.19	.06	.11	.04	.04	.01
父母教育中	.10	.03	.05	.02	.00	.00
父母教育高	.38	.12 **	.23	.07	.09	.03
高校トラック2	.41	.09 *	.39	.09	.32	.07
高校トラック3	.47	.13 **	.45	.12 *	.42	.12 *
高校トラック4	.52	.13 **	.52	.13 **	.36	.09
高校トラック5	.41	.14 **	.32	.11 *	.20	.07
成績	.05	.09 *	.04	.08 *	.04	.07
女子ダミー	.24	.08 *	.20	.07	.20	.07
父母の読書文化資本			.19	.15 **	.09	.07
蔵書数					.23	.21 **
定数	1.55**		1.73**		1.91**	
R^2	.06		.07		.10	

注) 父職は「販売・労務」、父母教育は「父母教育低」、高校トラックは「高校トラック1」をそれぞれ基準とした。詳細は「2.3. その他の変数」を参照のこと。
** $p<0.01$, * $p<0.05$

資本の指標とみなした読書文化資本は、父母の読書文化資本とも、客体化された文化資本の指標である蔵書数とも、そして父職や父母学歴などの階層的背景とも一定の相関を持つことがわかる。ここからは、図6-1aで示したような理解、すなわち階層の高い親ほど身体化された文化資本を豊富に持ち、それが親から子へ伝達されることによって、学歴達成の階層差が生み出されるといった解釈の成り立つ可能性が示唆される。ただし、2変数の相関関係だけでは疑似相関の含まれる可能性があるため、多変量解析によって確認してみよう。

高校生の読書文化資本の形成要因に関する重回帰分析の結果を表6-3に示した。モデル1は、階層要因、高校トラック、成績、性別を投入した基本モデルである。ここから、高校トラックや成績などを考慮すると、先の表6-2で認められた階層要因の直接的な効果が限定的なものであることがわかる。すなわち、父職の影響は認められず、父母学歴の影響も特に高学歴である場合に限られる。次に、モデル1に親の読書文化資本を追加したモデル2をみると、その効果が統計的に有意である一方、先に有意であった親学歴の効果が認められなくなっている。つまり、モデル1で親学歴の効果と見えたものは、主として

親の文化資本の効果をとらえたものだったということになる。ここから、高校生の読書文化資本に対して直接的に影響する家庭的要因は、いわゆる階層的地位ではなく、親自身の読書文化資本であるという結論が導かれ得る。

ところが、さらに客体化された文化資本の指標である蔵書数を追加したモデル3では、新たに追加した蔵書数の効果が有意となる代わりに、親の読書文化資本の効果が有意でなくなってしまう。これは興味深い結果である。文化資本論の理解にしたがうならば、子どもの身体化された文化資本は、親自身のそれが子に伝達されることによって形成される、少なくともその側面が強く作用しているはずではないだろうか。ところが、この分析結果を素直に解釈するなら、身体化された文化資本の親子間伝達と見えた結果は疑似相関であり、子どもの読書文化資本に直接関与するのは蔵書数だということになる。以上の分析結果は、少なくとも図6-1bに示したような別の理解の妥当性についても検討すべきことを示している。

4. 親の教育期待による直接的制約

ここで改めて、第1節で論じた、文化資本論とは異なる理解（図6-1b）について確認しておこう。その理解とは、客体化された文化資本や階層の直接効果が進路選択時に認められたのは、親自身の教育期待を考慮しなかったからであり、実際に子どもの進路選択に対して直接的に関与するのは、文化資本や階層ではなく、親の教育期待ではないかというものであった。果たして、データ分析の結果からは、どのような結論が導かれるだろうか。

表6-4に生徒の教育期待に関する重回帰分析の結果を示した。基準となるモデル1において、階層的背景、高校トラック、成績、性別の各要因がいずれも統計的に有意な効果を持っており、全体としての説明力も6割と高い。高校トラックや成績などをコントロールしても階層の直接効果が働くという、これまでにも報告されてきた分析結果が、本データにおいても確認されたことになる。

では、客体化された文化資本の直接効果についてはどうだろうか。次のモデル2を見ると、新たに追加された蔵書数が有意な効果を持っている。第3章で

表6-4 教育期待の重回帰分析

	モデル1		モデル2		モデル3	
	B	β	B	β	B	β
父職事務	.27	.07**	.26	.07*	.12	.03
父職専門・管理	.40	.11**	.37	.10**	.26	.07**
父母教育中	.21	.06*	.18	.05	.00	.00
父母教育高	.25	.07*	.18	.05	-.05	-.01
高校トラック2	1.23	.23**	1.22	.23**	.58	.11**
高校トラック3	2.16	.49**	2.15	.49**	1.15	.26**
高校トラック4	3.00	.63**	2.94	.61**	1.58	.33**
高校トラック5	3.23	.90**	3.18	.89**	1.78	.50**
成績	.07	.10**	.07	.10**	.06	.08**
女子ダミー	-.19	-.05*	-.19	-.06*	.01	.00
蔵書数			.08	.06*	.02	.02
父母の教育期待					.57	.50**
定数	12.0**		12.1**		4.6**	
R^2	.60		.61		.73	

注）変数の設定は表6-3に同じ。
 **$p<0.01$, *$p<0.05$

も認められた、客体化された文化資本の直接効果が、ここでも観察されたことになる。また、他の要因の効果がほとんど変化しない一方で、父母学歴の効果のみが有意でなくなっていることから、父母学歴の効果と見えたものは実際には蔵書数の効果であった（父母学歴の効果は蔵書数を媒介している）と判断される。全体としての説明力がモデル1と同等であることからも、そのように解釈してよいだろう。

ところが、さらに親の教育期待を投入したモデル3では、この変数が非常に強い効果を持つと同時に蔵書数の効果が有意でなくなっていることがわかる。また高校トラックの効果もほぼ半減していることから、従来、高校トラック自体の効果とみなされてきたものの少なからぬ部分が、トラック自体に起因する効果ではなく、親の期待の強さを反映したものであったと解釈することができる[8]。さらに、全体としての説明力がモデル2よりも12%ポイント高くなっていることから、親の期待が他の変数ではとらえられない独自の効果も付与していることがわかる。これらの結果は、子どもの進路選択時における階層の直接的な制約効果とは、主として親の教育期待の効果であるという理解と整合的

表6-5 親の教育期待の重回帰分析

	B	β
父職事務	.26	.08 *
父職専門・管理	.23	.07 *
父母教育中	.35	.11 **
父母教育高	.50	.15 **
高校トラック2	1.12	.24 **
高校トラック3	1.76	.45 **
高校トラック4	2.45	.58 **
高校トラック5	2.50	.80 **
成績	.02	.04
女子ダミー	-.34	-.11 **
定数	12.9	**
R^2	.51	

注）変数の設定は表6-3に同じ。
**$p<0.01$, *$p<0.05$

である[9]。

さらに興味深いのは、モデル1と2に認められた性差が、モデル3では有意でなくなる点である。この結果は、高校生の教育期待に認められる男女差が、主として子どもの性別によって親の期待が異なる（男子には女子より高い学歴を求める）ことにあることを示唆している。そこで、この点を明確にするため、親の教育期待の規定要因を調べてみると、表6-5に示したように、確かに子どもの性別によって親の期待は異なっている。なお、親自身の階層的地位がいずれも統計的に有意であることは、地位が志向性に影響するという教育的地位志向モデルの想定に合致している。また、子どもの在籍する高校トラックの効果が非常に大きい一方で高校での成績には左右されないことから、親の期待が生徒の学力要因に影響を受けること、ただし入学後の学校内における相対的な位置づけよりも、高校ランクのように入学時点で決定する高校生全体における位置づけが重要であることなどもわかる。

5. 結果のまとめと考察

5.1. 結果のまとめ

　本章では、進路選択時に階層の直接効果や、文化資本の直接効果が認められた理由について、主に2つの可能性を想定して検討を進めた。1つは、あくまで文化資本論の枠組に則り、親の文化資本が子どもに伝達される点に着目したものであり、もう1つは親の教育期待が子どもの進路選択を直接に左右する可能性に着目したものである。これらの理解の妥当性を検討するため、高校生とその保護者を対象とした調査データを用いて分析を行った。

　まず、図6-1aに示した文化資本論的な理解の妥当性については、高校生の読書文化資本が、他の変数をコントロールしても、家庭の蔵書数とは関連する一方で、親の読書文化資本とは直接的な関連を持たないという分析結果が得られた。蔵書数は客体化された文化資本の指標なので、その限りで家庭の文化資本が子どもに相続されたと解釈できないことはない。しかし、親の身体化された読書文化資本との直接的な関連は認められないため、身体化された文化資本の親子間伝達を主な因果メカニズムと理解するのは無理がある。

　そこで後半の分析では、図6-1bに示した教育的地位志向モデルによる理解の妥当性について検討した。その結果、第1に、高校ランクや成績などを考慮しても、高校生の教育期待に対して、階層的地位（父親の職業と父母の教育程度）と客体化された文化資本の指標（蔵書数）がともに直接的な効果を持つことが示された。つまり、第3章や第5章後半の分析と同様の結果が、本データにおいても確認されたことになる。そこで、さらに父母の教育期待を考慮すると、階層的地位や蔵書数の直接効果は有意でなくなるか、値が小さくなってしまった。以上の結果から、これまでの分析によって認められた進路選択時における階層の直接的な影響は、主として親の教育期待の高さを反映しているという理解が妥当だと判断できる。

　なお、親の教育期待は、親自身の階層的地位と関連するため、集合レベルで見れば、子どもの教育期待に対する階層差が認められることになる。ところが、その影響は必ずしも決定的なものではない。また、第4章で指摘したように、

低階層で苦労したからこそ「生まれ変わり」を期待して子どもに高い学歴を期待する親も存在する[10]。しかも、親の教育期待に対する影響力は、親自身の階層的地位よりも子どもの在籍する高校トラックの方が強く、子どもの性別も少なからず関与している。もちろん、第3章でも確認したように、高校トラックの決定にも階層の影響はあるが、本章の分析結果をふまえれば、そこで見られた階層的地位や客体化された文化資本の影響も、主として親の期待の影響をとらえたものだと推測できる。

高校生と母親の2者データを用いて、両者の教育期待の形成要因を分析した藤原（2009）は、母子間に認められる教育期待の関連を考慮すれば、階層要因は母親の教育期待に対してのみ独自の影響を与えていることを明らかにしている。言い換えるなら、あくまで母子間の教育期待の相関をコントロールした場合においてだが、階層的要因は、高校生自身の教育期待には直接の効果を持たないことになる。この結果は、高校生の教育期待に対する家庭背景の直接効果として観察されたものが、主として親の教育期待をとらえたものだという本章の解釈と整合する。なお、これらの結果は、第4章でも指摘したように、親学歴の効果について次のように理解すべきことを意味する。すなわち、親学歴は、学歴下降回避のメカニズムによって、子どもの教育期待形成に影響するというよりも、主として親自身の志向性の形成に関与している、と。

5.2.「文化資本」再考

以上の理解が文化資本論の主張とどのように異なるのか、ここで改めて確認しておこう。第4章でも述べたように、文化資本論は、社会的位置に応じた必ずしも意図的でない幼少期からの長期にわたる累積的な社会化、すなわち文化資本の伝達とハビトゥスの形成を通じた学力と態度性向の形成に重きを置いた社会化論である。これに対し、教育的地位志向モデルは、そうした社会化の過程よりも、親の志向性・地位・資源が子どもの進路選択に直接的な影響を及ぼすことを強調する。また、親の教育期待は、集合的には階層的地位と関連するものの、そこに必然的な結びつきを前提としないのも根本的な相違と言える。

もちろん、文化資本論の理解にしたがえば、親の学歴も、文化的資源も、親の教育期待も、すべて文化資本の異なる形態とみなすことができる。ただし、

そのように理解するのであれば、「文化資本」概念について、少なくとも以下の2点から再考しておく必要がある。

①親の学歴と文化資本

　第1に検討すべきは、「親の学歴」と「文化資本」の関連である。親の学歴は、親自身が前の世代から受け継いだ様々な資源や資本を活用して——あるいは、それらの制約を受けて——青少年期に獲得したものである。一方、本章でも検討した親自身の「身体化された文化資本」や「客体化された文化資本」は、親自身の定位家族の社会的位置や文化資本の影響を受けて幼少年期から獲得したハビトゥスに影響されつつも、成長後の生活における自らの社会的位置に応じた社会化の影響を受けて選択された面も大きいと思われる。実際、SSM調査データを用いて分析を行った大前（2002）は、「客体化された文化資本」や「身体化された文化資本」は、親から相続されたものというよりも、本人の主として学校教育経験によって獲得されたものであることを明らかにしている。つまり、客体化や身体化という形態にかかわらず、「文化資本」は、第4章でも示したように、少なくともこれまでの日本社会における実証研究を参照する限り、本人の学校生活や成人後の生活によって形成される「獲得的文化資本」（宮島1994）の側面が強く、親からの相続が強く働いている様子は見えてこない[11]。これに関連して、言語資本の伝達を批判的に検討した吉川（1996）は、第2章でも紹介したように、親の階層と子どもの言語能力が関連しないことを明らかにしたが、その一方で、親自身の階層と親自身の言語能力には明確な関連が存在することも示していた。この結果は、文化資本やハビトゥスが親子間で伝達されるという理解には否定的である一方、親自身の職業的地位と文化資本には相互に強い相関関係があるという理解と整合的である。

　ブルデュー自身も主張したように、直接的に譲渡が可能な経済資本とは異なり、文化資本は長い時間をかけて伝達されることが想定されている。ブルデューは、だからこそ文化資本の相続は隠蔽されているという点を強調したのだが、別の見方をすれば、文化資本の世代間相続は、経済資本ほど容易でないことも意味している。ちなみに、第7章で紹介するMare（2011）は、「資本の耐久性」という概念を用いてこれに関連した議論を行っている。詳しい解説は次章に譲

るが、直接的に譲渡可能な経済資本と比較すれば、文化資本が世代を超えて継承される程度は低いと予想することができる。

　以上の議論から総合的に判断するなら、文化資本の保有状況やハビトゥスと社会階層が関連している可能性は否定されないが、それらの世代を超えた伝達は、少なくともブルデューの論調にあるほど容易でも決定的でもなく、その伝達が現代日本社会における社会的再生産の主要なメカニズムであると理解することは難しいように思われる。このような理解をふまえると、「文化資本」という魅力的なマジックワードを一旦解体し、現代の日本社会における様々な要因の効果を地道に検証していくことも重要なのではないかと思える。

　こうした主張はブルデューの意図とは逆行すると批判されるかもしれないが、ブルデュー自身が理論を作り出したベースには、彼が研究対象とした当時のフランス「現代社会」に関する実証研究の積み重ねがあったこともよく知られている通りである。その際に肝心なのは、ブルデュー自身も指摘しているように、データ分析の結果に隠された社会学的意味を注意深く考察することであろう（Bourdieu 1979a = 1990）。なお、ブルデューは、しばしば、多変量解析（念頭にあるのは回帰系の多変量解析のようである）によって「変数」間の関連を明らかにしても、それだけでは本当に知りたいことは何もわからないといった主張を行う（たとえばBourdieu et Passeron 1970 = 1991；Bourdieu 1989 = 2012）。しかしながら、こうした場合に批判されているのは、概念の批判的な検討を伴わない機械的な計量分析の当てはめと機械的な分析結果の解釈であろう。つまり、それらの慎重な検討に基づくのであれば、多重対応分析がブルデュー自身の理論形成にも役立ったように（Bourdieu 1979a = 1990）、多変量解析の結果から有意味な理解を導くことも可能だと主張できるだろう[12]。

　いずれにせよ、現代日本社会における学歴達成の階層差に対する諸説明の妥当性は、そうした実証研究の積み重ねを通じて総合的に判断されるべきではないだろうか。第2章でも議論したように、日本における選抜はゲームのルールが明示的で相対的に脱階層的な特徴を持つ。このことを考慮しても、文化資本概念の解体と諸要素の検討という主張は妥当であるように思われる。

②親の教育期待と文化資本

　再考すべき2点目は、「親の教育期待」と「文化資本」の関連である。文化資本論の立場からすれば、前者は後者に含まれると考えるのが正統な理解かもしれない。ただし、その場合には、本章の分析結果をふまえるならば、「親の文化資本の一種である教育期待が、子どもに伝達されずに、直接的に関与する」ことになってしまう。これでは、文化資本の伝達や家庭におけるハビトゥスの形成を主たるメカニズムとする理解とは相容れないものになる。もちろん、本章の結果は、文化資本の伝達が存在すること自体を否定するものではないが、階層差の生成過程には、そうした社会化論的な見方とは異なる作用、すなわち「親の教育期待」による進路選択の直接的制約があるというのが重要な指摘であった。その意味では、すべてを「文化資本」の概念で述べてしまうよりも、上述の通り、「文化資本」概念を一旦解体し、「親の教育期待」は「親の教育期待」として、「文化資本」に含まれる他の要素は個別の要素として扱い、それぞれの効果について実証的に確認していくことが、一見遠回りのようでも、重要なのではないだろうか[13]。

　ただし、ブードン（Boudon 1973＝1983）が指摘したように、階層差の説明を特定要因にのみ帰着させる「単一的要因理論」に陥ることは避けなければならない。あくまで、日本社会における選抜の仕組みを念頭におきながら、各要因の示す効果を実証的に確認した後に、それらを包括的に説明できる理論を構築すべきだという主張である。教育的地位志向モデルは、そうした考察を進めて行く基盤の1つとして、有力な候補になるのではないかというのが本書の見解である。

注
1) ウィスコンシン・モデルでは「教育アスピレーション」という概念を用いているが、第4章でも述べたように、この概念はウィスコンシン・モデルで想定されたような「願望」や「動機づけ」でなく、様々な構造的拘束もふまえた現実的期待を表す（Kerckhoff 1976）とみなすのが妥当であろう。
2) 調査対象校は、過去の調査との時点比較を行うために、以前の調査で対象となった学校が含まれるように選ばれており、無作為抽出ではない。その他の詳細は、第6次調査の報告書（木村 2009）を参照されたい。ちなみに第5次調査までのデータを扱った書籍としては、全体的なまとめを行った海

野・片瀬（2008）、アスピレーション研究に特化した片瀬（2005）などがある。その他にも多くの研究論文が発表されている。
3) 第3章にも示したように、2005年SSM調査においては、25冊以下の家庭が全体の半数を占めている。なお、本章で用いるデータにおいては、50冊未満と回答した父母が半数弱となっている。調査対象の世代が異なることもあり、SSM調査よりは冊数の多い家庭の割合が高いものの、相対的に少ない家庭が多いと言ってよいだろう。
4) 父母のどちらかのみが無回答の場合には、無回答でない方の回答を用いた。
5) 特に「専門・管理職」の分類は、「狭義の職業」に対する回答だけでは判断が難しいため、SSM調査における職業分類なども参照し、以下のように設定した。すなわち、「狭義の職業」が「管理職」であると回答した者のうち従業先規模が300人以上の者、「従業上の地位」が「経営者」か「自営業」と回答した者のうち従業先規模が30人以上の者、および「狭義の職業」が「専門職」と回答した者のうち大学以上の学歴を保有している者である。それ以外の「管理職」「専門職」は「事務・準専門職」に分類した。
6) ただし、専門学校の場合は就業年限が学校により異なっているため、ここでの計算には含めていない。
7) 第5章で扱った調査では、「自分の職業や勤め先を選ぶ時」や「卒業後の進路を選ぶ時」という限定をおいて、収入・地位・職業の安定性などの重要度をたずねているが、ここではそうした限定はなく、選択肢も異なる点には注意が必要である。
8) ただし、すぐ後に見るように、親の期待自体も生徒の高校ランクに影響されており、その意味では相互に影響を及ぼし合っていると考えられる。
9) ただし、父親が専門・管理職である場合には、モデル3でも統計的に有意な効果が残されている。βにして0.07という微弱なものではあるが、父職には教育期待に還元されない独自の効果も残されていることがわかる。
10) 先にも言及したように、表6-4のモデル3において説明力が高まることは、親の教育期待が、親の階層的地位などに還元されない独自の影響があることを示している。
11) この点をあまり強調すると、学力形成における文化資本の効果を無視することとなり、その過程の隠蔽を暴き出したブルデューの意図を無にしてしまう点には注意が必要である。
12) 念のため補足しておくと、ブルデューが回帰分析などを否定したのは、個々の独立変数が相互に独立して従属変数に影響しているという想定であった。これに対し多重対応分析は、個別の変数の影響ではなく、それら相互の関連（すなわち背後にある構造）を把握可能な利点がある（したがって関係論的な見方に適している）と理解されている。とはいえ、もちろん多重対応分析も万能ではなく、社会学的想像力を働かせない機械的な解釈では、現実

を見誤る危険性を含んでいるとも言えるだろう。
13）　文化資本概念の解体という発想自体は突飛なものではなく、Bennett et al.（2009）などでも議論されている。

第Ⅲ部

展開と結論

第7章

祖父母とオジオバの影響
――教育的地位志向モデルの展開例――

1. 階層効果の再考

1.1. 社会階層と社会制度

　第5章と第6章では、子どもの進路選択を左右する家庭背景の影響について、高校生や保護者を対象とした調査データを用いて分析を行った。その結果、進路選択の階層差は、価値志向や文化資本が長い時間をかけて親から子へ伝えられる社会化のメカニズムによって生じるというよりも、親の教育期待を核とした直接的な進路選択への関与によると考えるのが妥当だという結論に達した。しかしながら、この結論を導いた様々な分析において、階層の影響として検討したのは、核家族における親の影響に留まっていた。果たして、階層の影響とは、そのような観点から把握すれば十分なのだろうか。もし、親子が埋め込まれている社会的文脈を考慮しながら、階層の影響を考え直した場合、学歴達成の階層差はどのようにとらえ直されるだろうか。
　ここで、様々な領域や水準において、社会構造の特定の範囲内に行為者を繋ぎ止め、個々人の能力（権力・権威・資源）、行動様式、行為の方向性などに対して、行為者の属する社会内での共通の認識に基づきながら、一定の制約を与えるものを「制度」と呼ぶとすれば、学歴達成を有利に進める要因の影響、とりわけそれらの世代間伝達の問題について考察する際にも、様々な制度の影響を考慮すべきだと言えるのではないだろうか。
　実は、前章までにも、これに関連した議論について既に何度か触れている。まず、地位達成研究が持つ方法論的個人主義としての性格に対する批判は、第

4章のウィスコンシン・モデルに関する議論で取り上げた。そこで特に問題視されたのは、労働市場における個人の自由な選択を前提としている点であった。具体的には、たとえば人種や性別などの属性による差別的な制度の影響を考慮していないことが批判された。これは確かに重要な指摘である。ただし、こうした批判が念頭においているのは、学歴達成を終えた者が職業を選択する段階であり、本書の守備範囲を超えている。一方、ウィスコンシン・モデルの学歴達成研究としての側面に対する批判は、トラッキングなど教育選抜制度の様々な影響を軽視している点に向けられた。ただし、国内外の教育社会学者はむしろこの点に着目して検討を進めてきており、本書でも重点的に取り上げてきたところである。とはいえ、階層と学歴達成に強く関連する制度の影響に関する議論は、当然のことながら、これで尽くされているわけではない。特に重要だと思えるのが、出身階層そのものに深く関わる家族制度の影響である。

1.2. 核家族枠組を超えて

　家族制度に着目して学歴達成の階層差を論じる意義は、それが「階層」概念の再考を促す点にもある。第2章でも詳しく述べたように、学歴達成や地位達成の階層差に関する実証研究は長年にわたって積み重ねられてきたが、これらの研究で出身階層をとらえる枠組は、概ね「核家族」の範囲内——典型的には父親の社会経済的地位と1人の子ども[1]の地位という2者関係——に留まってきた。しかし、学歴達成に影響する「家族」の範囲は、本当に「核家族」に限られてしまうのだろうか。その妥当性については、理論的にも実証的にも十分な研究がなされてこなかったのではないだろうか。

　もちろん、こうした核家族枠組を超え、祖父母までを視野に入れた研究も例外的に存在している。このうち、日本社会の分析を行った尾嶋（1988）と片岡（1990）は、いずれも孫息子に対する祖父の効果を認めている[2]。ただし、1955年と1985年のSSM調査データを用いて時点間比較を行った片岡（1990）では、祖父効果の弱まりも同時に指摘された。

　諸外国においても、地位達成に対する祖父母世代の影響を取り上げた研究はいくつか存在している。その代表例と言えるのが、Warren and Hauser（1997）によるアメリカの研究だが、第4章でも取り上げたWLS（Wisconsin Longitudinal Study）データに基づいて分析を行った結果、祖父母世代による孫世代への直接的な影響は認められないと結論づけている。フィンランドを対象とした比較的最近の研究（Erola and Moisio 2007）も、やはり祖父母世代による孫世代への直接的な影響を認めていない。こうした事情もあり、従来、核家族の枠を超えて階層や家族の影響を考察しようとする試みは、国内でも海外でもわずかにとどまった。

　しかしながら、近年、Mare（2011）の問題提起なども影響して[3]、地位達成や学歴達成に対する多世代にわたる影響（Multigenerational Effects）に着目する新たな流れが生まれている。ここでメアの議論を参照すれば、多世代効果を研究することには次のような意義がある。まず、上記のような先行研究の知見は、時間的・空間的に不変とは限らない。たとえば Warren and Hauser（1997）が研究対象とした 20 世紀中葉におけるウィスコンシン州の家族は、たまたま多世代効果を見出しにくい条件を持っていたにすぎないのかもしれない。南アフリカ・中国・中欧など大きな社会変革のあった地域なら、異なる結果になった可能性もある[4]。また、親子間の相関が非常に強力だとしても、親の影響が子の世代で完全に途絶えてしまうと見なす必然性はない。たとえば、巨万の富のように「耐久性のある資本」を持った家族の場合、いくら浪費しても、その富は少なくとも数世代にわたって影響を及ぼすはずである。他方、社会の底辺層においては、数世代にわたって不利益が継承されてきたのではないかと予想される。

　ちなみに、メアの言う資本の耐久性（durability / perishability）とは、資本が世代を越えて継承される程度を表す概念である。富など十分な量のある物的・経済的資本は耐久性が高いのに対し、学歴などの人的資本や職業的地位などは耐久性が低いと指摘されている。これらの議論から導かれるように、多世代効果は社会制度の有り様に大きく左右されるというのがメアの主張の 1 つである。富がどのように、どの程度継承されるかは、税や相続に関する制度などによって異なり得るし、身分制度などのある社会では移動が抑制されると考えられる。

　もう 1 つの重要な論点としてメアが指摘したのは、人口統計学的再生産（Demographic Reproduction）との関連である。すなわち、結婚するか否かやそのタイミング、子どもの有無や数、地理的な移動や死亡の状況などは様々であ

り、世代間移動にも強く関与するはずである。しかしながら、地位達成や世代間社会移動の研究で、それらが考慮されることは少ない。これに加えて、親子2者間の関連のみに着目する場合、調査対象者が生存者や子どもを持つ者に偏ってしまうという問題もある[5]。つまり、たとえば貧困が理由で子どもを失ったり、結婚できなかったり、離婚に追いやられてしまった者などは、貧困の影響を見るためには、むしろ検討対象とすべきかもしれないが、上記の枠組では分析対象に含めることができない。その連鎖的影響も考慮すれば、核家族枠組にしたがった階層研究の限界は、より一層明白であろう。

　ここで日本の階層研究をふりかえると、第2章でも指摘したように、安田（1971）の意欲的な研究において、既に人口統計学的要因への言及がなされていることに気づく[6]。しかしながら、後の研究において、この点に注意が払われることはあまりなかった。「キョウダイ」データを用いた分析（近藤1996；平沢2004, 2011など）は、この観点に踏み込んだ意欲的な研究例と言えるが、少なくともこれまでのところ、検討の射程はやはり親子2世代（核家族）に留まっている。また安田（1971）は祖父効果にも言及しているが、先の片岡（1990）以降は研究が途絶えている。

　しかしながら、従来の枠組では把握できなかったからといって、多世代にわたる家族や親族（以下、これらをまとめて「拡大家族」と呼ぶ）の影響がないと結論づけることはできない。とりわけ、直系家族制や長男家族との3世代同居の存在してきた日本社会（施2008）[7]では、「拡大家族」の影響が相対的に強いのではないかと予想される。いずれにせよ、拡大家族効果の解明は、今までとらえられてきた以上の「階層」効果を見出すこととなり、階層研究全体の見直しに発展していくかもしれない。その意味では、こうした実証データの収集と分析は、階層研究における「理論的焦点の転換」（Merton 1949 = 1961）をもたらす可能性さえ秘めている。もちろん、前章までに示した理解がどの程度の妥当性を持つかを検討するためにも、拡大家族の影響を考慮することには、大きな意味があると考えられる。

2. 拡大家族効果の研究動向と分析課題

2.1. 近年の研究動向

　上記の通り、これまでは十分な注意の払われてこなかった拡大家族効果であるが、Mare（2011）の議論にも触発され、近年、実証研究が急速に展開している。このうち、本書に直接関わる興味深い研究例として、たとえば大学進学に関する3世代の効果を検討したLawrence（2012）がある。彼は、全国的な縦断調査（The Education Longitudinal Study of 2002）のデータを用いて、親だけでなく祖父母が大学へ進学したか否かの累積的な効果に着目している。分析の結果、本人が大学進学第2世代（祖父母は非進学だが親は進学）の場合、第1世代（祖父母も親も非進学）と比較して、大学に進学するか否かにおいても大学の種類（「四大か短大か」や「セレクティブな大学か否か」）の選択においても有利になること、第3世代（祖父母も親も進学）は第2世代と比較してもさらに有利であることなどが見出されている。また、こうした違いを生み出す背景として、大学に関する情報の入手源、大学進学や高校生活に関する様々な事柄を親と話した頻度などが検討されている。拡大家族効果の観点から興味深いのは、家庭での会話の頻度に祖父母学歴の効果が認められること、しかも大学や成績の話ばかりでなく、最近の出来事や課外活動などに関する会話の頻度にも差が認められている点である。これらの結果は、本書が着目してきた文化的資源や志向性の効果に、祖父母世代からの影響も含まれている可能性を示唆する。

　一方、ヨーロッパ11カ国を対象とした比較研究プロジェクト（The Survey of Health, Ageing and Retirement in Europe）のデータを用いたDeindl and Tieben（2012）の研究も興味深い。彼らは、親の資源を統制しても、祖父母世代の文化的資源が子どもの学歴達成に対して強い直接効果を持つこと、経済的資源も弱いながら有意な直接効果を持つこと、親の資源が少ないほど祖父母の資源が強い効果を持つことなどを明らかにしている。前章の結果をふまえれば、祖父母世代による文化的資源の影響は、祖父母から孫への教育期待の影響をとらえている可能性が指摘できる。また、経済的資源の直接効果としては、日本の文脈におきかえれば、祖父母が教育費などを援助している姿が想像される。

2.2. 分析課題

以上をふまえ、本章の分析課題を以下のように設定する。

第1の課題は、現代の日本社会における子どもの学歴達成に対して、拡大家族が影響するか否かを確かめることである。仮にそうした影響が認められないのであれば、従来通り、核家族内のメカニズムに焦点化すればよいことになる。これに関連して片岡（1990）は、先述の通り、祖父効果の弱まりを明らかにするとともに[8]、その原因として核家族化や高学歴化の影響に言及している。それから20余年を経て、そうした状況がさらに進行した今日では、拡大家族効果が一層弱まっていることが予想される。

ただし、そうした予想とは異なり、今日でも無視できない拡大家族効果が残されている可能性もある。だとすると、それは一体どのような理由によると考えられるだろうか。これを検討するのが第2の課題だが、先の議論をふまえれば、まずは日本の家族制度の影響を考えるべきだと言えるだろう。直系家族制と長男同居に象徴される日本の伝統的な親族間関係のあり方からは、子どもの学歴達成に対する拡大家族の影響も、父方親族から長男に対して強く働くことなどが予想される。仮にこうした結果が認められた場合には、拡大家族の影響に伝統的な家族制度が強く影響していると解釈できるだろう。

ところが、孫の出生順位と孫が祖父母に感じる親密感との関連を検討した前原ほか（2000）では、男女にかかわらず、孫が長子の場合に祖父母への親密性が増すという結果が得られている。ここからは、性別によらず長子である孫が、第2子以降の孫と比較して、祖父母から良好な待遇を受けていることが予想される。なお、子どもの出生順位は、従来の核家族データを用いた研究でも着目されており、相対的に新しい世代では、長子ほど学歴達成に有利であると報告されている（近藤1996；平沢2011）[9]。これらの知見を組み合わせれば、祖父母から優遇された長子孫[10]の学歴が高くなるという予想が成り立つ。

他方、父方と母方による親密感の相違に関しては、父方より母方親族との関係が良好であると指摘されることが多い。たとえば、赤澤ほか（2009）による、祖母・母・孫を対象としたコミュニケーション態度に関する認知の研究では、地域（福井県／福井県以外）や家族形態（父方同居三世代家族／核家族）にかかわらず、孫は母方祖母のコミュニケーション態度をより肯定的に、父方祖母の態

度をより否定的に認知するという結果が報告されている[11]。同様に、杉井 (2006) は、小学生から大学生までの孫と祖父母を対象に関係性を調査し、母方に比べると、父方祖父母に否定的な思いが強く示されることを明らかにしている。田中ほか (1987) による大学生の孫を対象とした別居祖父母との交流実態に関する調査も、訪問・電話・贈物の交流において、父方より母方との頻度が多いと報告する。したがって、こうした親密性に関する研究と同様に、学歴達成に対しても母方親族による強い効果が認められた場合には、伝統的な家族制度を背景とした資源の継承などよりも、彼らが直接に子育てに強く関与すること（直接的な社会化）こそが、拡大家族効果を生み出す主な要因だと推測できる。

なお、学歴達成過程の階層差に着目してきた本書の枠組にしたがうなら、拡大家族の影響についても、段階的な移行に沿って検討するのが理想的である。ところが、最近の世代では高校進学率が100％に近くなっており、本章で用いるNFRJ08データでも、高校へ進学していない「子ども」は2％に留まる[12]。したがって、ここでは高校卒業後の移行のみを分析の対象とする。

3. データと変数の構成

3.1. データ

先述の通り、学歴達成の階層差に関する研究の射程は、基本的には親子2世代の範囲内に留まってきた。このため、拡大家族効果を分析可能なデータは少なく、日本でこの分野をリードしてきたSSM調査でも、利用可能な情報は限られている[13]。特に1995年以降の新しいSSM調査では子どもの学歴が聴取されていないため、3世代の関連を検討できないという限界がある[14]。

これに対し、第3回全国家族調査（National Family Research of Japan 2008: NFRJ08）では、図7-1に示したように、調査対象者の父母、配偶者、キョウダイ、子どもの学歴を調査しており、調査対象者の「子ども」からみれば、「祖父母」「父母」「オジオバ」「キョウダイ」との学歴相関が把握できる設計となっている。従来、全国レベルでオジオバ学歴まで調査した例はなく、貴重なデータだと言えるだろう[15]。なお、現代日本社会ではほとんどの者が高校ま

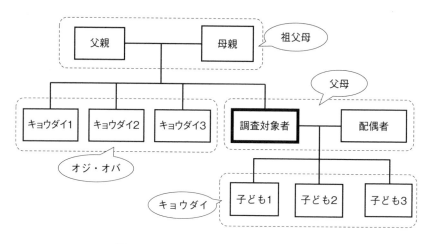

図7-1　NFRJ08で利用可能な学歴情報

で進学し、学歴の主たる違いは高等教育を受けるか否かに現れる。したがって、本章では、有効票本数5,203票のうち、子どもが19歳以上に達しているケースのみを分析に用いることとする。

なお、NFRJ08のように回答者を中心とした2者関係の情報を収集した調査を、ダイアド集積型の調査と呼ぶ（保田 2011）が、データの特徴を最大限に生かすには、関心のあるダイアドに注目してデータの構造を再構成することが望ましい。本章では、拡大家族と「子ども」の関連に主眼をおいているので、ここでは調査対象者の子どもを分析単位とする構造にデータを再構成している。

3.2. 学歴変数の構成

分析の中核をなす各学歴変数の構成についても明記しておこう。まず、「父母」学歴は調査対象者とその配偶者の学歴を、「祖父母」学歴は調査対象者の父母の学歴を、「オジオバ」学歴は対象者のキョウダイの学歴を、「子ども」の学歴は対象者の子どもの学歴をそれぞれ用いる。なお、図7-1にも示したように、調査では配偶者の父母やキョウダイの学歴を調査していないため、子どもからすれば父方・母方いずれかの親族学歴しかわからない点には注意が必要である。

ところで、分析では父方・母方の区分や子どもの出生順位など様々な条件を

表7-1 各家族カテゴリーの学歴構成

(%)

	中学	高校	短大	大学	不明	無回答
子ども	2.0	49.0	13.1	34.5	—	1.3
父親	18.7	44.2	2.8	23.3	9.5	1.4
母親	19.4	58.3	11.9	5.6	3.2	1.5
オジ	24.3	51.1	2.3	21.3	—	1.1
オバ	31.1	55.2	7.7	4.6	—	1.4
祖父	53.9	16.0	3.3	5.3	16.3	5.1
祖母	54.6	21.9	2.7	0.7	15.0	5.2

注)「中学」には旧制小学校や青年学校を、「高校」には旧制実業学校・師範学校と新制専門学校を、「短大」には旧制専門学校・高等師範学校と新制高専を、「大学」には大学院をそれぞれ含む。「子ども」と「オジ」「オバ」に「不明」がないのは、そうした選択肢がないことによる。父母の「不明」は配偶者がいないケースに該当する。

考慮するので、解釈を容易にするためにも、セルごとのケース数を確保するためにも、学歴変数のカテゴリー数は少ない方がよい。上述の通り、子どもの場合は高等教育を受けたか否かが問題となるので、他の家族成員の場合も学歴を2段階に区分することにしよう。

なお、本章の分析においては、たとえば「祖父母が大学を卒業していると子どもも大学に進学しやすい」といったような、特定の学歴（この例では「大卒」）に関する家族成員間での相関（特定学歴カテゴリーの再生産）に関心があるわけではなく、たとえば「祖父母の学歴が高いと子どもの学歴も高くなる」といったような、相対的な学歴の上下に関する「家族」内での関連性（相対的な学歴序列の相関）に関心がある。したがって、すべての世代で共通の学歴分類を用いるのではなく、各カテゴリーの分布状況をふまえて学歴分類を作成することが妥当である。

ここで家族成員カテゴリーごとに学歴構成を調べた表7-1を見ると、子ども世代は高等教育（大学または短大）を受けるか否かによってほぼ2等分されるが、父母世代では義務教育までの者も少なくなく、祖父母世代では義務教育までの者が半数強を占めている。ここで、父母・オジオバ・祖父母については、それぞれの組み合わせの変数を設定すると、父母の場合は「ともに中等以下／少なくとも一方が短大以上」、祖父母の場合は「ともに義務教育まで／少なくとも一方が中等以上」、オジオバの場合は「全員が中等以下／少なくとも1人が短大以上」と区分することによって、比較的バランスのよい分布が得られる。

したがって、分析でもこれらの区分を適用しているが、煩雑さを避けるため、それぞれについて「学歴低」「学歴高」と表記することにする[16]。

4. 拡大家族の影響

4.1. 拡大家族学歴の独自効果

表7-2は、親の学歴を統制した上で、祖父母やオジオバの学歴と子どもの高等教育進学率との関連をとらえた結果である。ここから、親学歴が低い場合の祖父母効果を除いて、祖父母やオジオバの学歴が高いケースで、子どもの進学率も高いという関連が統計的に有意であることがわかる。

興味深いのは、オッズ比からもわかるように、両親の学歴が高いほど祖父母やオジオバの効果も大きい点である。特に祖父母の場合には、両親が高学歴のケースにおいてのみ、統計的に有意な独自効果を持つ。このように、祖父母の学歴が高くとも、親の学歴が低ければ効果を発揮しないが、祖父母、父母と高学歴が累積すると子どもの学歴も高くなることを祖父母学歴の「累積効果」と呼ぶことにしよう。これと対照的に、オジオバの場合には、親学歴が低い場合であっても、オジオバ学歴が意味を持つ。この点に着目するなら、オジオバ学歴は、親の低学歴を補償する効果を持っていると解釈することも可能である。これをオジオバ学歴の「補償効果」と呼んでおこう。

4.2. 家族制度の影響に関する検討

上記の通り、祖父効果の弱まりという指摘（片岡 1990）からの予想に反して、今日でも拡大家族の独自効果が認められた。では、こうした拡大家族効果を生む背景には、日本の伝統的な家族制度の影響があるのだろうか。

図7-2は、第1節での議論をふまえ、父方と母方で拡大家族の効果が異なるか否かを調べた結果である。はじめに指摘できるのは、親学歴が低い場合の祖父母効果（左下の2組のグラフ）については、父方・母方ともグラフがほぼ平坦であるのに対して、他の3組のケースでは右上がりのグラフになっていることである。これは先の表7-2に認められた傾向、すなわち祖父母の「累積効果」とオジオバの「補償効果」が、父方母方の違いを考慮しても基本的には

表7-2 親の学歴別にみた祖父母・オジオバ学歴と子どもの高等教育進学率の関連

				子どもの進学率（%）	N	χ^2検定の結果（p値）	オッズ比
親学歴	低	祖父母学歴	低	40.5	1793	.271	1.1
		祖父母学歴	高	42.9	723		
親学歴	高	祖父母学歴	低	65.7	586	.000	2.0
		祖父母学歴	高	78.9	877		
親学歴	低	オジオバ学歴	低	38.2	2019	.000	1.8
		オジオバ学歴	高	53.1	497		
親学歴	高	オジオバ学歴	低	62.9	642	.000	2.7
		オジオバ学歴	高	82.0	821		

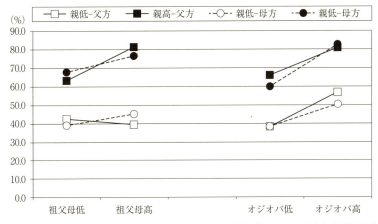

注）各家族カテゴリーにおいて「低」「高」とあるのは学歴の高低を表している。たとえば「親低」とは、親の学歴が低いケースを、「祖父母高」とは祖父母の学歴が高いケースをそれぞれ意味する。

図7-2 父方・母方別にみた家族学歴と子どもの進学率の関連

維持されていることを意味している。

そこで、これらの効果が父方と母方でどのように異なるかに着目すると、グラフから明確な傾向を読み取ることは難しいことがわかる。あえて、父方と母方の違いに注目すると、まず祖父母の場合、親学歴が低いと母方の効果が、親学歴が高いと父方の効果がそれぞれ強いという傾向を読み取ることが一応でき

4. 拡大家族の影響 213

る。ところが、オジオバの場合には全く逆の傾向となっている。すなわち、親学歴が低い場合には父方の、親学歴が高い場合には母方の効果がそれぞれ強い。つまり、父方か母方かによって一貫した影響力の違いを読み取ることはできないのである。もちろん、個々の関連に着目すれば興味深いストーリーを引き出すことも不可能ではないが[17]、全体としての一貫性を欠くことからすれば、そうしたストーリーが現実に妥当するとは考えにくい。

　次に、子どもの出生順位[18]による影響を調べてみよう。子どもの出生順位とは文字通り生まれた順位のことだが、日本の伝統的な家族制度との関連から関心が高いのは、単なる順位ではなく性別を考慮した順位、とりわけ長男であるか否かであろう。そこで性別も考慮した出生順位の影響を調べた結果が表7-3である。ここから第1に、祖父母と親、あるいはオジオバと親がともに低学歴である場合に、性別出生順位の違いが統計的に有意であることがわかる。どちらの場合も、もっとも進学率が高いのは長男であり、その後に、長女、次三男（次男および三男）、次三女（次女および三女）と続く。親も祖父母も学歴が低い場合には、社会経済的地位も低い傾向にあるはずなので、この点に着目すれば、経済的資源の相対的に乏しい層で「選択的投資[19]」が行われている可能性が指摘できる。あるいは、これらの層では長男を重んじる伝統的な規範意識が強く働いているという解釈も可能かもしれない。ただし、長男の進学率だけが突出して高いわけではなく、長女の進学率が高い傾向も同時に認められる。ここからは、前原ほか（2000）も指摘していたように、性別に関わらない出生順位の影響が考えられる。

　これを検討したのが表7-4である。親と祖父母あるいは親とオジオバがともに低学歴の場合に順位による違いが有意であることは、先に確認したのと同様である。しかしながら、表7-3に見た性別順位の影響とは異なる面も認められる。まず、親もオジオバも高学歴のケースにおいても順位による差異が有意である。また、10％水準で見れば、親と祖父母がともに高学歴のケース、親が低学歴でオジオバが高学歴のケースなどにも統計的に有意な差が認められ、いずれの場合も順位が早いほど進学率の高い傾向があることがわかる。また、有意でなくとも、第1子の進学率が高い傾向は、すべてのケースに認められる。

　以上から総合的に判断するなら、性別規範も含んだ伝統的な家族制度の影響

表7-3 子どもの性別出生順位別にみた家族学歴と子どもの進学率の関連

(%)

				長男	次三男	長女	次三女	χ^2検定の結果(p値)
親学歴	低	祖父母学歴	低	44.7	35.1	41.3	33.6	.004
		祖父母学歴	高	44.9	40.4	43.6	38.0	.656
親学歴	高	祖父母学歴	低	67.0	65.4	67.5	58.6	.497
		祖父母学歴	高	79.8	74.6	80.4	76.6	.506
親学歴	低	オジオバ学歴	低	41.8	34.0	39.3	30.8	.004
		オジオバ学歴	高	57.1	47.9	51.9	51.5	.552
親学歴	高	オジオバ学歴	低	61.6	59.1	67.0	60.0	.450
		オジオバ学歴	高	84.8	80.5	81.9	75.0	.172

表7-4 子どもの出生順位別にみた家族学歴と子どもの進学率の関連

(%)

				第1子	第2子	第3子	χ^2検定の結果(p値)
親学歴	低	祖父母学歴	低	43.7	38.8	34.2	.017
		祖父母学歴	高	46.6	38.9	40.2	.130
親学歴	高	祖父母学歴	低	68.0	66.2	55.8	.136
		祖父母学歴	高	81.7	77.1	71.7	.059
親学歴	低	オジオバ学歴	低	41.1	36.2	33.5	.028
		オジオバ学歴	高	58.4	50.0	44.0	.053
親学歴	高	オジオバ学歴	低	64.3	63.1	57.0	.479
		オジオバ学歴	高	85.6	80.3	71.1	.003

というよりも、男女にかかわらず、出生順位によって進学率が異なると理解した方がよいように思われる。これに関連して平沢（2012）は、親が長子を優遇する意図を持たない場合でも、経済的な資源が不足してしまい、結果的に順位の遅い子どもに十分な投資をできなくなってしまう可能性を指摘している。全体的に「家族」学歴の低い家庭（すなわち平均的には経済的資源も乏しい家庭）で出生順位の効果が顕著に認められたという結果も、平沢の解釈と整合性がある。

なお、それぞれの出生順位において「家族」学歴の効果を比較してみると、

先に指摘した祖父母とオジオバの違いが改めて確認できる。すなわち、祖父母の場合にはどの順位においても累積効果が認められ、オジオバの学歴はどの順位においても親の低学歴を補償する効果がある。出生順位別に見ても以上の結果が再確認されたことから、拡大家族効果は子どもの出生順位とは相対的に独立して作用していることが推察される。

4.3. マルチレベル・モデルによる分析結果

以上の結果をふまえ、子どもの学歴達成に関するマルチレベル・ロジスティック回帰モデルによる分析を行う。なお、マルチレベル・モデルとは、何らかのグループ毎にデータが収集されており、グループ内の類似性（非独立性）が予想される場合に、グループ属性の効果を統計的に適切に推定するために開発されたものである。データの項に述べた通り、NFRJ08は、回答者を中心としたダイアドの情報を収集した、ダイアド集積型の家族調査である。つまり、家族というグループ毎にデータを収集したとみなすことができ、家族内での類似性が想定されるので、マルチレベル・モデルによって分析することが妥当なデータだと判断できる（保田 2011）。

分析結果を示す前に、モデルの設定について補足しておこう。まず、データの水準については、子どもの出生順位、性別、出生年など子ども自身に関わる要因を第1水準（個人水準）、子ども数[20]や家族学歴など子どもの「家族」にかかわる要因を第2水準（集団水準）に設定している。これに関連して、保田（2011）は、ダイアド集積型のNFRJデータでは、第1水準の変数の多くがmixed variablesであり、第1水準の効果として推定された値には、第2水準の効果も含まれる可能性がある点に注意が必要だと指摘している。本章のモデルでは、第1水準の出生順位がmixed variablesの可能性を持つ。なぜなら、たとえば3番目という出生順位が可能となるためには、子ども数が3人以上いなければならないというように、出生順位は第2水準に設定された「子ども数」と関連するからである。そこで両者の相関による影響を検討するために、順位の代わりに第1子ダミーを用いた分析も行ったが、分析結果に大きな違いは認められなかった[21]。したがって、ここでは出生順位をそのまま用いることとする。

ところで、祖父母の累積効果に代表されるように、家族学歴の影響には複雑な交互作用が認められるため、そのまま投入すると、こうした複雑な関係をとらえることが難しくなってしまう。そこで、家族学歴については、祖父母・父母・オジオバの3者を組合せた変数を作成することにしよう。本章では、祖父母・父母・オジオバをそれぞれ2値変数として構成しているので、家族学歴を表す組合せは全部で8パターンになる。分析では、3者すべてにおいて低学歴のケースを基準カテゴリーに設定したダミー変数として投入している。

　表7-5は、以上の手続きにしたがって、マルチレベル・モデルによる推定を行った結果である。モデル1は、NULLモデルと呼ばれる切片と誤差分散のみを推定したモデルであり、この結果からマルチレベル・モデルを用いて分析する必要性を検討することができる。その判断材料となるのは、全分散のうち第2水準のグループの違い（すなわち子ども自身ではなく家族の違い）によって説明できる分散の割合を示す「疑似ICC (intraclass correlation coefficient)」の値である[22]。モデル1の擬似ICCを求めると57%と高い値であり、このデータにマルチレベル・モデルを適用することが妥当だとわかる。これは、同じ家庭で育ったキョウダイの学歴が関連していることを意味しており、常識的にも納得できるものだと言えよう。

　次のモデル2は、前半の分析で考慮した諸変数を統制した上で、家族学歴の効果を検討したものである。ここから「祖父母のみ」が高学歴である場合をのぞいて、家族学歴はいずれも統計的に有意であることがわかる。

　ただし、これでは効果の様相がわかりにくいので、家族学歴の組合せの効果をオッズ比に変換して示したのが図7-3になる。ここから、3者とも低学歴の場合を基準として、父母が高学歴であると（「父母のみ」）、子どもの大学進学のオッズ比が約4倍になることがわかる。同様に、祖父母のみが高学歴の場合は1倍で全く効果がないが、合わせて父母も高学歴の場合（「父母と祖父母」）はオッズ比が7.5倍になる。これは、先に「累積効果」と呼んだ結果に対応している。オジオバの場合は、父母が低学歴でもオジオバが高学歴であれば（「オジオバのみ」）オッズ比が約3倍になっており、先に見た「補償効果」がここでも確認できる。なお、3者の学歴がいずれも高い場合に最も大きな効果を示すことから、祖父母学歴とオジオバ学歴がそれぞれ独自の加算的効果を持つこと

表7-5 マルチレベル・モデルによる分析の結果

	モデル1	モデル2	モデル2'	モデル3
固定効果				
切片	.24**	21.15**	-39.55	-75.71
第1水準				
出生順位		-.20**	-.33*	-.36*
男子ダミー		.11	.32	.34
出生年		-.01	.02	.03
第2水準				
子ども数		-.37**	-.35*	-.30
家族学歴				
父母のみ		1.40**	.88*	.65
祖父母のみ		-.03	-.63	-.79
オジオバのみ		1.06**	.60	.43
父母と祖父母		2.02**	1.93**	1.58**
父母とオジオバ		2.86**	2.51**	2.05**
祖父母とオジオバ		1.02**	.82	.65
父母・祖父母・オジオバ		3.13**	3.07**	2.65**
世帯収入（対数変換）				1.05**
ランダム効果				
家族水準誤差分散	4.37	3.03	3.66	3.34
モデル適合				
パラメータ数	2	13	13	14
-2LL	5112.5	4695.3	1312.2	1289.1
ケース数				
第1水準	3,979		1,138	
第2水準	1,965		682	

注）「家族学歴」は相対的に高学歴である家族成員の組合せ。たとえば「父母のみ」は父母のみが高学歴の場合、「父母と祖父母」は父母と祖父母が高学歴の場合など。モデル2'と3は1980年代に生まれた者のうち父親と子どもの年齢差が18歳以上かつ調査時点の父年齢が60歳未満のケースに限定している。 *p<.05 **p<.01。

も読み取れる。

　では、こうした拡大家族効果は、一体いかなるメカニズムによってもたらされたと考えればよいだろうか。1つの可能性として考えられるのが、経済的な資源の継承による効果である。祖父母学歴については「累積効果」が観察されたが、祖父母も親も高学歴の家庭は経済的な資源も豊富な傾向にあると予想されるので、これはもっともらしい理解と言える。また、Mare（2011）による「資本の耐久性」という議論をふまえても、観察された学歴効果の背景には、家族内で継承された経済的資源が強く関与しているのではないかと予想できる。

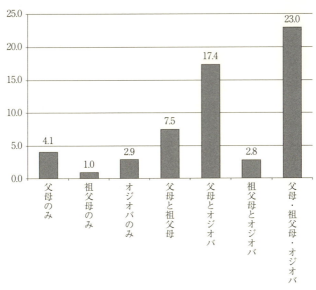

注) 表7-5のモデル2における家族学歴の効果（オッズ比）。

図7-3　子どもの高等教育進学に対する家族学歴の直接効果

　幸いNFRJ08データでは子どもの親にあたる調査対象者の世帯収入を知ることができるので、この情報を用いて解釈の妥当性を検討してみたい。

　ただし、NFRJ08データで確認できるのは調査時点の収入と、既に達成された子どもの学歴であり、両者には時間的なズレがある。一般に、調査時点の収入は子どもの養育期における収入と一定の相関を持つと期待されるが、子どもの年齢が高い場合には時間的なズレが大きくなってしまい、この想定にも無理が生じる。他方、親が高齢で退職している場合にも、現在の世帯収入を子どもの養育期における家計の指標として用いることは妥当性を欠く。また、親の年齢が極端に低い場合には、子どもの養育後に再婚したケースが含まれる可能性もある。以上を勘案して、子どもが若く（1990年代末から2000年代に移行を経験したコーホート）大学進学時からあまり時間が経っていないケースのうち、子どもと父親との年齢差が18歳以上であり、なおかつ調査時点における父親の年齢が60歳未満のケースに限定して、試みに世帯収入の効果を検討しよう[23]。

　モデル2'は、この制限サンプルを用いてモデル2と同様の分析を行った結

果であり、モデル3はモデル2'に世帯収入の効果を加えた結果である。モデル2'とモデル3を比較すると、個人レベルの変数には大きな変化がない一方、家族学歴の効果は明らかに値が小さくなっている。つまり、家族学歴の効果として観察された結果には、少なくとも親世代の収入の効果が含まれていたことがわかる。しかしながら、残された家族学歴の効果、特に親に加えて祖父母やオジオバも高学歴であることの影響は大きなものであり、世帯収入に還元されない拡大家族の影響についても検討すべきことを示している。また、全体を通して、オジオバ学歴が親学歴に準ずるほどの強い効果を持っていることも、経済的資源の継承だけでは説明できない拡大家族の影響を示唆している。

5. 結果のまとめと考察

5.1. 結果のまとめ

　本章ではNFRJ08データを用いて、祖父母やオジオバの学歴が子どもの大学進学に及ぼす直接的な影響について、日本の伝統的な家族制度の影響も考慮しながら詳細に検討した。分析結果のうち主な知見は以下のようにまとめられる。1) 父母の学歴を統制しても、祖父母とオジオバの学歴が子どもの大学進学に対して、それぞれ独自の直接効果を持つ。2) 祖父母学歴が効果を持つのは、祖父母世代から父母世代にかけて高学歴が累積した場合に限られる（累積効果）。3) オジオバの場合は、親の学歴が低くても効果を持つ（補償効果）。4) 父方と母方で効果に明確な違いはない。5) 長男かどうかといった性別を考慮した順位ではなく、性別と関わらない出生順位そのものが子どもの進学率と関連している（順位の早い者ほど進学率が高い）。6) 拡大家族成員の学歴は親の経済的資源に還元されない独自効果を持つ[24]。

5.2. 仮説の再検討

　このうち1)と2)に関連して、Mare (2011) は、ヒエラルヒーの上位層と下位層において多世代効果が発生すると指摘していた。祖父母の効果が高学歴の累積した場合に限られるという本章の結果は、この指摘に対応するとも解釈できる。しかしながら、そこで指摘されたのは、階層の上下末端（the extreme top and bottom of the social hierarchy）における多世代的な有利や不利の継承であった。それに比べると、日本の拡大家族効果はより広範囲で認められたと言えるだろう[25]。その理由の1つとして予想されたのが、日本の社会制度、とりわけ伝統的な家族制度の影響であった。

しかしながら、4）と5）に示したように、父方親族の影響が強いとか長男のみを優遇するような結果は得られておらず、伝統的な家族制度の影響を主張することは難しいと判断された。もちろん、こうした議論を進めるには、同居の効果も併せて検討すべきだという意見もあるだろう。残念ながら、本章では、同居の影響を検討できていないという限界がある[26]。しかし、そもそも現代の日本では核家族世帯が大半を占めており[27]、しかも、祖父母と親がともに高学歴のケースで同居が多いという事実も認められない[28]。にもかかわらず、上記のような祖父母効果が認められたことから判断するなら、重要なのは同居しているかどうかではないと考えた方がよいだろう。1）と3）に示したように、オジオバが大きな効果を持つという結果も、同居自体の重要性を強調する理解とは相容れない。

他方、祖父母と孫の関係性に関する先行研究では、父方よりも母方祖父母が密接かつ良好な関係を持つと指摘された。ところが、4）に示したように、母方祖父母の効果が強いという分析結果は得られなかった。それはオジオバについても同様であった。先行研究の指摘したように、母方親族は父方よりも子どもと親密な関係を持つ傾向にあるのだろう。ところが、以上の結果は、そのように親密な関係にある親族が、必ずしも子どもの学歴達成に強く関与するわけではない——つまり、例えば高学歴な親族と交流することで必ずしも子どもの学歴が高くなるわけではない——ことを示唆している。

以上の分析結果から、本章で検討したような意味における伝統的な家族制度は、拡大家族効果の有り様に影響しないと結論づけることができる。ただし、このような結論が得られたからといって、当然のことながら、広義の階層の影響が社会制度と関連しないと主張できるわけではない。本書を通じて議論してきたように、選抜制度の状況は間違いなく学歴達成の階層差に影響しているし、ここで検討したのとは異なる意味において、家族制度が影響している可能性も残されている。

5.3. 教育的地位志向の形成と拡大家族

　これまでの考察では、拡大家族効果が生じた理由は不明なままである。この謎を解くには、何かしら発想の転換が必要なのだろう。ここで、1つの可能性として考えられるのは、観察された拡大家族効果が、祖父母やオジオバの直接的な関与を示すわけではないと解釈することだろう。もちろん、本章で検討したのとは別の形で、拡大家族成員が子どもの学歴達成に直接的に関与した可能性も考えられないわけではない。しかしながら、それに該当する有力な説明が見当たらない現状では、別の解釈の可能性を検討してみてもよいように思われる。

　ここで振り返ってみると、本章で検討したのは、祖父母やオジオバの学歴と子どもの学歴との関連であった。前章までの結論をふまえると、こうした関連は、「祖父母やオジオバの学歴（教育的地位）が親自身の教育的地位志向の形成に関与する」ことをとらえたものだとは考えられないだろうか。すなわち、まず祖父母の場合、本章で明らかにされた重要な知見は、祖父母も親も高学歴である場合に限って、その効果が認められること（累積効果）であった。自分だけでなく自分の親も高学歴である場合、そうでない場合と比較して、親の教育的地位志向が高くなると予想するのは妥当なことだろう。ただし、祖父母が高学歴であっても、親自身が低学歴の場合には祖父母効果が認められなかったので、親の教育的地位志向は、自分の親（子どもの祖父母）よりも自分自身の学歴に強く規定されると解釈できる。

　こうした理解は、「資本の耐久性」（Mare 2011）に関する先の議論と矛盾するように感じられるかもしれない。教育的地位志向は、経済資本に比較して耐久性が低い（多世代における継承が容易でない）のに、それが多世代効果を生み出す主役だと理解するのは、辻褄の合わない説明に見えるからである。しかし、これは誤解である。上の解釈では、教育的地位志向自体が、ブルデューの考えたように、一種の文化資本として祖父母世代から親世代に半ば無意識のうちに伝達されると言っているのではない。自分も親も高学歴である者は、その状況を考慮して、子どもに対する教育的地位志向を高く設定するのではないかと解釈しているのである。

　オジオバの影響についても同様に、親は自分自身の学歴とは独立に、自分の

キョウダイの学歴にも強く影響を受けながら、教育的地位志向を形成していると解釈することができる。本章では、オジオバ学歴を、親のキョウダイ1人1人の属性ではなく、親のキョウダイを代表する指標としたので、こうした解釈との整合性も高いと言えるだろう。なお、荒牧（2011c）は、オジオバの「いない」家庭を基準にすると、オジオバ学歴が高い場合の正の効果ばかりでなく、オジオバ学歴が低い場合の負の効果も認められることを明らかにしているが[29]、教育的地位志向モデルに沿った上記の解釈は、この分析結果とも辻褄が合うと言えるだろう。子どもとオジオバとの日常的な直接的交流が活発でないケースも多いと予想される現代の日本社会において、比較的強いオジオバ効果が観察されたことを考慮しても、これはリアリティのある解釈ではないだろうか。

「祖父母やオジオバの学歴が子どもの学歴達成に直接効果を持つ」という本章の分析結果は、それ自体として大変に興味深いものだったと言えるだろう。また、そうした関連が、伝統的な家族制度を背景にした資源の直接的継承や、祖父母やオジオバによる直接的な社会化によって生まれる、という先行研究からの予想が外れたことも意外な結果であった。これに対して本章では、「拡大家族の学歴は、親の教育的地位志向の形成に影響することを通じて、間接的に影響を及ぼす」というメカニズムに沿って解釈を行った。換言すれば、親の教育的地位志向は、親自身の地位ばかりでなく、祖父母やオジオバなど拡大家族の地位も参照して形成されるということになる。もちろん、これは実証的なデータ分析も不足している段階での推論であり、新たな研究によって覆される余地も残されている。ただ、いずれにしても、従来の核家族枠組を超えて、拡大家族の状況も同時に考慮することが、「階層」の影響を再考する契機となることは間違いないだろう。家族形態の多様化が進行している現状に鑑みれば、今後、こうした観点から研究を進める意義は高まっていくものと思われる。

注
1) キョウダイの影響に着目する研究は、後述の通り、こうした典型例の限界を超え、家族構造の影響に着目した展開であるが、研究の射程は、核家族の範囲内に留まっている。
2) データの限界から、女性については分析がなされていない。
3) Mare（2011）は、2010年のPAA（Population Association of America）

年次大会での会長講演を改訂したものである。2012年に行われた国際社会学会（ISA）階層部会（RC28）の年次大会や、ミシガン大学 Survey Research Center の主催で行われた多世代効果に関する国際カンファレンスでも、この論文に基づく Mare の基調講演が行われており、注目度は高いと言えるだろう。この点について詳しくは荒牧（2013）を参照されたい。

4) これらの社会に関するデータの収集事例として、トライマンらの試み（Treiman and Walder 1998 など）が紹介されている。

5) これは、近年のいわゆる格差社会論の中で注目された「誰が結婚できるか」といった問題や健康と階層の問題とも直結している。

6) 安田（1971）では、人口統計学という用語が用いられているわけではないが、「家族の問題」として、出生順位や長男相続、データの収集単位と分析単位（どの世代を単位とするか）、親の死亡時期などを取り上げるとともに、地域間移動にも言及している。

7) 施（2008）は、NFRJ-S01 データを用いた分析から、近年でも長男同居が主であることを明らかにし、伝統的な家族制度が今日の家庭生活にも影響を残していることを指摘している。

8) 片岡（1990）は、1955 年調査との比較から、1985 年調査データでは、相対的に高学歴の祖父を持つ有利さがなくなったことを指摘している。

9) 平沢（2011）によれば、古い世代では逆の傾向も認められるものの、1950年代以降の出生においては、この傾向が明確に認められるという。本章の分析対象は概ね後者の世代に該当しており、確かに第1子の進学率が高い傾向にある。

10) 出生順位が一番である孫のこと。ただし、ここで問題にされているのは、あくまで孫のキョウダイの中での順位であり、祖父母にとっての初孫であるかどうかはわからない。

11) 赤澤らの関心は父方／母方の別による違いにはなかったため、値の差異の統計的な有意性については示されていないが、彼らの分析結果からは、ここに示したような一貫した傾向が読み取れる。

12) 第3章の分析で対象となったのは、調査対象者本人（20歳以上の成人）であり、出生コーホートも 1936 年から 1985 年であるが、後述の通り本章では調査対象者の子どもを分析対象としているため、高校へ通っていない者は非常に少なくなっている。

13) 先の片岡（1990）が用いた 1955 年と 1985 年の SSM 調査でも、子どもの学歴は長男についてしか聴取されていない。

14) ただし、本書の執筆中に実施されている 2015 年 SSM 調査では、家族に関して幅広い情報を聴取しており、本章と同様の分析が可能となっている。なお、2015 年 SSM 調査に先立ち、教育体験と社会階層の関連性に着目して 2013 年に実施された「教育・社会階層・社会移動全国調査」（ESSM2013）

も、本章と同様の分析が可能な設計となっている。このデータを用いて、オジオバ学歴の効果について分析を行った結果、本章と同様の結論が得られることが確認されている（荒牧 2015）。
15) 調査の詳細は、日本家族社会学会・全国家族調査委員会（2010）を学歴の聴取方法は荒牧（2011c）を参照されたい。
16) 荒牧（2011c; 2012）では、父と母やオジとオバを別々に変数化した分析を行ったが、本章で着目した主な知見には相違がないため、ここでは簡便な方法を用いた。ただし、荒牧（2011c）で指摘したように、特にオジオバの変数化には様々なバリエーションが考えられるため、それにより異なる知見が認められる可能性は残されている。
17) たとえば、親学歴が高い場合の祖父母の累積効果は、母方よりも父方で顕著なように見えるので、伝統的な家族制度の影響を想定することも可能である。ただし、オジオバの場合には全く異なる結果なので、別のストーリーを考えなければならない。
18) NFRJ08 データでは 7 人までの子ども数がデータ化されている（7 人以上はひとまとめにデータ化されている）が、図 7-1 にも示した通り、学歴など詳しい情報がわかるのは上から 3 人目までである。したがって、以後の分析における子どもの順位に関する言及は、3 番目までの順位にとどまる。なお、子どものいるケース全体の 95% が子ども数は 3 人以内である。
19) 平沢（2011）によれば、親が資源の制約のもとで子どもの特性に応じて選択的に投資を行うと想定する考え方を「選択的投資モデル」と呼ぶ。子どもが小さいうちは有望な投資先の見極めが難しいため、性別や出生順位がその指標になりやすいという。
20) 先に述べた通り、NFRJ08 では 7 人までの子ども数が把握可能だが、5 人までで全体の 99% を占める。ここでは外れ値の影響を避けるため 5 人以上をひとまとめにするようリコードして用いている。
21) 具体的には、「出生順位」を用いた場合と「第 1 子ダミー」を用いた場合を比較すると、それぞれのモデルにおける「子ども数」の影響が、順に、−0.37 と −0.39 であり、後者の方が「子ども数」の効果を若干強く推定するという違いはあるものの、それほど大きな違いがあるわけではない。その他の変数についても、ほとんど違いはなかった。
22) ここでは大学進学をしたか否かに関するロジスティック回帰モデルを推定しているが、ロジスティック回帰モデルでは、ICC の算出に必要な第 1 水準の誤差分散を原理的に算出できない。そのためマルチレベル・ロジスティック回帰モデルでは、第 1 水準の誤差分散を理論的な一定値（$\pi 2/3$）に設定した「擬似 ICC」を代理的に用いることが一般的である。
23) NFRJ08 調査では生計をともにしている家族の「去年 1 年間」の税込み収入について、予め用意した選択肢（「400～499 万円台」など）から該当す

るものを選んで回答してもらっている。分析では各選択肢に示された値の中央値（上記の例では 450 万円）を対数変換した値を用いて分析を行った。
24) 上述したような様々なデータ上の限界があるため、本章の分析結果のみに基づいて、これを強く主張することは戒めなければならない。
25) もちろん、日本の場合にも、本章の分析ではとらえきれていない上下末端において、より強固な利益／不利益の継承がなされている可能性も否定できない。
26) NFRJ08 にも調査時点における祖父母との同別居に関する情報は含まれているが、ここで対象としているのは子どもの教育が終了したケースである。この場合、子どもが巣立ってから介護を理由に同居するといった例からもわかる通り、調査時点における同別居の情報を子どもの養育期における祖父母の同別居の指標とみなすことはできない。
27) 先に引用したように、施（2008）は現代でも長男同居率が高いことを報告しているが、それはあくまで他の場合と比較した相対的なものに過ぎない。施（2008）によれば、若年世代（1950〜69 年生まれ）の場合、夫方親との同居率は長男以外の場合が 10%〜12% に留まるのに対し、長男の場合が 25〜37% である。長男の同居率は確かに高いが、多数を占めているのは非同居である。
28) 調査時点での同居率になるが、NFRJ08 データで確認したところ、祖父母・父母ともに高学歴のケースは、むしろ他のケースに比べて同居率が 10% ポイント以上低い。
29) 荒牧（2011c）では、親が高学歴であっても、オジオバが低学歴であると、子どもの学歴が低くなる傾向が認められている。

終 章
学歴の階層差を生むメカニズム

1. 学歴の階層差

1.1. 階層差の現実(リアリティ)

　個人の自由な行為選択が認められ、身分制のような制度的な差別の存在しない現代の日本社会で、なぜ学歴達成の階層差が生じてしまうのか。これを明らかにするのが本書の主題であった。この問題に取り組むアプローチは色々とあり得るが、本書では進路選択を行う行為者にとってのリアリティを重視する立場から研究を進めてきた。具体的には、まず、最終学歴を問題にするだけでなく、個々の行為者が実際に体験する学歴達成の過程に着目した。なぜなら、序章の表序-1に示したようなスタート地点（親の学歴）とゴール地点（子の学歴）の関連だけを見ていても、階層差が生み出されるメカニズムを解明することはできないと考えたからである。また、日本の選抜システムが持つ様々な特徴を考慮しながら、行為者の主観的な意識に着目したのも、行為者にとってのリアリティを重視したからであった。

　もちろん、あくまで行為者にとってのリアリティを追求するという立場に立てば、日常的な相互行為を詳細に観察する研究方法もあり得ただろう。しかし、長期にわたる学歴達成過程の全体を視野に入れて日常的な観察を行うことは、実際には不可能である。そこで、本書では、学歴達成過程を一連の進路選択過程として構成する枠組を採用した。

　こうしたアプローチで、実際の社会調査データを用いた分析を行った結果、初期の学力形成に対する階層の影響が絶対的とは言えない一方で、中学卒業時

と高校卒業時の進路選択において、出身階層が繰り返し直接的な効果を持つことが明らかとなった。

　従来、学歴達成の階層差を生み出す過程において特に注目されてきたのは、「学力形成の階層差」であったと言えるだろう。しかしながら、上記の結果は、初期の学力形成にばかり着目していては、問題を見誤ってしまう恐れのあることを示唆している。確かに、日本の選抜システムは、「客観的」な学力試験に重点をおいた相対的に脱階層的な性格を持ち、一旦どこかの学校に振り分けられた後は、トラッキングによって卒業後の進路が方向づけられる効果も強い。また、少子化の影響もあって学校数が減少する中で、私立小中学校の数はむしろ増える傾向にある。これらを考慮すれば、初期の学力形成に対する出身階層の影響を重視する見方に偏るのも、やむを得ないことかもしれない。しかしながら、本書の分析結果は、それらの影響を考慮してもなお、卒業後の進路選択において、家庭背景による直接的な制約が改めて働くことを明らかにしたのである。

　他方、階層差を生む要因としては、一般に、経済的な豊かさを問題にすることが多いため、上記の直接的な制約としても家庭の経済力が重要なように思われるかもしれない。しかしながら、本書の分析によれば、経済的な要因による独自の直接効果は、中学卒業時の進路選択についてのみ確認されるに留まった。ここから、経済的な資源の影響は、単なる多寡が問題なのではなく、高校進学を可能とする程度の「経済的ゆとり」の有無がとりわけ重要なのではないかと予想した。言い換えるなら、経済的資源の影響は、この閾値（一種の貧困線）を超えて「ゲーム」に参加できるか否かにおいて強い効果を持つということになるだろう。その意味では、問題なのは経済的な「豊かさ」よりもむしろ「貧しさ」だということになる。ただし、経済的資源の効果に関しては、本書の分析から明確に言えることは限られている。今後の展望も含めて、第4節で改めて考えてみたい。

1.2. 階層差を生むメカニズム

　それにしても、上記のような分析結果が得られたのは一体なぜだろう。この問題について、人々の主観的な進路選択の観点から考察を進めるため、本書で

は以下の 3 点から従来の研究方法を見直した。

　まず検討したのが、学歴達成過程に働く「階層効果」のとらえ方である。従来の研究では、必ずしも十分な理論的な検討を行わないままに、社会・文化・経済の 3 次元から階層効果をとらえることが一般的であった。確かに、これらの階層概念を用いることは、諸資源の不平等な分布構造を静態的に把握するには力を発揮するだろう。しかし、それが人々の意志決定（進路選択）過程にどのように影響するかを動態的に把握しようとする場合には、この方法は必ずしも適当とは言えまい。また、従来、分析結果を統合的に理解しようとする際には、単一優勢理論に依拠することが多かったが、ブードンも批判したように、1 つの要因に帰着させる考え方では多元的な制約の影響を適切にとらえられないと考えられる。そのため、本書では、複数の既存理論を参照しながら、様々な階層の影響を統合的に理解できるように再構成することを試みた。

　なお、方法論的個人主義や核家族枠組の限界を超えて、祖父母やオジオバなどの拡大家族や家族制度の影響まで考慮したのも、「階層効果」を適切に把握するための提案であった。もちろん、本書はあくまでその端緒を開いたに留まるが、一定の整合性のある理解を提示できたと考えている。今後、人口統計学的再生産の視点も取り込んで展開することにより、階層研究における「理論的焦点の転換」（Merton 1949 ＝ 1961）をもたらす可能性もあるように思われる[1]。

　メカニズムの解明に向けて次に問題にしたのが、学歴＝地位達成モデルのように、教育アスピレーションと職業アスピレーションを直結させて理解することの是非である。なぜなら、第 4 章で詳しく検討したように、高校生調査のデータに基づく研究成果をふまえれば、将来の職業に抱く希望と教育期待とでは、生徒達の持つ知識や切迫感などの点で違いのあるケースも多いため、両者の間に直接的な因果連鎖を前提とした見方（学歴＝地位達成モデル）は妥当でないと判断されたからである。そのため、データに基づかないまま職業希望と教育期待の関連を前提とする立場はとらず、両者を切り離して、教育期待の階層差を生み出すメカニズムに焦点化して解明を進めた。

　着目した 3 点目は、進路選択の行為主体をどのように設定するかという問題である。これに関して、BG モデルなどの合理的選択理論に基づく立場では、「行為主体としての親と子」を一体のものとして扱っており、他方、ブルデュ

一の説明は、価値観や態度などが長期にわたる相互作用によって、親から子へ自然に伝達されることを想定していた。しかしながら、親と子の意志が対立することは実際にもよく見られることであり、初めから両者を一体的に扱うことが妥当だとは言えない。そのため、本書では、両者を明確に区分することを提案した。

以上をふまえて説明の論理を再構成したところ、主体的な進路選択の側面から学歴達成の階層差を把握するには、子どもの教育に対する親の「志向性」を中核にすえて、「地位」と「資源」の作用をとらえる、「教育的地位志向」モデルが有効だという理解に達した。念のために繰り返しておくと、このモデルは、文化資本論のように親の教育的地位志向が長い年月をかけて子どもへ伝達されることを想定しているわけではない。むしろ、そのように親子間で価値志向の伝達が行われずとも、あるいは親子の意志が対立する場合でさえ、進学するか否かや受験する学校の選択などにおいて、親の教育的地位志向が子どもの選択に直接的に関与することを指摘したものである。もちろん、子どもの主体的な意志決定のプロセスには様々な要因が影響を与えているのであって、必ずしも子どもが親の意志にそのまま従うと主張しているわけではない。あるいは、そうすれば必ず成功するということでもない。しかしながら、あくまで結果としての階層差が生じる理由を理解しようとする場合には、親子が異なる「ゲーム」に参加していることも考慮すると、「親のゲーム」がどのように行われているのかに着目することが肝要だと考えられるのである。

2. 教育的地位志向モデルの含意

2.1. 教育期待と学歴達成

この節では、学歴の階層差について考察する上で、教育的地位志向モデルがいかなる意味を持つのかについて改めて考えてみたい。ただし、その前に1つ確認しておきたいことがある。それは、前半の客観的な階層差の把握では「学歴達成」の階層差を問題にしていた一方で、後半の主観的な進路選択の分析では生徒達の「教育期待」の階層差を扱ったことの妥当性である。

ここで第4章の議論を思い出してみると、ウィスコンシン・モデルが主張し

たように、「学歴達成」の階層差は、親の期待を経由した本人の教育期待の形成によって強く規定されると考えられた。これをふまえて本書の後半では、「教育期待」に対する制約効果に着目して分析を進めたのであった。しかしながら、たとえば同じように進学を望まない生徒の間でも、階層によって進学者と非進学者に分かれるという場合のように、仮に本人の期待を統制しても達成の階層差が残るのだとしたら、それはまさに進路制約効果だと言えるだろう。ところが本書では、データの限界もあり、こうした点について検討できていない。

　ここで改めてウィスコンシン・モデルの分析結果（図4-3および図4-4）を見直すと、確かに教育期待は学歴達成に強く関連するが、期待を統制しても学歴達成に対する階層（厳密には「重要な他者」）の直接効果が残ることも同時に示されていた（ただし、第4章でも触れたように、その効果は決して大きなものではない）。この点を重視するなら、期待の階層差のみを分析する方法では、不十分だということになる。

　ただし、先行研究の中には、これとは異なる結果を報告する例もある。たとえば、既に引用した Need and De Jong (2000) による、オランダの高校生を対象としたパネル調査のデータを用いた研究では、進路選択に対する親学歴の直接効果は、本人の教育アスピレーションの投入によって消失することを指摘している[2]。この結果は、先のウィスコンシン・モデルの場合とは異なり、本人の教育期待を統制してしまえば、出身階層は学歴達成に対して直接的な効果を持たないことを意味する。

　果たして、日本の場合はどちらの結果を参考にすればよいのだろうか。教育選抜システムの特徴を考慮すると、アメリカよりも学校間トラッキングのあるオランダなどヨーロッパ諸国に近いと言えるが、大学進学の費用負担が大きいという面ではむしろアメリカに近いため、これらの特徴から予想するのは難しい。残念ながら、日本の現状について確かな結論を得た研究は見当たらないが、高校入学時から卒業に至るまでの教育期待と実際の進路に対する出身階層の影響を調べた藤原 (2010) の研究は参考になるように思われる[3]。藤原によれば、3年間の高校生活の間に教育期待自体は変化するものの、それらと出身階層との関連の程度は入学時からほぼ一貫しており、しかも最終的な進路に対する影

響もそれらと同等であるという。このように、「在学中の教育期待」と「実際の進路」の両者に対する出身階層の影響が同程度であるならば、期待を媒介しない達成への直接効果は、少なくともあまり大きなものではないと推測することができる[4]。とはいえ、この結果だけに基づいて結論づけることは危険なので、達成への直接効果が見出された場合に本書の主張と辻褄が合うのかどうかを検討しておこう。

まず、本人の教育期待を統制しても残される学歴達成に対する階層の直接効果が、結局は親の期待の影響をとらえたものだと仮定してみよう。この場合には、本書で確認したような期待形成への影響に加えて、実際の進路選択場面でも親の期待の効果が加算されるということであるから、教育的地位志向モデルに基づく本書の主張をさらに補強するものと言えるだろう。

一方、親の期待以外の阻害要因（たとえば経済的資源の不足）が重要な役割を果たしているとしたらどうだろうか。この場合は、その要因の重要性を考慮して、親が子どもに対する教育期待を低く設定したのか、それとも、親自身も進学を望んでいるのに、その阻害要因がきわめて強く働くために進学できないということなのか、などについて詳しく検討してみる必要は生じるだろう。しかしながら、いずれの場合であっても、志向性・地位・資源の3要素から学歴達成の階層差をとらえる教育的地位志向モデルによって、十分に考察可能だという点に変わりはない。ただし本書では、様々な資源の影響について十分に検討できていないことも確かなので、各概念を明確に設定し、それぞれの影響について理解を深めることを通じてモデルを精緻化していくことは、今後の重要な課題だと言えるだろう[5]。

2.2. 教育的地位志向の形成

教育的地位志向モデルは、その名称通り、親の「教育的地位志向」を中核にすえた見方であるが、その志向性自体は一体どのように形成されるのだろうか。第4章では、それが各自の地位と資源の影響を受けると指摘したに留まるが、これまでの議論によって、その形成過程について、もう少し手がかりが得られたように思われる。

第1章でも指摘したように、戦後の日本社会は急激な教育拡大を経験した

(図1-1)。その背景要因としては、時代を通じた産業構造の変化や教育制度改革に加えて、そうした変化が人々の教育要求を刺激したことも挙げられるだろう。こうした教育要求には「差異化」と「同一化」の2側面を想定できるが、第1章で主に着目したのは、これら2側面がいわば社会全体における教育的地位志向の拡大と強化に関与することで教育拡大をもたらした点であった。ところが、これらの要求をそれぞれどの程度の強さで保持するかは、当然のことながら、各人によって異なるはずである。したがって、仮にそうした個人差が階層によってもたらされると想定すれば、それが教育的地位志向の階層差を生み出す1つの理由だと考えられる。

このうち、差異化要求と階層の関連を理解するには、社会空間上の位置に関連づけられた、文化資本とハビトゥスの形成による差異化というブルデューの理解（Bourdieu et Passeron 1970 = 1991; Bourdieu 1979a = 1990, 1989 = 2012など）が参考になる。ただし、注意が必要なのは、ブルデューの議論が世代間での伝達や継承、別の言い方をすれば、親の位置づけや家庭の文化資本が子どものハビトゥスと実践を「自然に」生み出すことを前提としていた点である[6]。これに対し、日本における文化資本は主として学校教育において形成される獲得的文化資本（宮島 1994）の側面が強く、世代間の伝達・継承は、それほど完全でも効率的もでないと考えられた。したがって、志向性は親から子へ「自然に」伝達・継承されるわけではないし、当然のことながら、親自身の志向性も、その親から「自然に」伝達・継承されたわけでもないと考えられる。

別の見方をすれば、上記のような世代間継承に関する議論は、ある種の価値観や志向性を持つことには文化的障壁があると想定しているように思われる。ところが、日本の学歴達成で問題となるのは、ブルデューの着目したような芸術や高尚文化に対する趣味ではなく[7]、学歴（学校歴）自体に対する志向性である。学歴の社会的価値は、芸術や高尚文化とは違って、誰にとっても自明であり、それを理解するための特殊なコードも必要としないことを考慮すれば、学歴を志向することに対する階級文化的な障壁はないと言ってよいだろう。しかも、日本社会における学歴は、社会的地位の形成にとって重要なだけではなく、学歴自体に強い地位表示機能がある。そのため、必ずしも職業的な成功を目指さない者にとっても、高学歴を獲得することは十分な意味を持つ。したが

って、日本社会では、学歴は誰にとっても志向対象となり得るのである[8]。このような理由から、ブルデューの論じたような世代間継承に関する議論は、日本社会の文脈には馴染まないのであろう。

　しかしながら、たとえ以上の考察が正しいとしても、親自身の位置づけや文化資本が、親自身のハビトゥスや実践と強く関与していると想定することはできる。すなわち、世代間の伝達ではなく、あくまで世代内に閉じられた、社会的位置による文化資本やハビトゥスの形成である。これに関連して、言語資本の世代間伝達を否定した吉川（1996）でも、実は、親自身の職業と親自身の言語資本には強い相関関係のあることが示されていた[9]。これらをふまえると、親自身の社会的位置づけと連動した、文化資本やハビトゥスに基づく差異化要求は、親自身の教育的地位志向の形成に強く関与すると想定することが可能である。また、一般に、自ら高学歴を獲得した者は、子どもにもそれを期待する傾向が強いと予想されるので、これが階層と教育的地位志向を結びつける1つの大きな回路だと考えられる。ただし、高学歴を獲得しなかった者でも、そのことの不利益と高学歴の利益を強く感じた場合には、「自分が苦労したからこそ」子どもに高学歴を強く望むこともあるという点は改めて指摘しておく。

　ここでBreen and Goldthorpe（1997）が相対的リスク回避仮説に設定した前提を参考にすると、根底にある潜在的な教育的地位志向はどの階層でも同様に分布しているが、現在の階層的地位が準拠点として参照されるために、「子どもに期待する学歴」の平均値には、階層差が認められると考えることもできる。これについては、階層に関するイメージが自らの所属階層によって異なるとする高坂（2000）の研究も参考になる。つまり、潜在的には同程度の志向性を持っていたとしても、所属階層によって準拠点や具体的な階層イメージが異なるため、同じ志向性が異なる水準の期待として現れるのではないかということである。とはいえ、階層的な地位や資源自体も志向性のあり方に影響するはずなので、これらの間にまったく関連がないと想定するのも非現実的であろう。

　以上をふまえると、親自身の教育的地位志向は、自分が生まれ育った家庭における幼少期からの社会化によって強く規定されるというよりも、それぞれの時点において、自らが置かれている境遇（地位と資源）の影響を受けて形成されるのであり、それぞれのライフステージにおける地位や資源の変化に対応し

て変わり得るのだと考えてみる余地はある。世代間での継承や階層再生産を前提とした「静的な構造決定論」ではなく、現在の地位や資源の変化に連動した「動的な状況規定論」とでも言おうか。

　いずれにしても、学歴自体が地位を表しており、しかもその獲得機会が少なくとも制度的には誰にも開かれ、それを志向することへの文化的障壁もない現状においては、芸術の趣味ではなく、教育的地位（＝学歴）自体の獲得を通じた差異化の要求が、子どもに対する教育期待の形成に大きく関与すると考えることができる。

　一方、同一化の要求、すなわち皆と同じでありたいという消極的な心理も、階層と教育的地位志向の関連を生み出す1つの動因になり得る。なぜなら、誰が何に対する同一化要求を持つかということは、人々が同一化を目指す対象によって異なり、そうした対象の違いを生み出す主な要因として社会階層が想定できるからである。ここで Merton (1949 = 1961) の準拠集団論を参照するなら、教育的地位の同一化を求める規範的準拠集団として、多くの場合は所属集団としての家族を設定するだろうと予想することができる。このように考えれば、第7章で拡大家族効果が見出された理由もよくわかる。つまり、この効果は、親が自分自身の学歴だけでなく自分の所属集団（＝準拠集団）である家族（親やキョウダイ＝子どもの祖父母やオジオバ）の学歴も参照して子どもへの教育期待を形成したことによるのだ、と [10]。こうしてみると、Breen and Goldthorpe (1997) の相対的リスク回避仮説は、同一化の対象として親の地位のみを強調した考え方だと理解できる。

　ところで、差異化要求の場合と同様、同一化要求と階層との結びつきも絶対的なものではない。マートンも想定していたように、人々の意識形成に関与する準拠集団とは、そもそも所属集団に限られるわけではないからである。つまり、たとえば、自らは低学歴で苦労したからこそ、子どもに高い教育的地位を求めるケースを考えてみると、この場合には、自分たちとは異なり高学歴の獲得によって成功した者たち（非所属集団）を準拠集団に設定し、子どもには「彼ら」のようになってもらいたいと期待しているのだと理解できる。

　以上から明らかなように、差異化と同一化の要求は、表と裏の両面から、教育的地位志向を形成する動因となり得る。それは必ずしも各自の社会的地位と

直結するわけではないが、多くの場合は拡大家族を含めた自らの所属集団を同一化の対象として設定し、他集団との差異化を望むため、平均的には階層的地位と教育的地位志向との関連が観察されると理解することができる。

なお、ここまでの議論は「親のゲーム」についてのみ論じてきたため、教育的地位志向モデルによる理解は、子どもの主体的な行為選択の側面を無視したものであるかのような印象を与えたかもしれない。しかしながら本書では、第4章でも触れたように、子どもの側も彼らのゲームにおいて主体的に行為することを前提としている。当然、そこでも差異化と同一化の動因は作用しているだろう。とはいえ、第5章でも言及したように、子どものゲームは、親の社会構造上の位置づけ（出身階層）よりも、自らの生活世界における位置づけ（特に学業成績やトラック）を強く意識して行われており、差異化や同一化も主にその面で考慮されていると推測できる。トラックに応じた教育期待が形成される（トラッキングによる社会化）理由も、友人による影響（ピア効果）を受けることも、これによって説明が可能であろう。

言い換えるなら、子ども自身の教育的地位志向の形成や、子ども自身の主体的な意志決定プロセス自体を包括的に理解するには、本書で検討した範囲を超えて様々な角度から検討する必要があるだろう[11]。しかしながら、本書が問題にしてきたのは、学歴達成過程における子ども自身の意志決定過程の全体を明らかにすることではなく、制度的には自由と平等が目指されている日本社会において、なぜ学歴達成の階層差が生まれてしまうのかであった。子どもの主観的な意識の側面に着目したのも、あくまで階層差の生成メカニズムを明らかにする上で有効だと考えたからである。このように、子どものゲーム自体の解明ではなく、あくまで階層差が生み出されるメカニズムを問題とする際には、親のゲームに着目することこそが重要だと言えるだろう。

2.3.「構造と行為の関連」あるいは「人間観」

従来の研究においては、学歴達成の階層差が、家庭背景による資質の形成（インプット）によって主に生み出されるとする見方が支配的であった。付け加えるならば、そうした差異がトラッキングなどの教育選抜システムの作用によって維持・強化され（スループット）、それらの積み重ねとして学歴達成の階層

差が生み出される（アウトプット）という理解である。幼少期に形成された資質を主たる道具や武器にして、残りの人生のトラックが決定されるという見方とも言える。

　こうした理解は、社会「構造」と人間の「行為」に関する社会学の古典的な議論に照らすなら、人間の一生というサイクルを通じて構造と行為が一巡すると想定していることになる。すなわち初期の構造（親の地位や資源）が子どもの行為を形成し、そうした行為の結果として構造（子の地位や資源）が再生産されるというわけである。しかしながら、人間の行為は、その時々の状況＝構造によって常に影響を受け、内面も変化し得るものだとも考えられる。だとすれば、学歴達成過程における階層差の生成という現象においても、構造化の過程が繰り返されるという視点から把握する余地もあるのではないだろうか。

　では、構造化の繰り返される期間をどのように設定すればリアリティがあるだろうか。もちろん、日常的な相互行為のレベルを想定することも可能であるし、事実、そのレベルでも構造化が繰り返されていると見ることもできるだろう。しかし、学歴達成過程という長期間にわたるプロセスをとらえる視点として、そうしたミクロな日常的相互行為に注視することが適切であるとは思えない。また、その時々の「状況」が「構造」と呼べるだけの安定性を保っている方が、ここでの議論に馴染むであろう。その意味で、日本の選抜システムの性格を考慮するなら、各学校段階を1つの区切りとして設定することが妥当なように思える。

　いずれにせよ、初期の構造によって形成された初期の志向性や能力こそが、行為の主決定因だと考えるのではなく、少なくとも、それらの形成が学校段階ごとに繰り返されるとも想定できるのではないかということである。つまり、子どもの側は、それぞれの段階における成績や学校の位置づけを重視して志向性を形成し、親の側は、現在の地位や資源およびこれまでに蓄積した知識と経験（これらも一種の資源とみなせる）に基づき、拡大家族などの準拠集団も参考にしつつ、子どもの特性も考慮しながら、それぞれの学校段階ごとに子どもへの教育期待を形成・修正しているのではないだろうか。また、このように考えるならば、子ども達が合理的選択理論の想定するような長期的な見通しに基づく合理的計算によって進路選択を行っていると理解するのではなく、それぞれ

2. 教育的地位志向モデルの含意　　237

の学校段階における選抜システム上の地位に影響されながら、その次の段階における地位をめぐって競争しているという構造化のプロセスに着目すべきことが指摘できるかもしれない。

2.4. 中核的地位志向——教育的地位志向の一般化——

　日本の学歴社会における受験競争の過熱を理解するという文脈においては、学歴の地位表示機能の重要性が指摘されてきた。つまり、人々が高学歴を求めるのは、学歴が社会的地位を形成する機能（機能的価値）を持つばかりでなく、学歴自体が地位を表示する機能（象徴的価値）を持つからだという主張である。この議論を参考にすると、現代日本の学歴達成において教育的地位志向が主な動因となる理由は、学歴の機能的価値ばかりでなく象徴的価値も広く認める社会的な風土にあると了解できる。見方を変えれば、日本社会において教育的地位が強く志向されるのは、機能的価値と象徴的価値の両側面において、それが中核となる社会的地位だからではないだろうか。この発想からさらに展開すれば、日本社会に認められる「教育的地位志向」は、より一般的には「中核的地位志向」として、別の社会にも存在しているのではないかと推測することも可能だろう。

　以上の議論にしたがうと、学歴意識社会である日本の場合は、「学歴（＝教育的地位）」が中核的地位となるが、たとえば階級意識社会のヨーロッパでは、「階級」自体が地位の中核をなすのではないかと推論することができる。このため、ヨーロッパ社会における中核的地位志向は、「階級的地位志向」として実現しているのであろう。相対的リスク回避仮説がヨーロッパ社会から主張され、一定のリアリティを持つものとして受容されている背後にも、あるいはブルデューをはじめとする文化的再生産論がリアリティのあるものとして了解されているのも、このような理由があると考えると納得がいく。

3.「教育熱心論」と教育的地位志向モデル

3.1.「教育熱心論」の限界

　日本の学歴社会について論じる際には、いわゆる教育熱心な家庭の子どもほ

ど学歴達成に有利であるといった理解の示されることがある。すなわち、親が高学歴・高階層で経済的にも恵まれた家庭は子どもの教育に熱心であり、幼少期から早期エリート教育を行い、学校外教育や国私立の受験進学校を利用して、有名大学への進学を有利に進めていると認識し、その過程の重要性を強調する立場である。こうした見方を仮に「教育熱心論」と呼ぶことにしよう。これは、親の教育的地位志向が子どもの進路選択を直接的に制約するという本書の主張と類似しているように見えるかもしれないが、実際には事実認識の面でも説明の論理の面でも大きく異なっている。

　本書の知見を参照すると、「教育熱心論」の理解に対して次のように指摘することができる。確かに、高学歴・高階層の親の中には、上に示されたような行動を行う者が少なからずいるだろう。しかしながら、学歴の価値は広く認知されており、その獲得手段へアクセスする機会も開かれている。そのため、学校外教育は誰もが利用可能である。もちろん、本書でも確認したように、その利用率には明確な階層差が認められるものの、教育熱心論が想定するほどの閉鎖性があるわけではない。むしろ、親の地位や資源にかかわらず、学校外教育投資は広く行われている（ただし普及程度には階層差がある）という理解が妥当であろう。しかも、より重要なことは、学校外教育投資の効果がそれほど明確ではなく、肯定的な分析結果と否定的な分析結果が混在していることである。少なくとも、学校外教育を利用すれば必ず成績が上がるわけでもないし、まして投資額が多ければ多いほど高い効果が期待できるというものでもない[12]。

　他方、西尾（1992）の主張した通り、有名大学進学者には確かに国立や私立の有名進学校の出身者が目立つかもしれない。しかし、既に第1章で確認したように、表面的な関連が見られたからといって、その結果がそれらの学校へ進学したこと自体の効果であるとは限らない[13]。さらに、有名進学校からの進学者が増大したという事実は、有名大学進学の階層差を拡大させたわけでもなかった。したがって、やはりこの点についても、教育熱心論の主張するほど、明確な因果関係があるわけではないのである。

　ただし、そうした学校への進学自体に象徴的価値があるとは言えるかもしれない。上述したような差異化と同一化の要求を満足させる効果である。とはいえ、同様の効果は公立の進学校でも認められるであろうし、全国的にはそちら

の方が一般的だろう。なお、本書では取り上げられなかったが、ブルデューも問題にしたように、特定の学校の卒業生であること自体が、社会関係資本の形成を通じて、資源の獲得や地位達成に実利的な効果を持つ可能性なども考えるべきかもしれない。とはいえ、社会関係資本のそうした効果が、現代の日本社会全体における学歴の階層差を生み出す上で、それほど重大な影響を及ぼしているとは考えにくい[14]。

いずれにせよ、教育熱心論は事実無根とは言えないものの、限定的な効果を過大に強調しているように思われる。

3.2.「受験教育熱心」の背景

このことを理解するために、「教育熱心」とひとくくりに形容される親の行動が実際には多次元であり、その要因も一様ではないことを指摘しておこう。小学生の親を対象とした質問紙調査のデータ[15]を用いて、教育熱心論の妥当性を検討した荒牧（2009）によれば、親の教育熱心さは、「一般的教育熱心」と受験教育に特化した「受験教育熱心」の2つに区分することができる。このうち、習い事や教育環境の整備と関連する「一般的教育熱心」は、確かに階層と関連を持つ。これが初期学力形成効果の生まれる1つの背景であろう。ところが、子どもに大学院までの進学を求め[16]、それを確実にするために中学受験を計画して受験塾に通わせ、家庭教師を雇い、日頃から長時間の勉強をさせるといった「受験教育熱心」に対しては、階層が直接的な効果を持たないのである。

では、受験教育熱心の背後にあるものは何か。この問いに対する回答として示されたのは、受験教育熱心な親たちが、平等主義的な現在の学校教育や教師の指導に対する不信や不満（差異化要求が満たされない不満）を強く持っているという分析結果であった。具体的には、たとえば、教師の教科指導力に不満を持ち、能力の高い子どもへの特別な対応（飛び級や高度な課題）に賛成し、学校間競争に肯定的な親ほど、受験教育熱心な傾向のあることなどが報告されている（荒牧 2009）。同様の指摘は他にもあり、たとえば公立学校に不信感を持つ親は、子どもに国立や私立の中学校を受験させたり、公立中学校の学校選択に向かわせるという調査の報告（岩崎 2004; 加藤 2005）がある[17]。

学校や教師が信頼できないから塾や家庭教師などに頼るという考え方は、その是非は別として、一種の合理性を持つものとして理解することも可能である。しかし、不確定な将来の学歴達成を重視するあまり、現在の子どもの生活をいわば蔑ろにしている面があるとすれば、むしろ非合理的であると考えられなくもない。こうしてみると、学校や教師の現状に対する不信と不満を強く訴え、子どもの将来の成功にこだわる一見合理的な行為の裏には、現在と将来の生活に対する漠然とした不安感が隠されているのかもしれない。これに関連して、いわゆる「教育ママ」は、家の手伝い・クラブ活動・社会貢献などよりも「主要教科」の勉強を重視し、学校外教育も利用する傾向が強い一方で、子育てに関する悩みや不安が多いという指摘は、「受験戦争」が社会問題化した1970年代からなされていたのであった（二関 1970; 田村 1978, 1979, 1980, 1981 など）[18]。

　いずれにせよ、「教育熱心論」が着目したような受験教育に特化された熱心は、必ずしも一般的な教育熱心と同じ次元の延長線上に位置しているわけではないのである。これは、高階層の親でも受験教育熱心とならない者も多く、逆に低階層でも「生まれ変わり」（苅谷 1995）を期待して受験教育熱心となる場合もあるという日常的な観察とも一致する。また、「成功」した者たちだけを見た時には、彼らの中に「教育熱心論」の理解と合致する例が目立つとしても、その視野からは、同じ様に受験教育熱心な子育てをしながらも「失敗」した例が除外されていることも忘れてはいけないだろう。受験教育熱心の成功率がどれだけ高く、逆にどの程度のリスクがあるのかについては、必ずしも明らかにはなっていないのである。そのことをふまえても、階層と学歴達成の関連を理解するには、より広い視野から事実を丹念に検討する必要があると言えるだろう。

4. 議論と補足

4.1. 経済的資源と貧困

　経済的資源による制約として一般に問題にされることが多いのは、何より大学進学に必要な費用の負担だと言ってよいだろう。ところが、本書の分析結果によれば、大学進学に関しては経済的資源による独自の直接効果は認められな

かった。実際に必要な金額の大きさを考えると、この結果には受け入れ難い面があるのは否めない。その一因として、本書も含めた社会学的な調査研究では、経済的資源の測定が十分でないことを指摘することができるだろう。したがって、今後、経済指標の改善をはかることが重要なことは間違いない。

ただし、忘れてならないのは、同じ指標を用いた中学卒業時の進路選択に関する分析では、経済的資源の直接効果が認められたことである。この事実からは、指標の良し悪しにかかわらず、大学進学に対する経済的な制約の直接効果は、中学卒業時の進路選択の場合と比べれば決して大きなものではない、と主張することはできるだろう。言い換えるなら、少なくとも中学卒業時の進路選択においては、本書の用いた指標でも把握できる程度に、明確な経済的制約が働くのである。

この分析結果からは、次のような解釈の余地が導かれる。すなわち、経済的資源は単に絶対的な多寡が問題なのではなく、閾値あるいは一種の「貧困線」のようなものがあり、それを超えることができるかどうかが極めて重要なのではないか、と。本書の分析結果に即して言えば、中学卒業後の進学がこの閾値を超えるか否かに関わっており、高校進学を可能にする程度の「経済的ゆとり」の有無が進学と非進学を分ける分岐点になっていると推察できる。一方、この貧困線を越える程度の「経済的ゆとり」があった家庭にとっては、少なくともこれまでのところ、高校進学後にその経済的資源を何にどの程度用いるか、つまり多少の無理をしても子どもをさらに進学させたいと思うかどうか（＝教育的地位志向の強さ）が、その後の進学と非進学を分ける重要なポイントになっている可能性も、本書の結果は同時に示唆している[19]。

ここで、前者の「貧困線」に関わる議論として、近年の貧困研究（阿部 2008；山野 2008 など）では、日本の「母子家庭」が経済的に極めて厳しい状況におかれている点[20]、および貧困が学力や進学率の低さにつながる点が指摘されている。また、山野（2008）は、低年齢児の認知能力と家庭の経済状況に関するアメリカの研究成果を参照し、所得と発達には非線形な関連が存在すると指摘している。つまり、貧困の程度が深刻であればあるほど、子どもの学力に対する家庭の経済的困窮の影響が加速度的に強まる一方で、相対的に豊かな層では経済力と学力の関連があまり認められないのである[21]。仮に山野の

指摘が日本社会においてもあてはまるとすれば、単に貧困線を越えるか否かではなく、貧困度の深刻さが、特に低年齢時における子どもの学力形成に影響することになる。ただし、第3章の分析結果は、学力差を考慮してもなお、家庭の経済力が高校進学に関与することを示していた点は繰り返し指摘しておこう。これらを総合するなら、子ども期の貧困は、初期の学力形成ばかりでなく、進路の選択に際しても強い負の効果を持つということになる。いずれにせよ、経済的要因の影響については単なる多寡を問題とするのではなく、とりわけ困窮度の高い層に対して、特に子どもが小さいほど、強い制約として働く可能性を念頭において研究を進める必要があるように思われる。家庭の経済状況については、持てる者の優位性よりも、持たざる者の不利にこそ着目すべきだとも言えるだろう。

　経済的困窮と「母子家庭」問題にかかわる研究としては、近年の家族社会学の成果にも触れておいた方がよいだろう。親の離死別経験と子どもの学歴達成の関連を検討した稲葉（2011a）は、親が離死別を経験している家庭では、高校・大学進学率の低い傾向が認められ、その効果は死別よりも離別（再婚を含む）の場合に大きいことを明らかにしている。死別の場合には遺族年金などの経済的援助を受けやすいことを考慮すれば、この結果は経済的制約の大きさを意味しているとも考えられる。ただし、離別後に親が再婚したケースと再婚しなかったケースで子どもの不利に違いが認められないこと、再婚するか否かにかかわらず離別を経験した家庭では家族関係の不和が観察される傾向にあることから、こうしたケースでは家族関係の不和など経済面以外の制約が強い可能性も示唆される。

　これに対し、15歳時に父親が不在であったことと経済的制約の効果を直接に検討した稲葉（2011b）は、高校進学に対する父不在の効果は経済的要因に還元されるが、大学進学に対しては経済的制約を統制しても父不在が独自の負の影響を持つ、という本書の知見ともつながる興味深い分析結果を報告している。その理由について詳しく論じることは本書の範囲を超える。しかし、あくまで教育的地位志向モデルに沿って解釈するならば、父不在であることが経済的資源の不足にも影響することで母親の教育期待を引き下げる効果を持つことや、父親の教育期待自体が重要性を持つといった可能性が考えられる。また、

これらの結果は、経済的制約の強い影響が想定されたタイプの家庭においても、大学進学を制約する主要因が経済状況だとは言い切れないことを示している。

以上は日本の現状をふまえての考察だが、米英の中間層を対象に質的研究を行った Devine（2004）[22]は、経済的な「豊かさ」が子どもの学業上の失敗を挽回する機能に言及している。すなわち、たとえば学業上の失敗によって一旦労働市場に出た後でも、教育資格を取得し直して最終的に高い社会的地位に到達する例などを紹介し、こうしたケースが現れるのは豊富な経済的資源があるからだと述べている。ただし、このような結果が観察されたのは、調査対象となった国、特にイギリスの選抜制度（資格試験制度）が、少なくとも日本と比較すれば、「やり直し」を可能にする柔軟性を持っているからだと推測できる。これに対し日本の選抜システムは、基本的には後からのやり直しが難しいという特徴を持つ。大学受験時における浪人だけは一般的だが（ただし近年ではそれも減っている）、その場合も高校卒業から継続する1～2年というのが普通で、一旦労働市場に出てからの「やり直し」は極めて例外的である[23]。このように他の社会に照らして選抜システムの特徴を考慮しても、日本社会における経済的資源の機能としては、「豊かさ」よりも「貧しさ」を背景とした制約に着目することこそが重要だと言えるだろう。

4.2. 学力の階層差

階層差の発生過程に関して本書から得られた1つの重要な知見は、初期学力形成の効果が決定的ではない一方で、進路制約効果が移行の度に繰り返されることを明らかにした点にある。もちろん、第2章でも検討したように、選抜自体は主に学力を基準に行われるが、個々の生徒の学歴達成の違いは、生徒本人の初期の学力水準に還元されるわけではない。その1つの理由は、在籍する学校がもたらすトラッキングの効果にあるが、これらを考慮しても、進路制約効果が移行の度に働くというのが本書の示した重要な分析結果であった。

これを図式的に表すなら下記のようになる。①初期の学力における階層差が在籍するトラックを規定する。②トラッキングの効果によって差異が維持・拡大される。③それに加えて移行の度に直接的な進路制約効果が追加される。

学歴達成の階層差＝②トラッキング効果（①初期学力形成効果）
　　　　　　　＋③進路制約効果×移行

　それにしても、かつてのように「受験戦争」や偏差値による「輪切り選抜」が社会問題とされていた時代を想起すると、こうした結論には違和感を覚えるかもしれない。偏差値による明示的な学校序列が存在する日本社会は、学力による厳しい選抜が特徴だったからこそ、そうした社会問題が生じたのではないか、と。しかし、これらの「社会問題」視を前提として議論を始めるのではなく、逆に、その見方が成立した理由を改めて考え直してみると、「日本の選抜制度は家庭背景による差別を排除した平等な仕組みであるため、階層差が生まれるのは選抜以前の学力形成にこそある」という暗黙の前提が存在していたように思われるのである。日本のトラッキング研究が脱階層論的に展開されたのも、幼少年期における認知能力の社会化が注目を集めたのも、文化的再生産論がそうした文脈で理解される傾向があったのも、上記のような前提を共有していたからではないだろうか。学校外教育や中学受験の問題でも、やはり初期の学力形成に対する文化的・経済的背景の影響が注視されてきた。近年になって子どもの生活習慣と学力の関係が注目されたのも、やはり低年齢期における家庭でのしつけが学力につながり、それが将来の学歴達成の階層差をもたらす根本的な原因であるという認識に基づいているように思われる。
　こうした状況にあって、初期の学力形成に対する階層の効果が決定的に重要とは言えない一方で、進路選択の度に階層の直接効果が見出されることを指摘した意義は大きい。しかも、進路制約効果は、上述の社会問題視が強調された時代にも存在していたのである。また、「受験競争の過熱が上位層に有利に働いて階層差の拡大をもたらす」といった危惧に反して（そうした競争の過熱現象自体は確かに認められたようだが）、階層差は安定的に存在し続けてきたのであった。これらの結果は、上記のような問題認識に再考を促すものだと言えるだろう。
　ただし、本書の用いたデータには、学力の測定方法に大きな限界のあることは指摘しておかねばならない。特に第3章の分析に用いたSSM調査における中学3年時の成績は、場合によっては数十年前の状況を思い出してもらった回

顧情報であり、しかも5段階という粗い尺度による自己評価だという限界がある。したがって、階層による初期学力形成効果に関する分析結果には、比較的大きな誤差が含まれると考えなければならない。

　この点を補足するため、国際教育到達度評価学会（IEA）の実施している国際数学・理科教育調査（TIMSS）のデータを用いた分析結果を参照しよう。ちなみに、TIMSSは、義務教育段階における信頼性の高い全国規模の学力調査であるばかりでなく、家庭背景に関する情報も含まれるという意味で、現時点では最良のデータだと言えるだろう。このTIMSSデータを用いて、学力と社会階層の関連を検討した多喜（2010）によれば、中学2年生の数学得点に対する階層変数の説明力は約15%であった[24]。これは第3章に示したSSM調査データの場合と比較すると確かに大きな値だが、こうした差異は学力の測定方法ばかりでなく、分析手法の違いによっても影響を受ける可能性がある[25]。また、本書の分析と同様、キョウダイ数や都市規模などの影響も考慮すれば、TIMSSデータにおける階層独自の効果も、もう少し小さく推定されたのではないだろうか[26]。以上を考慮した上で改めて強調しておきたいのは、本書の重要な知見は、学力を統制しても、進路選択の段階では、階層の直接的な制約が同程度の強さで繰り返し働くことを示した点にあるということだ[27]。

　さらに重要なことは、高校卒業時の進路選択においても、直接的な制約効果が改めて働くことを指摘した点である。なお、高卒後の進路選択に関する分析では高校ランクを考慮しているため、中学時代の学力における測定誤差は問題とはならない。しかも、第5章や第6章の分析で用いた高校ランクは、生徒の主観的な評価ではなく、在籍校に関する客観的な情報に基づくものであるため、自己申告による中3成績よりも精度が高いと言えるだろう。それにもかかわらず、報告したような直接的な制約効果が確認された点は、やはり強調してよいと思われる。学業成績をめぐる競争がどれだけ熾烈なものであったとしても、進路選択の段階では、家庭背景が改めて影響を及ぼすのである。

4.3. 性差と地域差

　最後に、本書ではほとんど考察できなかった重要な観点として、性差と地域差についても触れておきたい。これらは本書で検討していない面から進路選択

に制約を与えていることが予想されるからである。不十分ながらも、これらの影響に関連して本書で得た知見を簡単に整理することによって、今後の展開に備えておきたい。

　まず、性差の実態については、本書でも、できる限り取り上げるように努めてきた。第3章の分析で明らかとなったのは、高校入学までにおける出身階層の影響に明確な性差はないが、高卒後の進路選択では各階層要因の影響力にも男女差が認められるということであった。具体的には、女性の場合は男性よりも父職の影響が弱い一方で、学歴と文化資本の影響が強いという結果が得られている。また、第6章の分析では、学歴や文化資本による進路制約効果として観察されたものは、主に親の期待を反映していると考えられること、また、娘に対する親の期待は息子よりも低い傾向にあることが明らかにされた。これらを総合すると、高校入学までには階層の影響に男女差はないが、高校卒業後の進路に関しては、親の期待の違いを主因として、階層の影響は男性よりも女性で強く現れると推測できる。現実の状況に即して言うなら、息子に対しては大学進学を期待するような条件が整っている場合でさえ、娘には大学進学を期待しない親が少なからず存在するため（つまり期待する親と期待しない親に分化しがちであるため）、女性の平均的な学歴達成は男性の場合よりも低くなり、しかも女性の方が親の期待によって左右される傾向も強いということだろう。ただし、本書は、これらの点を直接に検討する目的をもって分析を行ったわけではないため、あくまで解釈の可能性を指摘するに留めておこう。

　一方の地域差については、ほとんど触れることができていないが、第3章の分析では地域変数による達成度の違いを検討している[28]。その結果、中学卒業時の進路選択と男子の有名大学進学については、大都市部の方が有利であることが示された。こうした違いは、階層の影響力に地域差があることを示している可能性がある。また、これに関連して従来から指摘されているのが、都市部ほど通える大学などが多いことや教育選抜システムに大きな地域差のあることの影響である。

　以上に加えて、第7章で検討した家族制度の影響についても、地域差を考慮すべきかもしれない。本書の分析からは、拡大家族効果には伝統的な家族制度の影響が認められないという結論が得られたが、制度のあり方自体も、そこか

ら派生する規範や行動様式のあり方も、地域によって異なることはよく知られた通りである。したがって、そうした差異を反映して、親の期待やその影響力が地域によって異なることも大いに考えられることである。これらについて検討を進め、モデルを発展的に展開することも、今後に残された課題だと言えるだろう。

5. 階層差のゆくえ

5.1. 格差拡大のきざし

　第1章でも見たように、これまでの100年あまりの間、日本社会は様々な側面で劇的な変化を経験してきた。こうした急激な社会変動は、機会の平等化を予想させることもあれば、それまで隠されていた階層差を明るみに出し、表面上に現れた人々の行動が格差の拡大を印象づけることもあった。しかしながら、そうした見かけ上の変化とは異なり、学歴達成の階層差は長期にわたって安定していたのである。ここからは、少なくともこれまでの数十年の間、家庭背景（教育的地位志向・資源・地位）による差異化の力と、選抜システムがその影響を統制する力が均衡を保ってきたと見ることもできるだろう[29]。しかし、だからといって、今後も何も変化が起きないと断定できるわけではない。

　まず指摘できるのは、選抜システムに変化があれば、階層差が拡大する可能性もあるということだ。第2章でも指摘したように、従来の日本の教育選抜システムが持つ1つの大きな特徴は、断片的な知識を問うペーパー試験を重視してきた点にある。ところが、近年では、人間形成や学ぶ意欲への影響という文脈から、面接などの「人物」重視の選抜や「考える力」を問う試験方法へと重点が移動しつつある。こうした変更は、教育学的観点からは望ましい面も期待できるのかもしれないが、選抜方法の公正さという面では望ましくない性質を強めている危険性もある。なぜなら、ブルデューも指摘したように、面接や論述など、明確な選抜基準の設定し難い選抜方法においては、面接者や採点者の文化資本やハビトゥスが選抜基準の設定に影響し、それらに親和的な生徒を「選択」する側面が強まる可能性もあるからだ。この理解が正しければ、こうした選抜方法の普及は、階層差の拡大へと向かうことになる[30]。

これと同時に考えるべきなのは、少子化が進む中での大学教育の拡大が、学力試験を課さない大学が増えたことも影響して、大学入学の容易化をもたらしたことである。これにより、少なくとも一部の大学への進学においては実質的に「選抜」がなくなり、受験者の側の「選択」（進学しようと考えるか否かの選択）に依存する面が強くなっている。こうした状況は、教育的地位志向の強い家庭の子どもほど進学するという傾向を促進させる可能性がある。

　「選択」の重要性の高まりは大学院への進学についてもあてはまるかもしれない。戦後間もない1950年代の初めには1,000人に満たなかった大学院在籍者数は、約40年という長い時間をかけて10万人に達したが、1990年代の大学院重点化以降は急激に拡大し、その後は10年足らずの間にさらに2倍以上に膨らんだ[31]。この動きは選抜基準の相対的な低下を示唆するが、大学院入試においては面接や小論文が重視される傾向にあるため、単なる基準の低下ではなく、教育機関による「選択」の側面も強めた可能性がある。とはいえ、現状では学歴の高低（大学院卒か学部卒か）よりも学校歴の高低（どの大学か）が重要だとみなされる場合が多く、地位達成に対する大学院学歴の影響も限定されている（村澤 2008）[32]。したがって、仮に大学院進学の階層差が拡大したとしても、大学進学の場合とは意味が異なると言えるかもしれない。しかし、資格の機能に関する社会学的な知見を参照すれば、今後、学部卒か大学院卒かによる処遇の違いが拡大し、大学院学歴の地位形成機能がしだいに強まる可能性も否定できない。これが現実となれば、その価値をいち早く認識した教育的地位志向の強い親の子どもほど大学院への進学を「選択」することとなり（PRG仮説）、20世紀初頭における中等教育の場合と同様、大学院進学の階層差が拡大する恐れもある[33]。

　以上、選抜システムが持つ差異化統制力の変化が、受験者側と受入側の双方による「選択」の作用を強めることで、階層差を拡大させる可能性について論じたが、他方では、家庭の持つ差異化の力が強まってきたことを示唆する結果も報告されている。中村（2000, 2008）は、1995年と2005年のSSM調査における「子どもにはできるだけ高い教育をうけさせるのがよい」という意見への賛否から高学歴志向の趨勢を検討している。分析の結果、全体としては若い世代ほど高学歴志向が弱まる傾向にあるものの、そうした低下傾向は高卒層と雇

用労働者層に明確であることを明らかにし、階層差の拡大を指摘した。もちろん、この質問はあくまで一般論を尋ねたものであって、学齢期の子どもを持つ親に、自分の子どもに対する教育期待を直接に尋ねたものではない。しかしながら、その面での階層差も拡大している可能性を示唆する結果だと言えるだろう。

　これに関連した動きとして、長期的な教育水準の上昇が、文化的な背景による差異化の力を強めている可能性もあることを指摘しておこう。近代化後の日本社会では、急激な社会変動も影響して文化資本の世代間相続が抑制されたため、文化資本は学校教育を通じて獲得される側面が強かった（大前 2002）。ところが、吉川（2006）も指摘するように、現代の日本社会では親子の学歴分布が類似したものとなっている。急激な社会変動のない状況がこのまま続けば、同じ社会的位置にいる親世代と子世代が生活する社会空間もそこでの経験も類似してくるだろう。こうした状況は日本社会においても文化資本の世代間相続を強めていく可能性がある。また、近藤（2012）は、PISA データを用いて学力の形成要因に関する国際比較分析を行い、社会の発展に伴って経済資本の相対的重要性が次第に低下する一方で、文化資本の重要性が高まってくるという一般的な傾向を指摘している[34]。

　他方、近年では、先にも言及したように、貧困率の上昇や経済的格差の拡大も指摘されている（阿部 2008; 山野 2008; 橘木 2010 など）。本書で分析を行った SSM 調査は、成人を対象としているために近年の動向を把握できないが[35]、たとえば、生活保護受給世帯数の割合が 1990 年代の約 2 倍に増えていることなども考慮すれば[36]、今後、経済的資源による格差の拡大していく可能性も否定できない[37]。

5.2. 階層差の縮小に向けて

　前項では、階層差が拡大していく危険性をいくつか指摘したが、逆に、格差が縮小に向かう可能性はないのだろうか。残念ながら、あくまで階層差の生まれる理由を検討してきた本書の性質上、これまでの考察から言えることは限られている。しかしながら、この面でのインプリケーションを何も論じないのも、ある意味では無責任なことかもしれない。本書の守備範囲を完全に超えてしま

うが、ここでは2つの点に触れておきたい。

　1つは、すぐ上で議論した、選抜システムの影響である。教育学的な議論からは批判にさらされてきた断片的な知識の正確さを問うペーパー試験重視の選抜方法が、もし仮に文化資本などの滑り込む余地を小さく留める効果があったのだとしたら、こうした方法の持つ意義について再検討してみる価値はあるだろう。学習指導要領に則り、学校教育の範囲を超えない試験内容を要請する、中央集権的で画一的と批判されるやり方にも、その意味では積極的な意義があったのかもしれない。教育学的な議論からは、そうした選抜方法の「弊害」が主張されてきたのだが、そもそも入試に完全を求めること自体に無理があるとも考えられる。入学段階で「真の能力」を見極めるという一種の幻想にとらわれるよりも、入学後の教育の改善にこそ力を注ぐべきなのかもしれない。

　第2に、高校進学に関わる貧困線の議論を参考にすれば、この段階の進学に対して経済的な支援を行うことには格差を縮小する効果が期待できるだろう。近年、そうした政策が導入されてきたこと自体は、基本的には望ましいものと評価できる。ただし、その際には、困窮層の進学を確実に支援できるような制度設計が求められる。誰に、いつ、どの程度の支援を、どのような方法で行うべきかについては、まだまだ検討の余地があるように思われる。

　以上、これまでの議論から少し逸脱した考察をあえて行ったが、本書の立場からむしろ強調したいのは、単一要因論による安易な「犯人探し」やそれに基づく「素朴な解決策」に陥ることなく、様々な影響の可能性を慎重に見極めるべきだということである。適切なデータ分析に基づかない「解決策」では実効性はあまり期待できないし、政策の想定とはまったく異なるところで、「意図せざる結果」を招く危険性もある[38]。また、仮に有効な政策が実施されたとしても、単一の対応策ですべてが上手く行くとは期待できないことも心得ておくべきだろう。たとえば、すぐ上で述べた高校進学に関わる経済的支援の問題にしても、第3章の分析結果から明らかなように、そもそも貧困だけが階層差を生む原因とは言えないからである[39]。

　結局のところ、階層差の縮小を目指すには、リアリティのある方法で格差の実態を明らかにするとともに、それがなぜ生まれるかを解明することが何より重要だ、というのが本書の立場である。その際に大切なのは、単なる思い込み

はもちろんのこと、従来の研究で「前提」や「常識」とみなされてきた知見や主張を無批判に受け入れるのではなく、別の可能性も考慮しながら、地道に実証研究を積み重ねることである。ただし、闇雲にそれを追い求めても、労多くして功少なしともなりかねない。それを避けるには、進むべき方向を示す道標のようなものがあると心強い。本書で提示した教育的地位志向モデルが、その手がかりとなれば幸いである。

注
1) マートンも指摘したように、焦点の推移自体が常に有効だという保証はない。しかし、本書の分析結果やこれまでの議論を考慮すれば、拡大家族や人口統計学的視点を取り込んだ階層研究の展開は有益なものだと期待できよう。
2) ちなみに、第2章でも引用したように、Need and De Jong (2000) は、RRA メカニズムの検証を目的としたものだが、そこで実際に検討されたのは、「親の学歴」→「子どもの教育アスピレーション」→「教育選択」という因果連鎖であった。この枠組に基づく分析の結果、彼らは、教育選択に対する親学歴の効果が、子どもの教育アスピレーションを媒介した間接効果であることを示した。ただし、彼らは教育アスピレーション自体を下降移動回避の心理と解釈したため、この結果から RRA 仮説の妥当性を主張したのだった。
3) この分析は、いわゆる進路多様校を対象に、高校入学から卒業に至るまでの進路選択過程について、量的調査と質的調査を組み合わせた混合研究法によって実施された中村らの調査研究プロジェクト（中村 2010）に基づく。
4) 藤原 (2010) は、教育期待をコントロールした上で、出身階層による学歴達成への直接効果を検討したわけではないので、これはあくまで筆者の推論にすぎない。
5) なお、そのように研究を進めた結果、その他の阻害要因についても考慮する必要があるという結論に至る可能性も当然ある。それは、本モデルの限界を明らかにするとともに、新たな理解へと繋がるきっかけともなろう。
6) 誤解のないように繰り返しておくと、ハビトゥスは新しい経験から影響を受け得るし、意図的に変更することさえ可能だとブルデューも述べている。しかし、第4章でも指摘したように、そのように主張しながらも、運命論的な見方であることも否定できない。
7) 誤解のないように付け加えておくと、Lareau and Wininger (2003) も指摘したように、ブルデューの文化資本概念が本質的に高尚な芸術文化に関する知識や才能を指すと理解するのは誤りである。いかなる文化資本が重要であるかは、それぞれの社会における制度的な評価基準との関連から考察され

る必要がある。

8) ただし、「出る杭は打たれる」という言葉にも象徴されるように、日本では差異を目立たせない圧力や規範も働く。そのため、文化的オムニボア（片岡 2000）という指摘にもあるように、高学歴を獲得した者たちにおいても、差異を積極的に示す言動は少なくとも表面上は慎まれる。とはいえ、その背後には、表立って学歴をひけらかして疎まれる危険をおかさずとも、高学歴（学校歴）は否定できない明示的な価値を持つという認識があるのではないだろうか。

9) この結果は、むしろ言語資本として観察されたような文化資本の相違が、職業達成につながったことを意味しているのかもしれない。しかし、職業でとらえられた社会的位置づけにおける生活が文化資本の形成に関与していることを、同時にとらえている可能性もあるだろう。

10) これをさらに敷衍するなら、家族や親族を超えて、親の持つソーシャル・ネットワーク（特に、それらが準拠集団として教育的地位志向の形成に関与すること）や社会関係資本の及ぼす影響について研究を進めていくことも有益であろう。

11) 鹿又（2014）は、階層差に限られない「進学格差」を生み出すメカニズムについて詳細な分析を行っている。

12) もちろん、塾へ行くことで実際に成績が向上したという経験のある読者も多いだろう。しかしながら、思ったような効果が得られなかったというのもよく聞く話である。第3章でも言及したように、通塾によって効果のある例とそうでない例があり、逆に、塾通いをしなくても成績の高い生徒もいるという現実に対して、通塾が成功の必須条件であるかのように論じることが妥当だとは言えないだろう。

13) もちろん、トラッキング論やソレンセンの議論からもわかるように、どのような学校に所属するかは、生徒達に様々な影響を及ぼす。しかしながら、エリート校に進学することには、互いに切磋琢磨することなどのプラスの効果があるだけではなく、たとえば、相対的な序列の中で意欲を失うなどマイナスの効果もあり得るということを忘れてはならないだろう。

14) ただし、ブルデューの検討対象は、社会の特権的な階層に焦点化されているので、その意味に限れば、こうした社会関係資本に関する議論が日本社会でもあてはまる可能性はあるかもしれない。

15) Benesse 教育研究開発センターと朝日新聞社が共同で企画・実施し、東京大学社会科学研究所との共同研究として分析の行われた『学校教育に対する保護者の意識調査2008』のデータを用いた分析。全国の小学校2年生と5年生および中学校2年生をもつ保護者6,901名を対象とし、5,399名から回答を得ている（回収率78.2%）。ここでは、全国13都県にある21小学校の5年生の保護者を対象にした調査結果を用いている。なお、回答者の9割は母

親であるため、ここでは母親の回答のみを用いて分析を行っている。
16) この調査では、いわゆる大学のランクについては問うていないため、子どもに期待する学歴として「大学院」を選ぶという回答は、より評価の高い大学への進学を期待する傾向もとらえている可能性がある。
17) ただし、これは大都市部や一部の地域に限られたことかもしれない。岩永ほか（2002）によれば、大都市部では公立離れや塾通いが進行している一方、地方では「競争的学力」も含めた様々な側面において、公立学校教育への期待が過大であることを指摘している。こうした点からも地域差の研究が必要だと言えるだろう。
18) 他方、そうした「教育ママ」の子どもは母親への愛着心が弱く、過干渉・抑圧的な母親に反発を感じる結果、親密な母子関係を欠くこと（二関1971）、親が熱心であっても子どもの学習行動が伴うとは限らないこと（西川ほか1977）なども報告されたのであった。また、最近の研究には、「教育熱心な高学歴・高階層の母親の子供の一部」に、ストレスやバーンアウトのリスクがあると指摘するものもある（本田2008）。これらは上述した「非合理性」の側面を指摘したものと言えるだろう。
19) もちろん、第4章でも触れたように、たとえば「お金がないから子どもに大学進学は望まない」などとして、経済的資源の多寡も教育的地位志向の形成に影響しているだろう。
20) ただし、阿部（2008）が強調しているのは、母子家庭に限った貧困ではないこと、そのため、必要な政策的対応は母子家庭であるか否かにかかわらず、貧困家庭に育つ子どもの支援策であると指摘していることを補足しておく。
21) 山野が参照したのは、5〜8歳の子どもを対象とした、所得と計算能力に関するアメリカでの研究成果（Smith et al. 1997）である。山野はさらに、成人後の所得においても、計算力と同様の非線形関連が認められるとする研究成果にも触れている。
22) Devine（2004）は、米英の医師と教師（およびその配偶者）を対象に、調査対象自身の子ども時代の経験と、彼らが親として子育てをした経験についてインタビューを行い、経済資本・文化資本・社会関係資本を動員した中間層の教育戦略について考察を行っている。
23) 念のため指摘しておくと、ここで想定しているのは、大学に進学できなかった中上位層が後に挽回するという話である。これに対し、中学から大学まで設置されてきた夜間部は、まさに「やり直し」の機会を提供してきたと言えるが、主な対象は経済的な困窮層を中心とした何らかの意味でのマイノリティであり、ここでの議論とは異なる文脈になる。他方、近年になって拡大している社会人大学院については、また別に考察する必要があるだろう。これについては、第4節で論じる。
24) 性別と社会経済的地位変数を独立変数とした重回帰分析における決定係数

の値。性別も含んだモデルだが、多喜によれば性別の効果は有意でないため、ほぼ出身階層要因の効果をとらえたものだとみなされる。

25) 第3章でも言及した通り、本書と同じSSMデータを用いて別の分析手法を適用した荒牧（2011b）では、分散説明力が本書よりも大きな値を示すことを報告しているが、両者の違いはまさに分析手法の違いに起因するものである。

26) 付け加えるならば、TIMSS調査の対象が中学2年生であることも考慮すべきかもしれない。多くの生徒が受験勉強に熱を入れる中学3年時では、階層と学力の関連が弱められる可能性も考えられるからである。

27) ただし、中学時代の学力をより精確に測定できれば、進路制約効果の大きさも下方修正される可能性はある。

28) 第5章と第6章における進路選択に関する分析では、異なる地域で行われた調査の分析結果を、地域による違いを考慮せずに考察している。本書で検討した範囲では、どちらの地域においても同様の分析結果が得られているので、その限りでは大きな問題が生じていないと考えているが、考慮しなかった側面において地域差のある可能性も否定できない。

29) 選抜システムが家庭背景による差異を拡大するのか縮小するのかは定かではない。しかしながら、どちらの場合であっても、選抜システムがそうした差異を一定の範囲に留めてきたと考えることはできるだろう。

30) ただし、竹内（1995）によれば、日本の「面接」で求められる「人物」は、支配階級の文化ではなく国民文化への同調であり、階級遍在的なモラルであるため、ブルデューの議論がそのまま妥当するとは言えないのかもしれない。

31) 2000年には20万人を超え、2010年には27万人に達している。

32) 2005年SSM調査データを用いて分析を行った村澤（2008）は、大学院進学は、職業的地位に対しては一定の効果を持つものの、収入に対しては効果が無く、人文科学系に限ればむしろマイナスの効果を持つと指摘している。

33) 第1章で言及したように、階層差の拡大が希少財の先取りに関わるとするならば、かつての中等教育の場合と同様、希少財とみなされた大学院学歴を上位層が先取りすることで階層差が拡大する可能性もある。

34) さらに近藤（2012）は、①経済水準の上昇は階層構造の多次元化を通して出身階層の影響力を低下させるが、同時に教育制度の量的発達を促して出身階層の間接的な影響力を増幅させるため、両者の相殺効果により、学力の階層差は経済水準とは関連しないように見えること、②選抜開始年齢の上昇は階層差の縮小を示唆するが、これと連動した学校教育年数の延長が階層差を拡大させるため、教育制度の平等化効果を単独の特徴から論じることはできないこと、などの興味深い指摘を行っている。

35) そもそもSSMのような全国調査は、社会の全体像を大づかみにとらえることに適したものであり、貧困世帯など特定層の状況を把握するには感度が

鈍い。生活困窮層やマイノリティの状況を適切に把握するには、別の調査方法が必要とされる。
36） 国立社会保障・人口問題研究所の推計（http://www.ipss.go.jp/s-info/j/seiho/seiho.asp）によれば、1990年代は概ね1.5%程度であったが、2000年代以降は増加傾向にあり、2012年は3.2%に達している。ただし、1970～80年代半ばまでは約2%で推移しており、それ以前の時代には、当時の日本社会の経済力も反映して、さらに高い割合であったことも指摘しておく。
37） 先に指摘したように、まもなく2015年SSM調査のデータも分析可能となるので、近いうちに真相が明らかとなるだろう。
38） よく知られた事例として、第1章でも言及したように、公立高校における受験競争緩和策が、結果として私立中学受験や受験競争の低年齢化をもたらしたことが挙げられる。また、第5章で言及した高校教育の多様化政策は、「生徒の個性尊重」という理念に基づくものであったが、親の学歴と関連したカリキュラム・トラッキングという新たな局面を帰結した。このことも、その一例と言えるかもしれない。
39） 現実的には、もちろん、できることから手をつけていくという考え方はあり得るだろう。ただし、その場合でも、研究者の側では、他の対応策について検討したり、どこから手をつけるべきかなどについて議論していく必要があると言える。

引用文献

2005 年社会階層と社会移動調査研究会,2007,『2005 年 SSM 日本調査コードブック』2005 年社会階層と社会移動調査研究会.
阿部彩,2008,『子どもの貧困:日本の不公平を考える』岩波書店.
赤澤淳子・水上喜美子・小林大祐,2009,「家族システム内のコミュニケーションと家族構成員の主観的幸福感:家族形態及び地域別検討」『仁愛大学研究紀要 人間学部篇』8: 1-12.
天野郁夫,1983,「教育の地位表示機能について」『教育社会学研究』38: 44-49.
天野郁夫,1990,「試験社会の新展開」天野郁夫・岩木秀夫編『変動する社会の教育制度』(市川昭午監修『日本の教育』第 2 巻)教育開発研究所,1-34.
安藤文四郎,1979,「学歴社会仮説の検討」富永健一編『日本の階層構造』東京大学出版会: 275-292.
荒井克弘,1999,「大学入学者選抜」『高等教育研究紀要』17: 97-110.
荒川(田中)葉,2001,「高校の個性化・多様化政策と生徒の進路意識の変容:新たな選抜・配分メカニズムの誕生」『教育社会学研究』68: 167-185.
荒川葉,2002,「高校生の『将来の夢』と進路形成」『月刊 高校教育』(8 月号)学事出版: 32-36.
荒牧草平,1996,「大学進学機会の地域間格差に関する時系列的研究」『大阪大学教育学年報』創刊号: 201-213.
荒牧草平,1998,「高校教育制度の変容と教育機会の不平等:教育拡大のもたらしたもの」岩本健良編『教育機会の構造(1995 年 SSM 調査シリーズ 9)』科学研究費補助金(特別推進研究 1)「現代日本の社会階層に関する全国調査」研究成果報告書 1995 年 SSM 調査研究会: 15-31.
荒牧草平,2000,「教育機会の格差は縮小したか:教育環境の変化と出身階層間格差」近藤博之編『日本の階層システム 3 戦後日本の教育社会』東京大学出版会: 15-35.
荒牧草平,2001,「高校生にとっての職業希望」尾嶋史章編『現代高校生の計量社会学:進路・生活・世代』ミネルヴァ書房: 81-106.
荒牧草平,2004,「LRMSC による教育達成過程の趨勢分析:『階層効果逓減現象』の検討」『日本教育社会学会第 56 回大会発表要旨集録』: 222-3.
荒牧草平,2007,「Transitions Approach による教育達成過程の趨勢分析」『理論と方法』42: 189-203.
荒牧草平,2008,「教育達成過程における階層間格差の様態:MT モデルによる階層効果と選抜制度効果の検討」米澤彰純編『教育達成の構造分析(2005 年 SSM

調査シリーズ5)』, 2005年社会階層と社会移動調査研究会：57-79.
荒牧草平, 2009,「教育熱心の過剰と学校不信」『学校教育に対する保護者の意識調査2008報告書』Benesse 教育研究開発センター：94-105.
荒牧草平, 2010,「教育の階級差生成メカニズムに関する研究の検討：相対的リスク回避仮説に注目して」『群馬大学教育学部紀要（人文・社会科学編）』59：167-180.
荒牧草平, 2011a,「高校生の職業・教育期待における階層差の生成メカニズム：PISA データによる検討」『九州大学教育社会学研究集録』12：1-17.
荒牧草平, 2011b,「教育達成過程における階層差の生成：「社会化効果」と「直接効果」に着目して」佐藤嘉倫・尾嶋史章編著『現代の階層社会1―格差と多様性』東京大学出版会：253-266.
荒牧草平, 2011c,「学歴の家族・親族間相関に関する基礎的研究：祖父母・オジオバ学歴の効果とその変動」稲葉昭英・保田時男（編）『第3回家族についての全国調査（NFRJ08）第2次報告書 第4巻：階層・ネットワーク』日本家族社会学会全国家族調査委員会：45-60.
荒牧草平, 2012,「孫の教育達成に対する祖父母学歴の効果：父方母方の別と孫の性別・出生順位に着目して」『家族社会学研究』24(1)：84-94.
荒牧草平, 2013,「教育達成に対する『家族』効果の再検討：祖父母・オジオバと家族制度に着目して」『季刊 家計経済研究』97：33-41.
荒牧草平, 2014,『教育達成過程における階層差の生成：親の教育的地位志向による進路選択の直接的な制約』大阪大学大学院人間科学研究科 博士学位論文.
荒牧草平, 2015,「子どもの教育達成に対するオジオバ学歴の影響：親の高学歴志向を形成する背景としての機能」『全国無作為抽出による「教育体験と社会階層の関連性」に関する実証的研究』平成23～26年度科学研究費補助金（基盤研究A）研究成果報告書（研究代表者 中村高康）教育・社会階層・社会移動調査研究会：40-54.
荒牧草平・山村滋, 2000,「普通科高校における教育課程の『多様化』」荒井克弘編『学生は高校で何を学んでくるか』大学入試センター研究開発部：47-72.
荒牧草平・山村滋, 2002,「多様化政策下における普通科高校教育課程の実証的研究」『大学入試センター研究紀要』31：11-27.
有田伸, 2002,「職業希望と職業的志向性」中村高康・藤田武志・有田伸編著『学歴・選抜・学校の比較社会学：教育からみる日本と韓国』東洋館出版社：175-193.
Becker, Rolf., 2003, "Educational Expansion and Persistent Inequalities of Education: Utilizing subjective expected utility theory to explain increasing participation rates in upper secondary school in the Federal Republic of Germany," *European Sociological Review*, 19(1)：1-24.
Bennett, Tony, Mike Savage, Elizabeth Silva, Alan Warde, Modesto Gyao-Cal, and

David Wright, 2009, *Culture, Class, Distinction*, Routledge.
Bernstein, Basil, 1971, *Theoretical Studies Towards A Sociology of Language*, London: Routledge & Kegan Paul.（=1981, 萩原元昭編訳『言語社会化論』明治図書出版).
Blau, Peter M., and Otis Dudley Duncan, 1967, *The American Occupational Structure*, New York: John Wiley.
Blossfeld, Hans-Peter, and Yossi Shavit, 1993, "Persisting Barriers: Changes in Educational Opportunities in Thirteen Countries," Yossi Shavit and Hans-Peter Blossfeld eds., *Persistent Inequality, Changing Educational Attainment in Thirteen Countries*, Westview Press: 1-23.
Boudon, Raymond, 1973, *L'Inégalité des Chances: La mobilité dans les sociétés industrielles*, Paris: Librairie Armand Colin.（=1983, 杉本一郎・山本剛郎・草壁八郎訳『機会の不平等：産業社会における教育と社会移動』新曜社).
Boudon, Raymond, 1974, *Education, Opportunity, and Social Inequality: Changing Prospects in Western Society*, New York: Wiley.
Boudon, Raymond, 1990, "Individualism and Holism in the Social Sciences," Pierre Birnbaum and Jean Leca eds., *Individualism*, Oxford: Clarendon Press: 33-45.
Boudon, Raymond, 1998, "Social Mechanisms Without Black Boxes," Hedstrom, P. and R. Swedberg eds., *Social Mechanisms: an analytical approach to social theory*, New York: Cambridge University Press: 172-203.
Bourdieu, Pierre, 1979a, *La Distinction: Critique sociale du Jugement*, Minuit.（=1990, 石井洋二郎訳『ディスタンクシオン：社会的判断力批判 Ⅰ・Ⅱ』藤原書店).
Bourdieu, Pierre, 1979b, "Les trois états du capital culturel," *Actes de la recherche en sciences sociales, 30*.（=1986, 福井憲彦訳「文化資本の三つの姿」『Acts』1: 18-28).
Bourdieu, Pierre, 1986, "Habitus, code et codification," *Actes de la recherche en sciences sociales, 64*.（=1987, 福井憲彦訳「ハビトゥス・コード・コード化」『Acts』3: 106-122).
Bourdieu, Pierre, 1989, *La Noblesse d'État: Grandes Écoles et Esprit de Corps*, Les Éditions de Minuit.（=2012, 立花英裕訳『国家貴族：エリート教育と支配階級の再生産 Ⅰ・Ⅱ』藤原書店).
Bourdieu, Pierre, et Jean-Claude Passeron, 1964, *Les Heritiers: Les Etudiants et la culture*, Éditions de Minuit.（=1997, 石井洋二郎監訳『遺産相続者たち』藤原書店).
Bourdieu, Pierre, et Jean-Claude Passeron, 1970, *La Reproduction: éléments pour une théorie du système d'enseignement*, Les Editions de Minuit.（=1991, 宮島喬

訳『再生産:教育・社会・文化』藤原書店).

Bourdieu, Pierre, and Loïc J. D. Wacquant, 1992, Réponses: Pour une anthropologie reflexive. Éditions du Seuil. (= 2007, 水島和則訳『リフレクシヴ・ソシオロジーへの招待:ブルデュー、社会学を語る』藤原書店).

Bowles, Samuel, and Herbert Gintis, 1976, *Schooling in Capitalist America: Education Reform and the Contradictions of Economic Life*, Basic Books. (= 1986, 宇沢弘文訳『アメリカ資本主義と学校教育Ⅰ・Ⅱ:教育改革と経済制度の矛盾』岩波書店).

Breen, Richard and John H. Goldthorpe, 1997, "Explaining Educational Differentials: Towards a Formal Rational Action Theory," *Rationality and Society*, 9(3): 275-305.

Breen, Richard, Ruud Luijkx, Walter Müller, and Reinhard Pollak, 2009, "Non-Persistent Inequality in Educational Attainment: Evidence from Eight European Countries," *American Journal of Sociology*, 114(5): 1475-1521.

Breen, Richard and Meir Yaish, 2006, "Testing the Breen-Goldthorpe Model of Educational Decision Making," Stephen L. Morgan, David B. Grusky, and Gary S. Fields eds., *Mobility and Inequality: Frontiers of Research in Sociology and Economics, Studies in Social Inequality*, Stanford University Press: 232-258.

Coleman, James S., Ernest Q. Campbell, Carol J. Hobson, James McPartland, Alexander M. Mood, Frederic D. Weinfeld, and Robert L. York, 1966, *Equality of Educational Opportunity*, U.S. Department of Health, Education, and Welfare, U. S. Government Printing Office.

Collins, Randall, 1971, "Functional and Conflict Theories of Educational Stratification," *American Sociological Review*. (= 1980, 潮木守一訳「教育における機能理論と葛藤理論」J. カラベル & A. H. ハルゼー編　潮木守一・天野郁夫・藤田英典編訳『教育と社会変動:教育社会学のパラダイム展開』上, 東京大学出版会:97-125).

Davies, Richard, Eskil Heinesen, and Anders Holm, 2002, "The relative risk aversion hypothesis of educational choice," *Journal of Population Economics*, 15 (4): 683-713.

Deindl, Christian and Nicole Tieben, 2012, "Cultural and material resources of parents and grandparents: Effects on educational outcomes across three generations in 11 EU countries," *Poster Presented at Panel Study of Income Dynamics Conference: Inequality across Multiple Generations*, University of Michigan, Survey Research Center, (September 13-14).

Dreeben, Robert and Rebecca Barr, 1988, "Classroom Composition and the Design of Instruction," *Sociology of Education*, 61: 129-142.

Devine, Fiona, 2004, *Class Practices: How Parents Help Their Children Get Good Jobs*, Cambridge University Press.
Erikson, Robert and John Goldthorpe, 1992, *The Constant Flux*, Oxford: Clarendon Press.
Erikson, Robert, John Goldthorpe, and Lucienne Portocarero, 1979, "Intergenerational Class Mobility in Three Western European Societies," *British Journal of Sociology* 30: 415-441.
Erikson, Robert and Jan O. Jonsson, 1996, *Can education be equalized?: the Swedish case in comparative perspective*, Westview Press.
Erola, Jani and Pasi Moisio, 2007, "Social Mobility over Three Generations in Finland, 1950-2000," *European Sociological Review*, 23(2): 169-183.
Featherman, David L., F. Lancaster Jones and Robert M. Hauser, 1975, "Assumptions of Social Mobility Research in the U.S.: The Case of Occupational Status", *Social Science Research*, 4: 329-360.
藤原翔, 2009,「現代高校生と母親の教育期待:相互依存モデルを用いた親子同時分析」『理論と方法』24(2): 283-299.
藤原翔, 2010,「進路多様校における進路希望の変容:学科、性別、成績、階層による進路分化は進むのか」中村高康編『進路選択の過程と構造:高校入学から卒業までの量的・質的アプローチ』ミネルヴァ書房:44-73.
藤田英典, 1980,「進路選択のメカニズム」山村健・天野郁夫編『青年期の進路選択』有斐閣選書:105-129.
藤田英典・宮島喬・秋永雄一・橋本健二・志水宏吉, 1987,「文化の階層性と文化的再生産」『東京大学教育学部紀要』27: 51-89.
深谷昌志, 1974,「日本における中等教育の拡大と終息」『世界教育史大系』25.
深谷昌志, 1983,『孤立化する子どもたち』NHKブックス.
古田和久, 2008,「教育機会の不平等生成メカニズムの分析」米澤彰純編『教育達成の構造(2005年SSM調査シリーズ5)』2005年社会階層と社会移動調査研究会:81-97.
古田和久, 2010,『教育機会の趨勢と格差メカニズムに関する計量社会学的研究』大阪大学大学院人間科学研究科博士学位論文.
Gamoran, Adam, 1986, "Instructional and Institutional Effects of Ability Grouping," *Sociology of Education*, 59(4): 185-198.
Gamoran, Adam and Mark Berends, 1987, "The Effects of Stratification in Secondary Schools: Synthesis of Survey and Ethnographic Research," *Review of Educational Research*, 57(4): 415-35.
「月刊高校教育」編集部, 1997,『高校教育基本資料集 通知・通達編』月刊高校教育1997年7月増刊号, 学事出版.
Hallinan, Maureen T, 1987, "Ability Grouping and Student Learning." Maureen T.

Hallinan ed., *The Social Organization of Schools: New Conceptualization of the Learning Process*, New York: Plenum: 41-69.

原純輔・盛山和夫,1999,『社会階層:豊かさの中の不平等』東京大学出版会.

橋本健二,1999,『現代日本の階級構造:理論・方法・計量分析』東信堂.

Hauser, Robert M., William H. Sewell, and Duane F. Alwin, 1976, "High school effects on achievement," William H. Sewell, Robert M. Hauser and David L. Featherman eds., *Schooling and Achievement in American Society*, New York: Academic Press: 309-341.

Hedström, Peter, and Richard Swedberg eds., 1998, *Social Mechanisms: an analytical approach to social theory*, New York: Cambridge University Press.

樋田大二郎,1987,「学校外教育機関通学の規定要因の研究」『南山短期大学紀要』15: 113-132.

樋田大二郎・耳塚寛明・岩木秀夫・苅谷剛彦,2000,『高校生文化と進路形成の変容』学事出版.

平沢和司,2004,「家族と教育達成:きょうだい数と出生順位を中心に」渡邊秀樹・稲葉昭英・嶋崎尚子編『現代家族の構造と変容』東京大学出版会, 327-346.

平沢和司,2011,「きょうだい構成が教育達成に与える影響について:NFRJ08本人データときょうだいデータを用いて」稲葉昭英・保田時男編『第3回家族に関する全国調査(NFRJ08)第2次報告書4 階層・ネットワーク』, 21-43.

平沢和司,2012,「きょうだい構成と教育達成(2)」『日本教育社会学会第64回大会』(当日配布資料).

菱村幸彦,1995,『教育行政からみた戦後高校教育史』学事出版.

本田由紀,2008,『家庭教育の隘路:子育てに脅迫される母親たち』勁草書房.

Holm, Anders, and Mads Meier Jæger, 2008, "Does Relative Risk Aversion explain educational inequality?: A dynamic choice approach," *Research in Social Stratification and Mobiliy*, 26: 199-219.

飯田浩之,1996,「高校教育における『選択の理念』」耳塚寛明・樋田大二郎編著『多様化と個性化の潮流をさぐる:高校教育改革の比較教育社会学』(月刊高校教育1996年11月増刊号)学事出版:60-75.

飯田浩之,2007,「中等教育の格差に挑む:高等学校の学校格差をめぐって」『教育社会学研究』80: 41-60.

今田高俊,1979,「社会的不平等と機会構造の趨勢分析」富永健一『日本の階層構造』東京大学出版会:88-132.

今田高俊・原純輔,1979,「社会的地位の一貫性と非一貫性」富永健一『日本の階層構造』東京大学出版会:161-197.

稲葉昭英,2011a,「親との死別/離婚・再婚と子どもの教育達成」稲葉昭英・保田時男(編)『第3回家族についての全国調査(NFRJ08)第2次報告書 第4巻:階層・ネットワーク』日本家族社会学会全国家族調査委員会:131-157.

稲葉昭英，2011b，「ひとり親家庭における子どもの教育達成」佐藤嘉倫・尾嶋史章編著『現代の階層社会1：格差と多様性』東京大学出版会：239-252.
石田浩，1999，「学歴取得と学歴効用の国際比較」『日本労働研究雑誌』472：46-58.
Ishida, Hiroshi, 2007, "Japan: Educational Expansion and Inequality in Access to Higher Education," Yossi Shavit, Richard Arum, and Adam Gamoran, eds., *Stratification in Higher Education: A Comparative Study*, Stanford University Press: 63-86.
伊藤三次，1963，「新規学卒者の就業問題：変貌過程にある千葉県の実態（京葉工業地帯調査中間報告（一））」『社會科學研究（東京大學社會科學研究所）』14(6)：65-88.
岩木秀夫，1977，「総合選抜制度の教育効果：学力水準との関連で」『教育社会学研究』32：80-92.
岩木秀夫・耳塚寛明，1983，「概説 高校生：学校格差の中で」『現代のエスプリ 高校生：学校格差の中で』至文堂：5-24.
岩永定・橋本洋治・芝山明義・小野瀬雅人・岩城孝次，2002，「学校教育に対する保護者の教育期待に関する実証的研究：小・中学校の調査を通して」『鳴門教育大学学校教育実践センター紀要』17：45-54.
岩崎孝，2004，「『学校選択制』にみる親の教育意識と選択行動：大津市のケーススタディ」『滋賀大学大学院教育学研究科論文集』7：1-11.
陣内靖彦，1975，「社会的選抜の主観的帰結：都市高等学校における事例から」『東京学芸大学紀要 1部門』26：157-169.
陣内靖彦，1976，「職業選択と教育」石戸谷哲夫編『変動する社会の教育』第一法規：202-223.
神林博史，2001，「学校外教育投資がもたらすもの：学校外教育投資と教育達成、学習意識との関連について」片瀬一男編『高等学校における学習意識の実証的研究』1998-2000年度科学研究費補助金研究成果報告書，57-77.
鹿又伸夫，1988，「経済的不平等と地位達成」今田高俊・盛山和夫『1985年社会階層と社会移動全国調査報告書第1巻：社会階層の構造と過程』1985年社会階層と社会移動全国調査委員会：105-130.
鹿又伸夫，2006，「計量社会学における多重比較の同時分析：ロジットモデルによる教育達成分析」『理論と方法』21(1)：33-48.
鹿又伸夫，2014，『何が進学格差を作るのか：社会階層研究の立場から』慶應義塾大学出版会．
苅谷剛彦，1986，「閉ざされた将来像」『教育社会学研究』41：95-109.
苅谷剛彦，1995，『大衆教育社会のゆくえ：学歴主義と平等神話の戦後史』中央公論社．
苅谷剛彦，2001，『階層化日本と教育危機：不平等再生産から意欲格差社会へ』有信堂．
片岡栄美，1990，「三世代間学歴移動の構造と変容」菊池城司編『現代日本の階層構造③教育と社会移動』東京大学出版会，57-83.

片岡栄美，2000,「文化的寛容性と象徴的境界：現代の文化資本と階層再生産」今田高俊編『日本の階層システム5 社会階層のポストモダン』，181-220.

片岡栄美，2001,「教育達成過程における家族の教育戦略：文化資本効果と学校外教育投資効果のジェンダー差を中心に（特集 家族の変容と教育）」『教育学研究』68(3): 1-15. 259-273.

片瀬一男，2002,「価値意識の世代間伝達：家族における社会化の規定要因」『社会学研究（東北社会学研究会）』72: 43-62.

片瀬一男，2003,「夢の行方：職業アスピレーションの変容」『人間情報学研究』8: 15-30.

片瀬一男，2004,「文化資本と教育アスピレーション：読書文化資本・芸術文化資本の相続と獲得」『人間情報学研究』9: 15-30.

片瀬一男，2005,『夢の行方：高校生の教育・職業アスピレーションの変容』東北大学出版会.

片瀬一男・梅崎篤史，1990,「価値意識の世代間伝達：家族における社会化効果の規定因」海野道郎・片瀬一男編『教育と社会に対する高校生の意識：第2次調査報告書』東北大学文学部教育文化研究会：9-24.

加藤美帆，2005,「国・私立中学進学者の家庭の教育戦略と公立小学校への意識」『早稲田大学大学院教育学研究科紀要（別冊）』13(2): 23-32.

Keller, Suzanne and Marisa Zavalloni, 1964, "Ambition and Social Class: a Respecification," *Social Forces*, 43: 58-70.

Kerckhoff, Alan C., 1976, "The Status Attainment Process: Socialization or Allocation?," *Social Forces*, 55(2): 368-381.

Kerckhoff, Alan C., and Judith L. Huff, 1974, "Parental Influence on Educational Goals," *Sociometry* 37(3): 307-327.

木部尚志，2001,「方法論的個人主義とその諸問題：合理的選択モデルいついての批判的考察」『社会科学ジャーナル（国際基督教大学社会科学研究所）』46: 1-22.

吉川徹，1996,「言語資本による文化的再生産：現代日本社会における説明力と適用範囲についての一考察」『ソシオロジ』41(1): 35-49.

吉川徹，2006,『学歴と格差・不平等：成熟する日本型学歴社会』東京大学出版会.

菊地栄治，1986,「中等教育における『トラッキング』と生徒の分化過程：理論的検討と事例研究の展開」『教育社会学研究』41: 136-150.

菊地栄治，1996,「高校教育改革の『最前線』」耳塚寛明・樋田大二郎編著『多様化と個性化の潮流をさぐる：高校教育改革の比較教育社会学』（月刊高校教育1996年11月増刊号）学事出版：28-44.

菊池城司，1975,「教育水準と教育機械」市川昭午編著『戦後日本の教育政策（現代教育講座第2巻）』第一法規：239-297.

菊池城司，1982,「教育需要の経済学」市川昭午・菊池城司・矢野眞和『教育の経済

学』第一法規.
菊池城司,1990,「序論:現代日本における教育と社会移動」菊池城司編『現代日本の階層構造3:教育と社会移動』東京大学出版会,1-23.
木村邦博編,2009,『教育と社会に対する高校生の意識:第6次調査報告書』東北大学教育文化研究会.
国立教育研究所,1974,『日本近代教育百年史 六』文唱堂.
近藤博之,1988,「社会階層と教育の機会:1955年〜1985年の趨勢」菊池城司編『1985年社会階層と社会移動全国調査報告書第3巻:教育と社会移動』1985年社会階層と社会移動全国調査委員会,129-151.
近藤博之,1990,「学歴メリトクラシーの構造」菊池城司編『現代日本の階層構造3 教育と社会移動』東京大学出版会,185-208.
近藤博之,1996,「地位達成と家族:キョウダイの教育達成を中心に(特集1 社会階層と家族:家族社会学の新しい地平)」『家族社会学研究』:19-31.
近藤博之,1997,「教育と社会移動の趨勢」『行動計量学』24(1):28-36.
近藤博之,1998a,「社会移動の制度化と限界:教育の地位媒介機能を中心に」近藤博之編『教育と世代間移動(1995年SSM調査シリーズ10)』1995年SSM調査研究会:1-28.
近藤博之,1998b,「学校外教育の普及とその進学効果」近藤博之編『教育と世代間移動(1995年SSM調査シリーズ10)』1995年SSM調査研究会:29-33.
近藤博之,1999,「メリトクラシー仮説と教育機会の趨勢」『社会学評論』50(2):181-96.
近藤博之,2001,「高度成長期以降の大学進学機会」『大阪大学教育学年報』6:1-11.
近藤博之,2002,「学歴主義と階層流動性」原純輔編『流動化と社会格差』ミネルヴァ書房,59-87.
近藤博之,2008,「社会空間アプローチによる階層と教育の分析」米澤彰純編『教育達成の構造分析(2005年SSM調査シリーズ5)』2005年社会階層と社会移動調査研究会:141-160.
近藤博之,2012,「社会空間と学力の階層差」『教育社会学研究』90:101-121.
近藤博之・古田和久,2009,「教育達成の社会経済的格差:趨勢とメカニズムの分析」『社会学評論』59(4):682-698.
高坂健次,2000,『社会学におけるフォーマルセオリー:階層イメージに関するFKモデル』ハーベスト社.
高等学校の特色ある学科等研究会,1999,『特色ある学科・コースの調査分析』平成10年度文部省「高等学校教育多様化実践研究委嘱」報告書(代表 飯田浩之).
黒羽亮一,1993,『戦後大学政策の展開』玉川大学出版部.
Lareau, Annette and Elliot B. Weininger, 2003, "Cultural Capital in Educational Research: A Critical Assessment," *Theory and Society*, 32: 567-606.
Lawrence, Matthew, 2012, "Unequal Advantages: A Multigenerational Analysis of

College Destinations," *Paper Presented at Panel Study of Income Dynamics Conference: Inequality across Multiple Generations*, University of Michigan, Survey Research Center, (September 13-14).

Long, J. Scott, 1997, *Regression Models for Categorical and Limited Dependent Variables*, Sage.

Lucas, Samuel R., 1999, *Tracking Inequality: Stratification and Mobility in American High Schools*, New York: Teachers College Press.

Lucas, Samuel R. 2001. "Effectively Maintained Inequality: Education Transitions, Track Mobility, and Social Background Effects." *American Journal of Sociology*, 106(6): 1642-1690.

前原武子・金城育子・稲谷ふみ枝, 2000,「祖父母に対する孫の親密感に及ぼす影響要因についての分析的研究」『琉球大学教育学部紀要』57: 235-240.

前田忠彦・小林大祐, 2011,「2005年SSM日本調査の設計と回収状況」佐藤嘉倫・尾嶋史章編『現代の階層社会1：格差と多様性』東京大学出版会：315-318.

Mare, Robert D., 1980, "Social Background and School Continuation Decisions," *Journal of the American Statistical Association*, 75(370): 295-305.

Mare, Robert D., 1981, "Change and Stability in Educational Stratification," *American Sociological Review*, 46(1): 72-87.

Mare, Robert D., 2011, "A Multigenerational View of Inequality," *Demography*, 48: 1-23.

Mastekaasa, Arne, 2006, "Educational transitions at graduate level: Social origins and enrolment in PhD programmes in Norway," *Acta Sociologica*, 4(4): 437-453.

松原治郎, 1974,『日本青年の意識構造』弘文堂.

Merton, Robert K., 1949, Social Theory and Social Structure: Toward the Codication of Theory and Research, New York: The Free Press. (= 1961, 森東吾・森好夫・金沢実・中島竜太郎訳『社会理論と社会構造』みすず書房).

Meyer, John W, 1977, "The Effects of Education as an Institution," *American Journal of Sociology*, 83: 55-77.

道脇正夫, 1971,「職業観の発達に関する研究（その2）：職業観診断テストによる職業観の縦断的分析」『職業研究所研究紀要』2: 1-15.

道脇正夫・小倉修一郎, 1970,「職業観の発達に関する研究：職業観診断テストの結果分析」『職業研究所研究紀要』1: 1-18.

耳塚寛明, 1980,「生徒文化の分化に関する研究」『教育社会学研究』35: 111-122.

耳塚寛明, 2000,『高卒無業者の教育社会学的研究』平成11～12年度日本学術振興会科学研究費補助金報告書.

耳塚寛明・菊地栄治, 1993,「総合選択制，学校生活，進路選択」西本憲弘・佐古順彦編『伊奈学園：新しい高校モデルの創造と評価』第一法規：147-73.

宮島喬,1994,『文化的再生産の社会学：ブルデュー理論からの展開』藤原書店.
宮島喬・藤田英典,1991,『文化と社会：差異化・構造化・再生産』有信堂.
文部省,1995,「文教施策の進展 初等中等教育」『文部時報』1995 年 4 月号：12-21.
Morgan, Stephen, L., 2005, *On the Edge of Commitment: Educational Attainment and Race in the United States*, Stanford University Press.
村澤昌崇,2008,「大学院の分析」中村高康編『階層社会の中の教育現象（2005 年 SSM 調査シリーズ 6）』,2005 年社会階層と社会移動調査研究会：87-107.
牟田博光,1994,『大学の地域配置と遠隔教育』多賀出版.
中村高康,2000,「高学歴志向の趨勢：世代の変化に注目して」近藤博之編『日本の階層システム 3 戦後日本の教育社会』東京大学出版会：151-173.
中村高康,2008,「高学歴志向の趨勢に関する二時点データの比較分析：年齢・世代・時代と階層効果の基礎的考察」中村高康編『階層社会の中の教育現象（2005 年 SSM 調査シリーズ 6）』,2005 年社会階層と社会移動調査研究会：21-33.
中村高康,2010,『進路選択の過程と構造：高校入学から卒業までの量的・質的アプローチ』ミネルヴァ書房.
中西祐子・中村高康・大内裕和,1997,「戦後日本の高校間格差成立過程と社会階層：1985 年 SSM 調査データの分析を通じて」『教育社会学研究』60：61-82.
中澤渉,2010,「JGSS-2009 ライフコース調査にみる高等教育進学行動の分析：日本における相対リスク回避説の検証」日本版総合的社会調査共同研究拠点 研究論文集[10] JGSS Research Series No.7：217-227.
直井優・藤田英典,1978,「教育達成過程とその地位形成効果」『教育社会学研究』33：91.
Need, Ariana and Unlkje de Jong, 2000, "Educational Differentials in the Netherlands: Testing Rational Action Theory," *Rationality and Society*, 13(1)：71-98.
日本家族社会学会・全国家族調査委員会,2010,『第 3 回 家族についての全国調査（NFRJ08）第一次報告書』日本家族社会学会・全国家族調査委員会.
日本社会学会調査委員会,1958,『日本社会の階層的構造』有斐閣.
二関隆美,1970,『母親の教育態度に関する調査：第一部いわゆる教育ママ成立の社会心理的条件』大阪大学文学部教育社会学研究室.
二関隆美,1971,「母親の教育態度と子どもとの関連：教育ママの子はどんな子か」『青少年問題研究』19：1-34.
西川和夫・石川知男・谷岡あけみ,1977,「親の教育態度と子供の学習意欲との関係に関する調査研究」『三重大学教育学部研究紀要』28(4)：49-55.
西尾幹二,1992,『教育と自由：中教審報告から大学改革へ』新潮選書.
西谷敬,1984,「社会理論と実践の問題：『方法論的個人主義の基礎』付論」『論集（神戸女学院大学）』31(1)：1-17.
Oakes, Jeannie, 1985, *Keeping Track: How Schools Structure Inequality*, New Haven, CT: Yale University Press.

Oakes, Jeannie, Adam Gamoran, and Reba N. Page, 1992, "Curriculum Differentiation, Opportunities, Outcomes, and Meanings," Philip W. Jackson ed. *Handbook of Research on Curriculum: A Project of the American Educational Research Association*. New York: Macmillan: 570-608.
尾高邦雄, 1958,『職業と階層』毎日新聞社.
小川洋, 1993,「総合選択制高校と教育改革」西本憲弘・佐古順彦編『伊奈学園：新しい高校モデルの創造と評価』第一法規：37-61.
尾嶋史章, 1988,「世代間社会移動の分析」直井優・尾嶋史章編『経験社会学・社会調査法叢書Ⅰ 農村社会の構造と変動：岡山市近郊農村の30年』大阪大学人間科学部経験社会学・社会調査法講座：14-32.
尾嶋史章, 1990,「教育機会の趨勢分析」菊池城司編『現代日本の階層構造3：教育と社会移動』東京大学出版会, 25-55.
尾嶋史章, 1997,「誰が教育に支出するのか」『大阪経大論集』48(3)：311-327.
尾嶋史章, 2001,『現代高校生の計量社会学：進路・生活・世代』ミネルヴァ書房.
尾嶋史章, 2002,「社会階層と進路形成の変容：90年代の変化を考える」『教育社会学研究』70：125-141.
尾嶋史章・吉川徹・直井優, 1996,「社会的態度の親子3者連関の国際比較：90年代日本と70年代アメリカ」『家族社会学研究』8：111-124.
岡部善平, 1997,「『総合学科』高校生の科目選択過程に関する事例研究：選択制カリキュラムへの社会学的アプローチ」『教育社会学研究』61：143-62.
大前敦巳, 2002,「キャッチアップ文化資本による再生産戦略：日本型学歴社会における「文化的再生産」論の展開可能性」『教育社会学研究』70.
Pallas, Aaron M., Doris R. Entwisle, Karl L. Alexander and M. Francis Stluka, 1994, "Ability-Group Effects: Instructional, Social, or Institutional?," *Sociology of Education*, 67：27-46.
Raftery, Adrian E., 1995, "Bayesian Model Selection in Social Research.", *Sociological Methodology*, 25：111-163.
Raftery, Adrian E., and Michael Hout., 1993, "Maximally Maintained Inequality: Expansion, Reform, and Opportunity in Irish Education, 1921-75" *Sociology of Education*, 66(1)：41-62.
リクルートリサーチ, 1999,『高校総覧1999』リクルート学び事業部.
Rosenbaum, James E, 1976, *Making Inequality: The Hidden Curriculum of High School Tracking*, New York: John Wiley & Sons.
佐藤嘉一, 1968,「理解社会学と方法論的個人主義：社会的行為理論の観点から」『金沢大学法文学部論集 哲学編』15：89-110.
盛山和夫, 1992,「階級への探求の構造と搾取理論」『現代社会学研究』5：1-37.
盛山和夫, 1997,「合理的選択理論」」井上俊ほか編『岩波講座 現代社会学 別巻：現代社会学の理論と方法』岩波書店, 137-156.

盛山和夫・野口裕二,1984,「高校進学における学校外教育投資の効果」『教育社会学研究』39: 113-126.

盛山和夫・都築一治・佐藤嘉倫,1988,「社会階層と移動の趨勢」今田高俊・盛山和夫『1985年社会階層と社会移動全国調査報告書第1巻:社会階層の構造と過程』1985年社会階層と社会移動全国調査委員会: 11-49.

Sewell, William H., Archibald O. Haller, and Gerorge W. Ohlendorf, 1970, "The Educational and Early Occupational Status Attainment Process: Replication and Revision," *American Sociological Review*, 35(6): 1014-1027.

Sewell, William H., Archibald O. Haller, and Alejandro Portes, 1969, "The Educational and Early Occupational Attainment Process," *American Sociological Review*, 34(1): 82-92.

Sewell, William H. and Robert M. Hauser, 1972, "Causes and Consequences of Higher Education: Models of the Status Attainment Process" *American Journal of Agricultural Economics*, 54(6): 851-861.

Sewell, William H., Robert M. Hauser, Kristen W. Springer, and Taissa S. Hauser, 2004, "As We Age: A Review of the Wisconsin Longitudinal Study, 1957-2001," *Research in Social Stratification and Mobility*, 20: 3-111.

Sewell, William H. and Alan M. Orenstein, 1965, "Community of residence and occupational choice," *American Journal of Sociology*, 70 (5), 551-563.

Shavit, Yossi and Hans-Peter Blossfeld eds., 1993, *Persistent Inequality: Changing Educational Attainment in Thirteen Countries*, Westview.

施利平,2008,「戦後日本の親子・親族関係の持続と変化:全国家族調査(NFRJ-S01)を用いた計量分析による双系化説の検討」『家族社会学研究』20(2): 20-33.

Smith, Judith R., Jeanne Brooks-Gunn, and Pamela K. Klebanov, 1997, "Consequences of Living in Poverty for Young Children's Cognitive and Verbal Ability and Early School Achievement," Greg J. Duncan and Jeanne Brooks-Gunn (eds.) *Consequences of Growing Up Poor*, Russel Sage Foundation: 132-189.

Sørensen, Aage B., 1970, "Organizational Differentiation of Students and Educational Opportunity," *Sociology of Education*, 43: 355-376.

Sørensen, Aage B., 1984, "The Organizational Differentiation of Students in Schools," Hans Oosthoeck and Pieter v. den Eeden. Eds. *Multilevel Aspects in the Educational Process*, London: Gordon and Breach: 25-43.

Spady, William, 1967, "Educational mobility and access: growth and paradoxes," *American Journal of Sociology*, 73: 273-286.

Stocké, Volker, 2007, "Explaining educational decision and effects of families' social class position: An empirical test of the Breen-Goldthorpe model of educational attainment," *European Sociological Review*, 23(4): 505-519.

杉井潤子,2006,「祖父母と孫との世代間関係:孫の年齢による関係性の変化」『奈良

教育大学紀要（人文・社会科学）』55(1): 177-190.
杉本一郎, 2005,「方法論的個人主義パラダイム（その一）：R. ブードンの所説をめぐって」『愛知大学文学論叢書』131: 272-248.
杉本一郎, 2006,「方法論的個人主義パラダイム（その二）：R. ブードン批判を中心にして」『愛知大学文学論叢書』133: 298-275.
橘木俊詔, 2010,『日本の教育格差』岩波書店.
武井槇次・木村邦博, 1992,「高校生の学歴アスピレーションと階層：『文化的再生産論』にもとづく考察」『人文科学研究（新潟大学人文学部）』80: 1-31.
竹内洋, 1995,『日本のメリトクラシー：構造と心性』東京大学出版会.
多喜弘文, 2010,「社会経済的地位と学力の国際比較：後期中等教育段階における教育と不平等の日本的特徴」『理論と方法』25(2): 229-248.
多喜弘文, 2011,『学校教育と不平等の日本的特徴に関する実証的研究：社会階層と学校トラックの関連を中心に』同志社大学大学院社会学研究科博士学位論文.
田村喜代, 1978,「社会階層と母親の教育態度（第一報）：対象の特性と態度類型の設定」『東京学芸大学紀要（第6部門 産業技術・家政）』30: 115-128.
田村喜代, 1979,「社会階層と母親の教育態度（第二報）：社会的態度、子の人生への態度、学校教育への態度」『東京学芸大学紀要（第6部門 産業技術・家政）』31: 119-146.
田村喜代, 1980,「社会階層と母親の教育態度（第三報）：家庭教育の役割分担・しつけの悩み・不安感・接触状況」『東京学芸大学紀要（第6部門 産業技術・家政）』32: 115-125.
田村喜代, 1981,「社会階層と母親の教育態度（第四報）：母子関係における心理的特性」『東京学芸大学紀要（第6部門 産業技術・家政）』33: 137-162.
田中幸恵・黒田玲子・菊沢康子・戸谷修, 1987,「孫・祖父母間の交流の様態：交流の実態と交流に影響を与える要因」『日本家政学会誌』38(7): 611-622.
田中葉, 1999,「『総合選択制高校』」科目選択制の変容過程に関する実証的研究：自由な科目選択の幻想」『教育社会学研究』64: 143-163.
太郎丸博, 2007,「大学進学率の階級間格差に関する合理的選択理論の検討：相対的リスク回避仮説の1995年SSM調査データによる分析」『大阪大学大学院人間科学研究科紀要』33: 201-212.
富永健一, 1979,「社会階層と社会移動の趨勢分析」富永健一編『日本の階層構造』東京大学出版会：33-87.
Treiman, Donald J., and Walder, A., 1998, "Life histories and social change in contemporary China: Provisional codebook," *Unpublished manuscript*, Department of Sociology, University of California Los Angeles.
Treiman, Donald J. and Kazuo Yamaguchi, 1993, "Trends in Educational Attainment in Japan," Yossi Shavit and Hans Peter Blossfeld eds., *Persistent Inequality: Changing Educational Attainment in Thirteen Countries*, Westview Press,

229-249.

Trow, Martin, 1961, *The Second Transformation of American Secondary Education*（＝1980, 天野郁夫訳「アメリカ中等教育の構造変動」J. カラベル・A. H. ハルゼー編 潮木守一・天野郁夫・藤田英典編訳『教育と社会変動 下』東京大学出版会, 19-42.

Trow, Martin A., 1976.（＝天野郁夫・喜多村和之訳『高学歴社会の大学：エリートからマスへ』東京大学出版会（訳者による編訳であり原著書は存在しない．）

都村聞人・西丸良一・織田輝哉, 2011,「教育投資の規定要因と効果：学校外教育と私立中学進学を中心に」『現代の階層社会1：格差と多様性』東京大学出版会：267-280.

Turner, Ralph H., 1960, "Sponsored and Contest Mobility and the School System," *American Sociological Review*, 25(6): 855-867.

海野道郎・片瀬一男編, 2008,『〈失われた時代〉の高校生の意識』有斐閣．

浦田広朗, 1998,「学納金の規定要因分析」矢野眞和代表『高等教育システムと費用負担』科学研究費報告書, 113-136.

卯月由佳, 2004,「小中学生の努力と目標：社会的選抜以前の親の影響力」本田由紀編『女性の就業と親子関係：母親たちの階層戦略』勁草書房：114-132.

Van de Werfhorst, Herman G., 2002, "A detailed examination of the role of education in intergenerational social-class mobility," *Social Science Information*, 41(3): 407-435.

Van De Werfhorst, Herman G. and Robert Andersen, 2005, "Social background, credential inflation and educational strategies," *Acta Sociologica*, 48(4): 321-340.

Van De Werfhorst, Herman G. and Saskia Hofstede, 2007, "Cultural capital or relative risk aversion? Two mechanisms for educational inequality compared," *British Journal of Sociology*, 58(3): 391-415.

Warren, John R. and Robert M. Hauser, 1997, "Social Stratification across Three Generations: New Evidence from the Wisconsin Longitudinal Study," *American Sociological Review*, 62(4): 561-572.

Weber, Max, 1913, "Über einige Kategorien der verstehenden Soziologie," *Logos. Internationale Zeitschrift für Philosophie der Kultur*, 4(3): 253-294.（＝1990, 海老原明夫・中野敏男訳『理解社会学のカテゴリー』未来社）．

Willis, Paul E., 1977, *Learning to Labour: How Working Class Kids Get Working Class Jobs*, Saxon House（＝1996, 熊沢誠・山田潤訳『ハマータウンの野郎ども』筑摩書房）．

Wilson, Kenneth L., and Alejandro Portes, 1975, "The Educational Attainment Process: Results from a National Sample," *American Journal of Sociology*, 81(2): 343-363.

Wright, Erik Olin, 1985, *Classes*, London: Verso.
山野良一，2008,『子どもの最貧国・日本：学力・心身・社会におよぶ諸影響』光文社.
安田三郎，1960,『社会調査ハンドブック』有斐閣.
安田三郎，1969,『社会調査ハンドブック〔新版〕』有斐閣.
安田三郎，1971,『社会移動の研究』東京大学出版会.
安田三郎・原純輔，1982,『社会調査ハンドブック〔第3版〕』有斐閣.
保田時男，2011,「マルチレベル・モデリングによるNFRJデータの分析方法：ダイアド集積型家族調査の有効活用」稲葉 昭英・保田 時男（編）『第3回家族についての全国調査（NFRJ08）第2次報告書 第4巻：階層・ネットワーク』日本家族社会学会全国家族調査委員会：1-20.
米川英樹，1978,「高校における生徒下位文化の諸類型」『大阪大学人間科学部紀要』4: 185-208.
米澤彰純，2008,『教育達成の構造分析（2005年SSM調査シリーズ5)』2005年社会階層と社会移動調査研究会.

資料（調査票）

高校生のキャリア・プランと学習行動に関する調査

　この調査は、高校生のみなさんが将来の生き方や今の社会についてどのようなことを考え、またどのような高校生活を送っているかを明らかにし、教育制度の改善に役立てるために行うものです。回答はすべてグラフや表の形で統計的にまとめますので、みなさんのプライバシーが表に出ることはありません。あなたが日頃行動したり、考えていることをそのままお答え下さい。

2001年6月
大学入試センター研究開発部

国立・公立・私立（　　　　　　　　　）高校

3年（　　　）組

問1　はじめにあなたの性別をお答え下さい。あてはまる方の番号に○をつけて下さい。

| 1. 男　　2. 女 |

問2(1)　あなたが在籍する<u>学科</u>は次のどれですか。あてはまる番号を<u>1つ選んで</u>○をつけて下さい。

| 1.普通科　2.外国語科・国際科　3.音楽科　4.美術科　5.演劇科　6.工業科　7.商業科　8.グラフィックアーツ科　9.インテリア科　10.その他（　　　） |

(2)　あなたが在籍する<u>コースや類型</u>について最も近いと思われる番号を<u>1つ選んで</u>○をつけて下さい。あなたの学校や学科でコース制や類型制をとっていない場合は、「0」に○をして下さい。

| 0.コース・類型なし　1.文系　2.理系　3.外国語・国際　4.体育　5.進学　6.情報　7.実学　8.その他（　　　　） |

問3(1)　<u>3年生現在</u>あなたは以下の教科目の中ではどの授業を受けていますか（または受ける予定ですか）。授業を受けている（または受ける予定のある）<u>すべて</u>の教科目の番号に○をつけて下さい。

| 1.国語(現代文)　2.国語(古典)　3.世界史　4.日本史　5.地理　6.公民　7.数学　8.物理　9.化学　10.生物　11.地学　12.英語　13.芸術　14.家庭科　15.体育　16.職業系科目 |

(2)　では<u>2年生の時</u>には以下の教科目の中ではどの授業を受けていましたか。授業を受けた<u>すべて</u>の教科目の番号に○をつけて下さい。

| 1.国語(現代文)　2.国語(古典)　3.世界史　4.日本史　5.地理　6.公民　7.数学　8.物理　9.化学　10.生物　11.地学　12.英語　13.芸術　14.家庭科　15.体育　16.職業系科目 |

問 4 (1) あなたの高校での成績は学年の中でおよそ次のどれにあたりますか。各教科についてあてはまる番号を1つ選んで○をつけて下さい。高校で履修したことがない場合は「0」に○をして下さい。

	上	中の上	中	中の下	下	未履修
a. 国語	5	4	3	2	1	0
b. 世界史	5	4	3	2	1	0
c. 日本史	5	4	3	2	1	0
d. 地理	5	4	3	2	1	0
e. 公民	5	4	3	2	1	0
f. 数学	5	4	3	2	1	0
g. 物理	5	4	3	2	1	0
h. 化学	5	4	3	2	1	0
i. 生物	5	4	3	2	1	0
j. 地学	5	4	3	2	1	0
k. 英語	5	4	3	2	1	0
l. 6教科合計	5	4	3	2	1	0

(2) では中学校時代の成績は学年の中でおよそ次のどれにあたりましたか。各教科についてあてはまる番号を1つ選んで○をつけて下さい。

	上	中の上	中	中の下	下
a. 国語	5	4	3	2	1
b. 社会科	5	4	3	2	1
c. 数学	5	4	3	2	1
d. 理科	5	4	3	2	1
e. 英語	5	4	3	2	1
f. 5教科合計	5	4	3	2	1

問5 選択科目や学科・コース・類型の選択についてあてはまる番号すべてに○をつけて下さい。

1. 希望する職業に関連した内容を選んだ
2. 何よりも自分が興味の持てる内容を選んだ
3. なるべく受験に必要のない科目を選ばないようにした
4. なるべく不得意科目を選ばないようにした
5. 時間割の制約で本当は学びたいのに選択できなかった科目がある
6. この学校には自分が本当に学びたい学科、コース・類型や科目がなかった
7. 先生のアドバイスに従って自分の希望を変更してコース・類型や科目を選択した
8. 最初に選んだコースや類型は自分に合わなかったので途中で変更した
9. コースや類型を選ぶ時期をもう少し遅くして欲しかった
10. 今から考えると、もっと違う内容を選んだ方がよかったと思う

問6 (1) **現在の高校**への入学方法についてあてはまる番号を **1つ選んで**○をつけて下さい。併設の中学校などから進学し高校を受験していない方は「0」に○をつけて次の**問7**へ進んで下さい。

| 0. 受験していない　1. 一般入試　2. 推薦入試　3. その他(　　　　　　　　) |

(2) <u>**現在の高校へ入学する際**</u>に受験した**すべて**の教科等の番号に○をつけて下さい。

| 1.国語　2.社会　3.数学　4.理科　5.英語　6.面接　7.実技　8.その他(　　　　　　　) |

(3) あなたが中学生のとき<u>**受験する高校を選ぶ際**</u>に以下のことがらをどの程度重視しましたか。各項目についてあてはまる番号を**1つ選んで**○をつけて下さい。

	とても重視した	ある程度重視した	あまり重視しなかった	まったく重視しなかった
a. 自分の興味・関心	4	3	2	1
b. 将来の職業との関連	4	3	2	1
c. 学校の先生の意見	4	3	2	1
d. 親の意見	4	3	2	1
e. 友だちの意見	4	3	2	1
f. 自分の成績	4	3	2	1
g. 自分で好きな科目を選べること	4	3	2	1
h. 他の学校にない魅力的な学科やコース・類型があること	4	3	2	1
i. 高校の世間での評判	4	3	2	1

問7　高校生活に関する質問です。各項目についてあてはまる番号を**1つ選んで**○をつけて下さい。

	よくあてはまる	まああてはまる	あまりあてはまらない	全くあてはまらない
a. 授業や勉強に熱心である	4	3	2	1
b. 学校行事に熱心である	4	3	2	1
c. 学校には何でも話せる友人がいる	4	3	2	1
d. この学校を積極的に希望して入学した	4	3	2	1
e. 遅刻をよくする	4	3	2	1
f. 他の学校へ変わりたいと思うことがある	4	3	2	1
g. 授業をサボることがある	4	3	2	1
h. 学校外に親しい友人がいる	4	3	2	1
i. 自分の進路に関係ない科目は学びたくない	4	3	2	1
j. はっきりとした答えが出ない問題には興味が持てない	4	3	2	1
k. 学校にいるときよりも学校の外での生活の方が楽しい	4	3	2	1
l. なぜそうなっているかわからなくても、答えが合っていればいいと思う	4	3	2	1

問 8 (1) あなたが高校卒業後に予定している進路にあてはまる番号を**1つ選んで**○をつけて下さい。

```
┌─ 1. 大学に進学する
├─ 2. 短大に進学する
├─ 3. 就職して大学・短大に進学する
│  4. 専修学校に進学する ─────────────→ 次ページの(3)へ
│  5. 就職して専修学校に進学する ─────┘
│  6. 就職する
│  7. その他（           ）─────────→ 次ページの問 10 へ
▼  8. まだ決めていない ────────────┘
```

(2) (1)で<u>1〜3 大学や短大に進学する</u>と答えた方におたずねします。

a. 志望する学部・学科にもっとも近いものの番号を**1つ選んで**○をつけて下さい。

1. 文学	7. 理学	13. 保健学
2. 心理学	8. 工学	14. 芸術学
3. 外国語学	9. 農学	15. 家政学
4. 経済学	10. 医学	16. その他
5. 法学	11. 歯学	（ ）
6. 教育学	12. 薬学	17. まだ決めていない

b. 志望する大学や短大の設置者が決まっている方はあてはまる番号を**1つ選んで**○をつけて下さい。具体的な学校名まで決まっている方はかっこ内に記入して下さい。

| 0.未定 | 1. 国・公立 | 2. 私立 | （   ）大学・短大 |

c. あなたは進学先を選ぶ時、以下のことがらをどの程度重視しますか。各項目についてあてはまる番号を**1つ選んで**○をつけて下さい。

	とても 重視する	ある程度 重視する	あまり 重視しない	まったく 重視しない
a. 入学の難易度・偏差値	4	3	2	1
b. 受験科目が少ないこと	4	3	2	1
c. 面接や内申書だけで入学できること	4	3	2	1

d. あなたが受験しようと考えている教科目および入学方法**すべて**に○をつけて下さい。

1. 国語	5. 公民	9. 生物	13. 面接
2. 世界史	6. 数学	10. 地学	14. 推薦
3. 日本史	7. 物理	11. 英語	15. AO入試
4. 地理	8. 化学	12. 実技（ ）	16. その他（ ）

(3) (1)で <u>4～5 専修学校に進学する</u>と答えた方におたずねします。
志望する専攻・分野にもっとも近いものの番号を<u>1つ選んで</u>○をつけて下さい。

1. 建築・土木	7. 美容・理容	13. 外国語
2. 機械・工業	8. ファッション・服飾	14. スポーツ
3. 電気・コンピュータ	9. 音楽・美術・デザイン	15. 動物
4. 看護・医療	10. ホテル・観光	16. その他
5. 保育・福祉	11. 法律・公務員	(　　　　　　)
6. 調理・栄養	12. 経理・ビジネス	17. まだ決めていない

問 9 (1) あなたは卒業後の進路を選ぶ時に以下のことがらをどの程度重視しましたか。各項目についてあてはまる番号を<u>1つ選んで</u>○をつけて下さい。

	とても重視した	ある程度重視した	あまり重視しなかった	まったく重視しなかった
a. 自分の興味・関心	4	3	2	1
b. 自分の成績	4	3	2	1
c. 家庭の経済状況	4	3	2	1
d. 現在の学校の学科・コース類型	4	3	2	1
e. 結婚	4	3	2	1
f. 学校の先生の意見	4	3	2	1
g. 親の意見	4	3	2	1
h. 友人の意見	4	3	2	1
i. 学校や会社の世間での評判	4	3	2	1

(2) では、ご両親の受けられた教育は参考にされましたか。あてはまる番号を<u>1つ選んで</u>○をつけて下さい。

| 1.父だけ参考にした　2.母だけ参考にした　3.両親とも参考にした　4.両親とも参考にしなかった |

(3) あなたのご両親が最後に通われた学校は次のどれにあたりますか。ご両親それぞれについてあてはまる番号を<u>1つ選んで</u>○をつけて下さい。専修学校や各種学校に行かれた場合は、その前の学校をお答え下さい。

| 父親 | 1.中学校　2.高校　3.短大・高専　4.大学・大学院　5.わからない |
| 母親 | 1.中学校　2.高校　3.短大・高専　4.大学・大学院　5.わからない |

問 10 あなたはふだん(学校のある平日)学校の授業が終わった後でどれ位の時間勉強しますか。学習塾などで勉強する時間も<u>含めて</u>、1日の平均学習時間に<u>もっとも近い記号を1つ選んで</u>○をつけて下さい。

| a.全くしない　b. 15分　c. 30分　d. 1時間　e. 1時間半　f. 2時間　g. 2時間半 |
| h. 3時間　i. 3時間半　j. 4時間以上 |

問11 (1) あなたが将来つきたい職業を次の中から **1つ選んで** 番号に○をつけて下さい。

1. 農業・林業・漁業
2. 喫茶店・飲食店・ブティックなどの店主
3. 小売店の店員
4. スチュワーデス・ホテルマン／ウーマン
5. 理容師・美容師
6. コック・料理人・菓子職人
7. 工場で機械の操作や監視をする仕事
8. 自動車整備・電気工事などの技能的職業
9. 機械・電気・化学・建築・土木の技術者
10. コンピューターのプログラマー
11. ゲームのプログラマーやクリエイターなど
12. 大工・左官など建築関係の技能的職業
13. バスや電車の運転手
14. 大型トラックやクレーンなどの運転手
15. 医師
16. 弁護士・検事・裁判官
17. 税理士・会計士
18. 科学者・研究者・大学教授
19. 薬剤師
20. 栄養士・管理栄養士
21. 看護婦・臨床検査技師など
22. 臨床心理士・カウンセラー
23. 社会福祉士など社会福祉に関わる仕事
24. 小学校・中学校・高校の教師
25. 幼稚園の先生や保母
26. 企業の経営者や管理職
27. 会社の事務職(営業マン・銀行員・OLなど)
28. 公務員(一般職)
29. 記者・ジャーナリスト・編集者
30. 警察官・自衛隊員など保安の仕事
31. デザイナー・スタイリスト・カメラマン・マンガ家など
32. 歌手・タレント
33. スポーツ選手
34. トリマー・犬の訓練士・動物園の飼育係など
35. 専業主婦
36. その他(   )
37. 考えていない
38. わからない

(2) (1)で **1～36を選んだ方** におたずねします(**37～38を選んだ方は(3)へ**)。
  a. その職業につきたい気持ちは次のどれですか。あてはまる番号を **1つ選んで** ○をつけて下さい。

  4. ぜひつきたい   3. できればついてみたい   2. それほどこだわらない   1. 全くこだわらない

  b. 次のリストの中に(1)であなたが希望した職業についている方はいらっしゃいますか。あなたが希望した職業についている方の番号 **すべて** に○をつけて下さい。

  1. 祖父 2. 祖母 3. おじ 4. おば 5. きょうだい 6. いとこ 7. 身近な知人 8. この中にはいない

(3) 将来つきたい職業を選ぶとき、あなたはご両親のお仕事を参考にされましたか。あてはまる番号を **1つ選んで** ○をつけて下さい。

  1. 父だけ参考にした   2. 母だけ参考にした   3. 両親とも参考にした   4. 両親とも参考にしなかった

(4) では、ご両親のお仕事は(1)のリストの中ではどれにあたりますか。あてはまる番号を **1つ選んで** 下記の( )内に記入して下さい。該当する職業がない場合は具体的に記入して下さい。

  父親(   )   母親(   )

問12 あなたは自分の職業や勤め先を選ぶ時、以下のことがらをどの程度重視しますか。各項目についてあてはまる番号を**1つ選んで**○をつけて下さい。

		とても重視する	ある程度重視する	あまり重視しない	まったく重視しない
a.	自分の知識や技術が生かせる	4	3	2	1
b.	失業のおそれがない	4	3	2	1
c.	高い収入が得られる	4	3	2	1
d.	社会的地位が高い	4	3	2	1
e.	拘束時間が短い・休日が多い	4	3	2	1
f.	社会に役立つ	4	3	2	1

問13 あなたは学習塾に通ったり家庭教師に勉強を教えてもらったことがありますか。小学校時代、中学校時代、高校生になってからの**それぞれ**について経験した**すべて**の番号に○をつけて下さい。

小学校時代	1. 学習塾	2. 家庭教師	3. 通信添削	4. どれも経験ない
中学校時代	1. 学習塾	2. 家庭教師	3. 通信添削	4. どれも経験ない
高校生になってから	1. 学習塾	2. 家庭教師	3. 通信添削	4. どれも経験ない

問14 あなたがもし下宿して私立大学に進学するとしたら、大学の授業料や生活費の負担状況はどうなりますか。あてはまる番号を**1つ選んで**○をつけて下さい。

1. 高校を出るのがやっとで、家計を助けながらでないと進学できない
2. 自分のアルバイトや奨学金でその大部分を負担する必要がある
3. 自分のアルバイトや奨学金でその一部を負担する必要がある
4. 自分のアルバイトや奨学金に頼らずにすむ程度である
5. 家計にはほとんど影響はない

問15 最後の質問です。あなたは日本の社会や職業に関する次のような考え方についてどう思いますか。各項目についてあてはまる番号を**1つ選んで**○をつけて下さい。

		そう思う	少しそう思う	どちらともいえない	あまりそう思わない	そう思わない
a.	将来の進路選択（職業選択）の幅はできるだけ多く残したい	5	4	3	2	1
b.	何か資格を取りたい	5	4	3	2	1
c.	ひとつの職業にとらわれるより、その時々に有利な職業についた方がよい	5	4	3	2	1
d.	自分に合わない仕事はやりたくない	5	4	3	2	1
e.	男性は外で働き、女性は家庭を守るべきである	5	4	3	2	1
f.	できることなら、いつまでも学生生活をつづけて、職業などは持ちたくない	5	4	3	2	1
g.	今の世の中、勉強しなくても大学に入れる	5	4	3	2	1

（次のページに続く）

	そう思う	少しそう思う	どちらともいえない	あまりそう思わない	そう思わない
h. 遠い将来の目標のために、したいことをしないで生きるよりも、現在の欲求に忠実に生きるべきだ	5	4	3	2	1
i. 高い学歴を得たからといって、収入面で恵まれるとは限らない	5	4	3	2	1
j. 早く社会に出て自分の力を試したい	5	4	3	2	1
k. 学歴は本人の実力をかなり反映している	5	4	3	2	1
l. あくせく働くよりも、ゆとりを持ってのんびり仕事をしたい	5	4	3	2	1
m. どんな学校を出たかによって人生がほとんど決まってしまう	5	4	3	2	1
n. 職業はお金を得るためだけのものとして割り切り、職業以外の生活に自分の生きがいを見つけたい	5	4	3	2	1
o. 大学に入るための受験勉強は「受験地獄」と感じるほど大変なものである	5	4	3	2	1
p. 早く親から経済的に独立したい	5	4	3	2	1
q. 大きな資産を持てるようになるかどうかは、本人の努力次第だ	5	4	3	2	1
r. 希望する職業につけなければフリーターになってもかまわない	5	4	3	2	1
s. 自分には何が向いているのかわからない	5	4	3	2	1
t. 一生の仕事になるものを、できるだけ早く見つけるべきだ	5	4	3	2	1

お疲れさまでした。これで調査は終わりです。ご協力ありがとうございました。
調査に関するご意見・ご感想がありましたら、下の欄にお書き下さい。

あとがき

　本書は、2014年に大阪大学（人間科学研究科）へ提出した博士論文がもとになっている。最近では、学位を取得してから大学院を修了する若手も増えているが、私の場合は、博士課程を退学してから数えても15年を要してしまった。先のことは考えず、その時々の関心で研究を進めてきてしまったのだから、仕方のないことではある。しかし、さすがにこのままでは内容も古くなり、今決心しなければ一生出せなくなってしまう。そうした追い込まれた気持ちで、大阪大学の近藤博之先生に提出の意思をお伝えしたのが数年前になる。とはいえ、気持ちだけで進展するはずもなく、何とか草稿をお送りできたのは着手から3年目であった。これに対し、先生から届いた短いコメントには、論文の寄せ集めではダメでもっと自分の主張をすべきこと、そのためには実証研究を減らして議論をふくらませる必要のあることなどが指摘されていた。短いながらも核心を突いた的確なご指摘であった。それから数ヶ月かけて改訂を行い再提出した物にも、ほぼ同様のコメントが返された。やっと提出に漕ぎ着けたのは、さらに2年後のことであった。

　私の指導教官は、大阪大学の故 池田寛先生だった。先生が授業で話されたポール・ウィリスの『ハマータウンの野郎ども』の話は、当時参加していた、被差別部落の子ども達に勉強を教える取り組みで得た感覚を、見事に説明してくれるように感じたものである。そこで、先生が部落地区の学校へ授業観察に行くお供をしたり、保護者インタビューの補助などにも加わった。しかし、ゼミに入った当初に考えていた卒論のテーマは非行少年の研究であり、実際に提出した論文はサラリーマンの過労死に関するものだった。テーマが定まらないため勉強も不十分で散々な出来だった。ギリギリの成績で何とか大学院へは入れてもらえたが、進学後もなかなか研究テーマを決められず、先生方には大変

なご苦労をおかけした。また、当時は統計のこともまったく理解しておらず、アンケート調査で一体何がわかるのかとさえ思っていた。修士論文提出の段階でも、ようやくクロス表のカイ二乗検定を覚えたばかりだった。

　転換点となったのは、博士課程に進学した頃、1995年SSM調査を手伝わないかと、近藤先生に誘って頂いたことである。先行きを心配した池田先生が近藤先生に相談して下さったようだが、何も知らない私は単なるアルバイトのつもりで参加した。しかし、マイノリティ集団や上層のエリートではなく、社会の大部分を占める中間層の間で、なぜ格差が生まれるのかに興味を持ち始めていたこともあり、しだいにSSMデータを用いた階層研究にのめり込んでいった。おかげで、ようやく論文らしきものを書き始めたが、論文どころか文章の書き方も拙く、見よう見まねの計量分析などは目も当てられない代物だった。ところが、私がどんなに未熟な原稿を持参しても、近藤先生は呆れることなくコメントをして下さった。その厳しさは恐ろしくもあったが、いつでも完璧に的を射たものであり、大変に多くのことを学ばせて頂いた。

　同じ頃、初めて学会に参加した後の宴席で、池田先生から尾嶋史章先生をご紹介頂いた。そのご縁もあり、尾嶋先生の企画されていた高校生調査の研究会に加えて頂けることになった。これは私の初期の研究生活における、もう1つの転換点となった。本書の中核となった高校生の進路選択に関する研究は、これがきっかけとなって開始されたものである。高校生調査の研究会では、思い込みが強く混沌とした私の話に、いつも忍耐強くお付き合い下さりながら、何気ない口調で疑問を投げかけ、考えの至らなさに気づかせて下さった。また、先生の温和なお人柄に甘え、研究上の事に限らず、さまざまなご相談にも乗って頂いた。どこかで見てくれている人がいるものだ、というお言葉には本当に救われた。

　そうして論文をいくつか書くことができたおかげで、オーバードクターは経たものの、最初の職場である大学入試センターに着任することができた。専門外の分野について業務として共同研究をすることには苦労も多かったが、在外研究の機会を与えられたことは大変に幸運なことだった。何のつてもない私を受け入れてくれた、UCLAのRobert D. Mare先生にもこの場を借りて御礼を述べたい。また、Donald J. Treiman先生の量的データ解析に関する授業に参

加し、学生達に混じって毎週分析レポートを書いたのは、とてもよい経験となった。プログラムの書き方からレポートの添削（恥ずかしながら綴りの間違いまで直して頂いた）まで大変に丁寧な授業に驚き、自分も見習わねばと思ったものである。

　その頃、日本から大阪大学の先輩である吉川徹さんが訪ねてこられた。学生時代のサークルの先輩でもあった吉川さんには何かとお世話になっていたので、お礼を兼ねて現地を色々とご案内した。その際、せっかくアメリカに来たので、英語で論文でも書いてみようかと思っていると話したところ、今後のことを考えれば、まずは日本の学会誌に載せるべきだと強く諭された。あまり先のことを考えていなかった私にとって、強く心にのこるアドバイスだった。

　その後、紆余曲折を経て、何とか博士論文を完成することができたが、その間には、非常に多くの方々にお世話になった。お一人ずつお名前を挙げることができず申し訳ないが、私の調査に協力して下さった高校生の皆さんと先生方、貴重な調査の再分析をお認め下さった東北大学教育文化研究会の皆様、SSM調査とNFRJ調査の関係者および調査にご協力下さった方々、そして拙稿に有益なコメントを下さったたくさんの方々にも、この場を借りて心からの御礼を申し上げたい。

　皆さんのお力を借りて、何とか博士論文は書き上げたものの、昨今では、それが即出版につながるわけではない。そんな中、本書の刊行をお引き受け下さった勁草書房と編集担当の藤尾やしおさんには、貴重な機会を与えて頂いたことに心から感謝している。ところで、博士論文のタイトルは『教育達成過程における階層差の生成――親の教育的地位志向による進路選択の直接的な制約――』というものであり、硬すぎて出版には向かないだろうと自分でも思っていた。とはいえ、藤尾さんからご提案頂いたタイトル原案を拝見した時は、まさかここまでとは想像しておらず、正直なところ大変に驚いた。しかし、これで思い切りがつき、本文も全面的に書き改めることにした。ちなみに、たとえば元の書き出しは、「日本を含めた現代の多くの産業社会では、様々な局面における個人の自由な行為選択が、少なくとも規範的な理念の上では是認されている。」というものであり、厳密さや正確さを重視したからとはいえ、大変に読みにく

いものであった。本書が多少とも読みやすくなっていたとしたら、それは藤尾さんと編集部の皆さんのおかげである。

　最後に家族のことを書かせて頂きたい。妻と出会ったのは、まったく先も見えず、自信もなく、悩み苦しんでいた大学院生の頃であった。まさにどん底で精神的にもかなり落ち込んでいた。ところが、彼女は、何の将来の見通しも持てない私を信頼し、いつも励ましてくれた。それがなければ、論文を書き続けることも、仕事を見つけることさえ覚束なかっただろう。ところが、私は、まったく見知らぬ土地へと連れ回し、仕事に没頭すると何もかも忘れてしまい、苦労をかけるばかりであった。それでも彼女は精神的にも生活面でも支え続けてくれ、時にはするどいコメントで研究のヒントを与えてくれた。一方、息子と過ごす時間は、なかなかエネルギーのいる事ではあったけれど、彼の存在は、それ以上の喜び、癒し、そして仕事への活力を与えてくれた。夫としても父親としてもまったく不出来な私を応援し続けてくれた二人に感謝の言葉を述べたい。ありがとう美保そして竹春。

　　2015年10月　朝焼けの室見川をながめつつ

　　　　　　　　　　　　　　　　　　　　　　　　　　　荒牧草平

人名索引

ア 行

赤澤淳子　208, 224
阿部彩　242, 250, 254
天野郁夫　1, 24
荒井克弘　145
荒川（田中）葉　荒川葉　田中葉　151, 170, 177, 209
有田伸　120
飯田浩之　80, 118, 134, 151
石田浩 Ishida, Hiroshi　2, 3, 11, 42
伊藤三次　139, 140
稲葉昭英　243
今田高俊　28, 56, 75
岩木秀夫　39, 117
ウィリス（Willis, Paul E.）　66, 118
ウェーバー（Weber, Max）　108, 141
ヴェルホースト（Van de Werfhorst, Herman G.）　65, 115, 142
ウォーレン（Warren, John R.）　204, 205
卯月由佳　67
浦田広朗　27
エリクソン（Erikson, Robert）　59, 64
オークス（Oakes, Jeannie）　46, 48, 49, 149
大前敦巳　60, 69, 195, 250
岡部善平　151
小川洋　151
尾嶋史章　3, 22, 29, 30, 33, 34, 42, 61, 68, 71, 120, 204
尾高邦雄　53

カ 行

カーコフ（Kerckhoff, Alan C.）　126, 127, 197
片岡栄美　66-68, 204, 206, 208, 212, 224, 253
片瀬一男　67, 68, 70, 120, 126, 147, 160, 178, 185, 188, 198
加藤美帆　240
鹿又伸夫　3, 28, 32, 34, 42, 253
ガモラン（Gamoran, Adam）　46, 149
苅谷剛彦　3, 25, 26, 36, 38, 39, 50, 51, 118, 128, 140, 145-148, 157, 163, 179, 241
神林博史　22, 71
菊地栄治　149, 151
菊池城司　16, 27, 39, 60, 67
吉川徹　65, 67, 68, 70, 76, 84, 115, 195, 234, 250
木部尚志　108, 141, 142
木村邦博　67, 197
ギンティス（Gintis, Herbert）　66, 118
黒羽亮一　27
ケラー（Keller, Suzanne）　62
高坂健次　234
ゴールドソープ（Goldthorpe, John H.）　9, 59, 61, 64, 65, 76, 110, 112, 132, 142, 144, 234, 235
コールマン（Coleman, James S.）　124
小林大祐　82
コリンズ　15, 39
近藤博之　3, 22, 30, 33, 38, 42, 44, 45, 60, 61, 65, 71, 73, 75, 115, 146, 206, 208, 250, 255

サ 行

ザヴァロニ（Zavalloni, Marisa）　62
佐藤嘉一　108
シーウェル（Sewell, William H.）　121-125, 143
シャヴィト（Shavit, Yossi）　3, 11, 42

施利平　206, 224, 226
陣内靖彦　117, 119
杉井潤子　209
杉本一郎　108
ストック（Stocké, Volker）　65, 115, 142
盛山和夫　11, 22, 28, 42, 54, 57-62, 71, 74, 75, 111, 115, 142, 146
ソレンセン（Sørensen, Aage B.）　150, 175, 176, 178, 253

タ 行

ターナー（Turner, Ralph H.）　126
多喜弘文　48, 51, 246, 255
竹内洋　i, 49, 50, 74, 129, 134, 136, 255
橘木俊詔　250
太郎丸博　76, 115
ダンカン（Duncan, Otis Dudley）　55, 121
都村聞人　22, 71
ディヴァイン（Devine, Fiona）　244, 254
富永健一　3, 28, 52, 56, 57, 75
トライマン（Treiman, Donald J.）　34, 42, 224
ドリーベン（Dreeben, Robert）　46
トロウ（Trow, Martin A.）　17, 19, 21, 33

ナ 行

直井優　22, 71
中澤渉　65
中西祐子　21
中村高康　21, 249, 252
ニード（Need, Ariana）　65, 115, 231
西尾幹二　24, 239
西谷敬　108
二関隆美　241, 254

ハ 行

バーンスタイン（Bernstein, Basil）　66
ハウザー（Hauser, Robert M.）　57, 124, 125, 143, 204, 205
橋本健二　54, 75

原純輔　11, 42, 54, 56-61, 74, 75, 146
パラス（Pallas, Aaron）　45, 149
ハリナン（Hallinan, Maureen T.）　46
菱村幸彦　19, 20
樋田大二郎　22, 71, 147
平沢和司　206, 208, 215, 224, 225
ブードン（Boudon, Raymond）　8, 9, 38, 61-64, 72, 75, 76, 81, 108-110, 112, 113, 129, 130, 132, 197, 229
フェザマン（Featherman, David）　57
深谷昌志　19, 21, 118
藤田英典　19, 22, 66-68, 70, 71, 117, 151
藤原翔　194, 231, 252
ブラウ（Blau, Peter M.）　55, 121
ブリーン（Breen, Richard）　3, 9, 11, 61, 64, 65, 76, 110, 112, 115, 132, 142, 144, 234, 235
古田和久　3, 30, 65, 115
ブルデュー（Bourdieu, Pierre）　ii, 50, 60, 66-70, 74, 76, 85, 109, 111, 116, 118, 127-134, 139, 143, 144, 181, 185, 195, 196, 198, 222, 229, 232, 234, 238, 240, 248, 252, 253, 255
ブロスフェルド（Blossfeld, Hans-Peter）　3, 11, 42
ベッカー（Becker, Rolf）　65, 115
ヘッドストローム（Hedström, Peter）　81
ベネット（Bennett, Tony）　199
ボールズ（Bowles, Samuel）　66, 118
ホルム（Holm, Anders）　65, 115
本田由紀　67, 254

マ 行

マートン（Merton, Robert K.）　46, 206, 229, 235, 252
マイヤー（Meyer, John W.）　46
前田忠彦　82
前原武千　208, 214
松原治郎　119
道脇正夫　119, 142, 143

耳塚寛明　　117, 151, 176
宮島喬　　60, 66-68, 70, 76, 195, 233
牟田博光　　27
村澤昌崇　　249, 255
メア（Mare, Robert D.）　　31, 42, 55, 72, 73, 81, 195, 205, 207, 218, 220, 222, 223
モルガン（Morgan, Stephen, L.）　　126

ヤ 行

安田三郎　　53-55, 74, 109, 206, 224
保田時男　　210, 216
ヤマグチ（Yamaguchi, Kazuo）　　34, 42
山野良一　　242, 250, 254

米川英樹　　117
米澤彰純　　75

ラ 行

ライト（Wright, Erik Olin）　　54, 59, 74
ラフテリー（Raftery, Adrian E.）　　42, 161
ラロー（Lareau, Annette）　　68, 252
ルーカス（Lucas, Samuel R.）　　47-49, 137, 149, 175
ローゼンバウム（Rosenbaum, James E.）　　47, 48, 73
ロング（Long, J. Scott）　　102

事項索引

意欲格差社会　146, 147
因果メカニズム　108, 146, 159, 193
因果連鎖　115, 119, 121, 132, 133, 147, 229, 252
ウィスコンシン・モデル　9, 56, 109, 116, 118, 121-126, 132-134, 136, 140, 143, 183, 197, 204, 230, 231
生まれ変わり　140, 194, 241
親子間伝達　10, 145, 148, 159, 174, 187, 188, 190, 193
親の教育期待　10, 26, 121, 122, 126, 127, 135, 140, 181, 183, 186, 190-194, 197, 198, 203, 243
親のゲーム　134, 230, 236

カ 行

階級文化　3, 50, 51, 65, 69, 74, 79, 233
階層概念　4, 11, 53, 54, 57-59, 110, 229
階層効果逓減現象　42
階層指標　5, 22, 55, 65, 71, 75, 89-91, 99, 102, 123, 185
核家族枠組　10, 204, 206, 223, 229
学習意欲の階層差　146-148, 161, 163, 178
拡大家族効果　iv, 206-209, 212, 216, 219, 221, 222, 235, 247
獲得的文化資本　60, 68, 76, 195, 233
学歴下降回避（仮説）　65, 84, 85, 87, 92, 95, 97, 100, 107, 115, 116, 120, 135, 137, 194
学歴＝地位達成（モデル）　132, 135, 141, 146, 147, 155, 229
家族制度　iv, 204, 208, 209, 212, 214, 220, 221, 223-225, 229, 247
価値志向　7, 10, 67, 68, 118, 145-149, 153, 154, 158-164, 167, 174, 175, 177-179, 181-183, 187, 188, 203, 230
学校外教育　3, 15, 21, 22, 27, 35, 36, 38, 70-72, 76, 80, 81, 83, 86-91, 98-100, 103, 138, 239, 241, 245
加熱と冷却　136, 177
カリキュラム・タイプ　141, 152, 156, 157, 167, 169-173, 175, 176
カリキュラム・トラック　152, 175
機会の不平等　iv, 15, 18, 33
疑似相関　134, 159, 183, 189, 190
技術機能主義理論　43
教育アスピレーション　67, 68, 109, 116, 121-126, 143, 185, 197, 229, 231, 252
教育期待　10, 118, 120, 121, 126, 127, 132-136, 140, 146, 148, 152, 154, 155, 159, 164, 169, 174-176, 182-184, 190-194, 197, 198, 207, 229-232, 235-237, 250, 252
教育的地位志向（モデル）　10, 11, 132, 136-141, 149, 175, 181-183, 192-194, 197, 203, 222, 223, 230, 232-236, 238, 239, 242, 243, 248, 249, 252-254, 283
教育投資　15, 21, 22, 70, 80, 86, 90, 99, 100, 239
教育熱　17, 18, 27, 28
教育熱心　238-241, 254
業績主義的選抜　30
経済資本　60, 66, 69, 195, 223, 250, 254
経済的資源　22, 70-72, 80, 81, 86, 91, 93, 95, 97, 99-101, 107, 112, 123, 137, 138, 139, 207, 214, 215, 218, 220, 228, 232, 241-244, 250, 254
傾斜的選抜システム　129
行為主体　10, 134-136, 229
高校間格差　20, 21, 23
合理的選択理論　61, 62, 64, 100, 108, 110,

111, 115, 116, 127, 129-131, 133, 134, 141, 142, 144, 229, 237
子のゲーム　　134

　　　　　　サ　行

差異化　　17-19, 21, 46, 129, 134, 233-236, 239, 240, 248-250
試験制度　　244
自己実現志向　　120, 146, 147, 153, 154, 159, 160, 162-165, 174, 176-179
資本の耐久性　　195, 205, 219, 222
社会空間　　60, 128, 133, 135, 138, 139, 144, 233, 250
社会制度　　46, 203, 205, 221
社会的位置　　62, 64, 110, 129, 130, 133, 141, 194, 195, 234, 250, 253
重要な他者　　46, 116, 121-126, 134, 231
主観的利益　　111
手段的学習観　　164
準拠集団　　235, 237, 253
初期学力形成効果　　80, 81, 100, 109, 139, 183, 240, 245, 246
職業アスピレーション　　56, 122, 123-125, 143, 229
職業希望　　10, 75, 118-122, 132, 134, 146, 154, 170, 229
序列的階層性　　149-151, 177
私立中学受験　　38, 256
人口統計学　　54, 55, 205, 206, 224, 229, 252
進路制約効果　　81, 94, 97, 99, 139, 149, 183, 231, 244, 245, 247, 255
進路選択　　2, 5-10, 19, 41, 52, 70, 72, 81, 84-86, 91-100, 102, 105, 107, 109-111, 114, 116, 117, 126, 131-141, 145, 146, 148, 149, 152, 154, 157, 158, 164, 167, 169-175, 181, 183, 190, 191, 193, 194, 197, 203, 227-232, 237, 239, 242, 245-247, 252, 255, 282, 283
選抜システム　　4, 7, 9, 41-45, 48, 49, 52, 67, 69, 71, 72, 79, 80, 82, 98, 107, 108, 113, 128, 132-134, 136, 138, 141, 142, 149, 185, 187, 227, 228, 231, 236-238, 244, 247-249, 251, 255
選抜制度　　39, 71, 81, 98, 123, 127, 204, 222, 244, 245
選抜方法　　3, 7, 12, 43, 50, 71, 76, 248, 251
相対的リスク回避仮説（RRA 仮説）　　iii, 7, 64-66, 75, 84, 87, 92, 95, 97, 99, 107, 111, 114-116, 118-122, 129, 132, 135, 137, 142, 234, 235, 238, 252
層別競争移動　　49, 79, 134
属性主義的選抜　　55, 143
測定技術　　4, 11
測定方法　　4, 73, 245, 246

　　　　　　タ　行

大衆教育社会　　3, 38, 118, 128, 145, 160
多世代効果　　205, 220, 222, 224
単一の要因理論　　8, 62, 110, 197
地位継承　　10
地位達成志向　　118-120, 141, 145-147, 153-155, 159, 162-166, 174, 176, 178, 179, 187, 188
地位の非一貫性　　54-56, 71
地位表示機能　　138, 233, 238
中高一貫（校）　　21, 23-25, 28, 35, 179
直接的制約　　91, 94, 145, 149, 167, 175, 181, 190, 197
定位家族　　36, 195
同一化　　17, 18, 233, 235, 236, 239
トラッキング　　iv, 19-21, 42, 45-49, 72, 73, 79, 80, 98, 117, 118, 124, 127, 134, 137, 143, 149-151, 173, 175, 176, 204, 228, 231, 236, 244, 245, 253, 256

　　　　　　ナ　行

内発的学習意欲　　147, 178

　　　　　　ハ　行

ハビトゥス　　66, 67, 69, 70, 74, 116, 127-

事項索引　　289

133, 135, 136, 141, 144, 181, 194-197, 233, 234, 248, 252
貧困線　　101, 228, 242, 243, 251
文化資本（論）　　7, 10, 60, 66-70, 72, 74, 76, 77, 80, 85-90, 92, 93, 95-97, 100, 103, 107, 109, 116, 118, 131, 133-137, 139-141, 144, 147, 181-185, 187-191, 193-199, 203, 222, 230, 233, 234, 247, 248, 250-254
文化的再生産（論）　　7, 12, 66-68, 109, 141, 147, 238, 245
文化的資源　　56, 75, 137, 138, 176, 183, 184, 194, 207
分析枠組　　4, 9, 41, 87, 91, 98, 122, 148, 149
方法論的個人主義　　107, 108, 126, 141, 203, 229
メカニズム　　2, 5, 6, 8, 9, 15, 20, 31, 34, 37-41, 46, 47, 50, 62, 64, 65, 67-70, 72, 74, 76, 80-82, 99, 100, 107, 108, 110, 115, 124, 126, 132, 135, 136, 139, 147, 148, 150, 151, 174, 182, 183, 188, 194, 196, 197, 203, 208, 218, 223, 227-229, 236, 252, 253

ヤ 行

有名大学　　23, 24, 35-37, 40, 83, 84, 239, 247

ラ 行

リアリティ　　2, 9, 58, 142, 223, 227, 237, 238, 251
理解社会学　　108, 141
理論的焦点の転換　　206, 229
累積効果　　212, 216, 217, 218, 220, 222, 225

アルファベット

BGモデル　　61, 65, 110-113, 115, 116, 142, 229
IEOモデル　　9, 61-64, 109, 110, 113, 132
Mareモデル　　31, 32, 40-42, 51, 64, 80, 99
NFRJ　　10, 209, 210, 216, 219, 220, 224-226, 283
OEDの三角形　　44, 45
SSM（調査）　　5, 9, 11, 20-22, 25, 27-30, 32, 35, 36, 39, 40, 44, 52, 53, 55-57, 59, 60, 67, 74, 75, 82, 85, 99, 101, 140, 169, 186, 195, 198, 204, 209, 224, 245, 246, 249, 250, 255, 256, 282, 283

初出一覧

　本書の元になった博士論文の章立てと初出一覧を参考までに示しておく。ただし、複数の論文を1つの章にまとめたり、1つの論文を複数の章に取り込んだりもしているので、対応関係が明確に言えない部分もある。また、書籍化にあたってかなり修正を加えているので、ほとんど原形を留めていないものもあることをお断りしておく。

序　章　研究目的と分析視角
- 「教育達成における階層差発生過程のモデル化」『九州大学大学院人間環境学研究院紀要』, 13, 2011, 1-15.
- 「教育達成過程における階層差の生成:「社会化効果」と「直接効果」に着目して」佐藤嘉倫・尾嶋史章編著『現代の階層社会1:格差と多様性』東京大学出版会, 2011, 253-266.

第1章　教育社会変動と教育機会の趨勢
- 「教育機会の格差は縮小したか:教育環境の変化と出身階層間格差」近藤博之編『日本の階層システム3　戦後日本の教育社会』東京大学出版会, 2000, 15-35.
- 「Transitions Approachによる教育達成過程の趨勢分析」『理論と方法』22 (2), 2007, 189-203.

第2章　日本の選抜システムにおける出身階層の作用
- 書き下ろし

第3章　教育達成過程における階層差の把握
- 「教育達成過程における階層間格差の様態:MTモデルによる階層効果と選抜制度効果の検討」米澤彰純(編)『教育達成の構造分析』(2005年SSM調査シリーズ5), 2005年社会階層と社会移動調査研究会, 2008, 57-79.

第4章　主観的進路選択と教育的地位志向モデル
- 書き下ろし

第5章　価値志向の伝達による再生産と進路選択の直接的制約
- 「現代高校生の学習意欲と進路希望の形成:出身階層と価値志向の効果に注目して」『教育社会学研究』71, 2002, 5-23.
- 「現代都市高校におけるカリキュラム・トラッキング」『教育社会学研究』73, 2003, 25-42.

第6章　親の教育的地位志向による直接的制約
　・「高校生の教育期待形成における文化資本と親の期待の効果：『文化資本』概念解体の提案」『九州大学大学院教育学研究紀要』14, 2012, 97-110.

第7章　教育的地位の継承と拡大家族
　・「孫の教育達成に対する祖父母学歴の効果：父方母方の別と孫の性別・出生順位に着目して」『家族社会学研究』24(1), 2012, 84-94.
　・「教育達成に対する「家族」効果の再検討：祖父母・オジオバと家族制度に着目して」『季刊 家計経済研究』97, 2013, 2-10.

終　章　教育的地位志向モデルの可能性
　・書き下ろし

著者略歴

1970 年生まれ。大阪大学大学院人間科学研究科博士後期課程単位修得退学。博士（人間科学）。

現　在：九州大学大学院人間環境学研究院准教授。専門は教育社会学、家族社会学。

主　著：『日本の階層システム 3：戦後日本の教育社会』『現代の階層社会 1：格差と多様性』（ともに共著、東京大学出版会）、『現代高校生の計量社会学：進路・生活・世代』（共著、ミネルヴァ書房）など。

学歴の階層差はなぜ生まれるか

2016 年 1 月 30 日　第 1 版第 1 刷発行

著　者　荒　牧　草　平
　　　　あら　まき　そう　へい

発行者　井　村　寿　人

発行所　株式会社　勁　草　書　房
　　　　　　　　　けい　そう

112-0005 東京都文京区水道 2-1-1　振替 00150-2-175253
（編集）電話 03-3815-5277／FAX 03-3814-6968
（営業）電話 03-3814-6861／FAX 03-3814-6854
本文組版 プログレス・三秀舎・松岳社

©ARAMAKI Sohei　2016

ISBN978-4-326-60287-2　Printed in Japan

JCOPY ＜(社)出版者著作権管理機構 委託出版物＞

本書の無断複写は著作権法上での例外を除き禁じられています。複写される場合は、そのつど事前に、(社)出版者著作権管理機構（電話 03-3513-6969、FAX 03-3513-6979、e-mail: info@jcopy.or.jp）の許諾を得てください。

＊落丁本・乱丁本はお取替いたします。
http://www.keisoshobo.co.jp

著者	書名	判型	価格
酒井　朗	教育臨床社会学の可能性	A5判	3300円
宮寺晃夫	教育の正義論 平等・公共性・統合	A5判	3000円
濱中淳子	検証・学歴の効用	四六判	2800円
小杉礼子・宮本みち子編著	下層化する女性たち 労働と家庭からの排除と貧困	四六判	2500円
小杉礼子・堀有喜衣編著	高校・大学の未就職者への支援	四六判	2500円
高井良健一	教師のライフストーリー 高校教師の中年期の危機と再生	A5判	6400円
仲田康一	コミュニティ・スクールのポリティクス 学校運営協議会における保護者の位置	A5判	4600円
大畠菜穂子	戦後日本の教育委員会 指揮監督権はどこにあったのか	A5判	5800円
中野裕二ほか編著	排外主義を問いなおす フランスにおける排除・差別・参加	A5判	4500円
園山大祐編著	学校選択のパラドックス フランス学区制と教育の公正	A5判	2900円
佐久間孝正	多国籍化する日本の学校 教育グローバル化の衝撃	四六判	2800円
松尾知明編著	多文化教育をデザインする 移民時代のモデル構築	A5判	3400円

＊表示価格は2016年1月現在。消費税は含まれておりません。